그림책에 담긴 세상

한국 그림책 30년사

그림책에 담긴 세상

한국 그림책 30년사

- 희망으로 넘기 2008-2015
- 좋은 어린이 책 운동 1993-1999
- 생명과 인권의 새 시대 2000-2007
- 백두산 검은 덤불여 숲 1980-1992
- 그림책 속 사회 2016-2019

조원경 지음

여러분의 참여로 이 책이 태어났습니다.
씨앗과 햇살이 되어주신 분들, 참 고맙습니다.

고경심 권성실 김미정 김민영 김봉구 김성수 김소양 김윤영 김정은 김정현
남명희 박경미 박미숙 박은정 박재원 박찬호 박현주 박희숙 반민아 방미숙
백재중 서현옥 손유라 송영경 송현석 심재식 오성희 오수지 이기성 이명희
이병일 이산하 이종훈 임경희 정선화 정선희 조원경 조혜영 진용주 채찬영
한양하 허수지 황세경 황자혜 Joy Yoo 그림책도시 그림책협회 사람과소통
카코포니앙상블 항꾸네협동조합 (50)

그 때는 그렇게 지금은 또 이렇게
함께 가는 길에서

한성옥 _ 그림 작가, 아트 디렉터, 그림책협회 회장

어린이 책 월간지 《열린어린이》에서 조원경 그를 처음 만났다. 그 때 그는 편집부 전체를 총괄하는 자리에 있었기에, 필자와 편집자 사이의 다정한 정분을 나누는 관계는 아니었으나, 그 때 내 인생에 일어났던 중요한 사건 중심에 자신이 있었던 사실은 짐작도 못했을 거다.

《열린어린이》에 글 쓰기를 시작하고 어느 해 연말 모임에서 그가 다가왔다. "음, 선생님 만의 글맛이 있어요, 호호." 정작 하려는 말은 묻어 놓고 웃음 반, 말 반인 듯한 그 인사가 이상스레 내 마음에 오래 남았다.

'뭐지?' 집에 돌아와 그 동안 쓴 글들을 돌이켜 읽다가 문득 단어나 문맥의 나열 순서, 또한 말하는 방식에서 그 때까지 안 보이던 것들이 보였다. 당시 거북하고 불편했던 마음이 지금도 선명하다.

〈그림책 작가 한성옥의 그림 읽기〉였던가. 읽을수록 숨차지는 급한 표현이나 복잡한 문맥 안에서 나의 강박과 불같은 성정을 인지하기 시작했다. 그에게는 훨씬 먼저 밝히 보였을 터이니 그렇게 말할 수밖에. 이 후에도《열린어린이》와 그는 계속 나를 견뎌 주었고, 내게 글쓰기를 요청해 머릿글을 쓰는 이 순간까지 까칠하고도 고마운 역할을 해주고 있다. 이 기회에 그에게 정식으로 배꼽인사 드린다.

    그 후 십여 년 세월이 흘렀고 그동안 그는 그대로 나는 나대로 살아 왔다.
    2016년 6월 13일〈그림책협회〉발족으로 한국 그림책 판의 대표 창구가 열렸다. 2018년은 여러 분야에서 자기네 30년을 돌아보며 기념하는 해였다. 1988년에 태어난 한국 창작 그림책의 효시《백두산 이야기》도 30살이 되던 해였다.
    여러 해 동안 대한의 정체성을 품고 또 품고 있다가 1988년에 태어난《백두산 이야기》가 서른 살이 된 이 시점에, 지금까지 제대로 살펴

보지 못했던 우리 그림책 30년의 삶을 차근히 살펴보고 싶었다.

암울한 시대의 아픔을 품고 태동된 우리 그림책, 예나 지금이나 척박한 환경에서 꿋꿋하게 대한민국의 삶을 부지런히 담으며 눈부시게 자라고 있는 성장을 들여다보고 싶었다.

대한민국의 삶과 그림책이, 우리의 삶과 그림책이 어떻게 함께 잇대어 어우러져 지금 우리 곁에 이렇게 함께 하게 되었는지 자세히 살펴보고, 그 자리에서 열심히 꽃 피워 준 우리 그림책에게 아낌없는 물개박수를 모두 함께 쳐 주고 싶었다.

이 마음을 함께 하여 덥석 이 고단한 여정에 참여한 조원경 그에게 깊은 감사를 드린다. 《열린어린이》에서 다 못 만났던 그를 이 여정에서 다시 만난 것이 내겐 큰 기쁨이고 선물이었다. 원고료 몇 배 되는 사비를 들여 자료를 구입하며 대한민국 사회를 펼치고 그림책과 함께 엮는 어마무시한 작업을 하면서도 부족하다 미진하다 노래 부르는 그를 바라보면서 사랑이 가는 길과 그 힘을 확인한 아름다운 여정이었다.

　시대와 함께 고른 그림책의 소개 글을 보고 있자면 아픔을 보듬고자 하는 필자의 따스한 마음이 그대로 전달되어 그 그림책을 직접 만나고 싶게 될 것이다.
　서른 살 한국 그림책! 앞으로 더 넓고 깊고 크게 자라기를, 또한 더 많은 사람들의 벗이 되어 함께 살아가기를 간절히 바란다.

2020년 2월

| 차 례 |

그 때는 그렇게 지금은 또 이렇게 함께 가는 길에서
   한성옥_그림 작가, 아트 디렉터, 그림책협회 회장   _6

여는글 그림책 백두산 만들기   _14

1. 백두산 같은, 더불어 숲_1980-1992

서곡, 첫 타자기_1980-82	_24
서늘하던 시대_1983-86	_29
민주항쟁_1987	_33
더불어 숲_1988	_36
일러스트레이션 정착_1989	_38
변화하는 세계_1990	_40
많은 이들의 벗 나비_1991	_42
그림책도 기지개_1992	_46

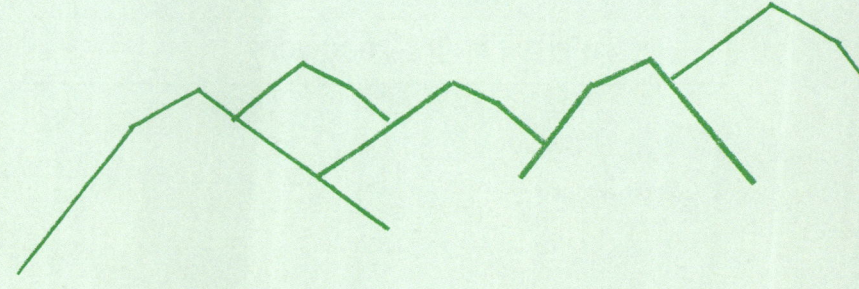

2. 좋은 어린이 책 운동_1993-1999

어린이 책 전문 서점들_1993	_56
동학 100주년_1994	_61
광복 50주년_1995	_66
사전 심의제도 폐지_1996	_71
외환 위기와 어린이 책_1997	_76
금강산 관광_1998	_81
한 끝점_1999	_86

3. 생명과 인권의 새 시대_2000-2007

새로운 세기_2000   _96
어떤 교체일까_2001   _102
산맥 없이 봉우리 하나_2002   _107
그리운 고향_ 2003   _112
세상 그리기_2004   _118
호주제 폐지_2005   _124
행복이란_2006   _130
참 바쁜 한 해_2007   _136

4. 희망으로 날기_2008-2015

산성 넘어 행진_2008   _148
날고 싶어_2009   _154
봄이 올까_2010   _159
대지진과 희망_2011   _165
뚜벅뚜벅 생명의 땅_2012   _171
함께 살자_2013   _178
잊지 못할_2014   _186
광복 70주년_2015   _195

5. 그림책 삶 사회_2016-2019

촛불 세상_2016 _208

특별한 시작_2017 _223

화해와 협력으로 평화_2018 _241

그림책 삶 사회_2019 _261

마치는글 그래, 얼마나 비슷하게 되었을까 _284

《그림책에 담긴 세상》 사용 설명서 _290
    이상희_시인, 그림책 작가, 그림책도시 대표

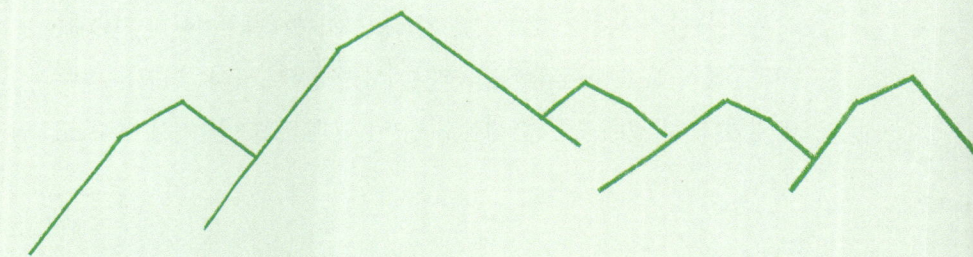

여는 글

그림책 백두산 만들기

    사람들은 살면서 책을 몇 권이나 대할까. 내가 원해서 골라 본 책들은 이제껏 얼마나 될까. 끝까지 읽은 책은 얼마나 되나. 그 중 아주 좋았던 책 몇 권만 꼽을 수 있을까. 오래 책을 접해오긴 했지만 책 동네에 이바지한 것이 과연 있나. 지금 꾸리려는 이 책은 얼마나 필요한 책이겠는가, 적절한 이야기를 담았는가.

    그림책협회 〈30년 한국그림책을 살피다〉 작업을 함께한 연구자가 설문지를 돌렸다. 10년 전, 20년 전, 30년 전에 당신은 그림책 관련 어떤 분야와 연결되었나, 어느 영역에 속했나, 우선 떠오르는 그림책들은 무엇인가. 머리에 오래 남은 이 질문에 계속 새로 답하는 심정으로 이 책 작업을 다듬고 보살핀다.

    책 만들기를 처음 진행한 곳은 기독교사회문제연구원이다. 1986년부터 민중사 출간 사회과학 책들과 《기사연리포트》들로 편집을 배우고 익혔다. 그 전에 만든 단행본도 한 권 있다. 1982년 《역사 예수 교회》. 감리교청년연합회에서 발간한 성서연구 교재였다. 이 책 편집 제작을 배우겠다고 세진인쇄 강 사장님을 쭈뼛쭈뼛 따라서 기독교사회문제연구원 편집실에 들어가 최 부장님한테 활판 인쇄용 편집 지침들을 받아 적으며 공부했었다. 그러고 보니 나의 최초 편집 교실도 민중사였다.

1989년부터는 글밭기획과 녹두출판사에서 책을 만들었고 2000년부터 인터넷어린이서점 오픈키드에서 어린이 책과 《월간 열린어린이》를 만들었다. 20-30대를 같이 일하며 지낸 명석한 벗 박 군이 일찌감치 한탄하던 말이 생각난다. "어휴, 왜 그리 계속 책을 만들고 그래, 어디 쓸 데 있다고." 계속 혼자 묻고 답한다. 쓸 데 있는 이야기인지, 쓸 데 있는 책일지.

'그림책 사회사'라는 단어

그림책과 사회 변화를 함께 살펴보는 작업은 한 글벗의 요청에서 시작되었다. 한국 사회가 저 밑바닥부터 좀 바뀔 수 있으려나 희망을 갖게 된 2017년 봄에 정겨운 책벗 님에게서 전화가 한 통 왔다. 짧거나 긴 문자들로 소식 주고받기가 일상이니 목소리 통화는 꽤 새록스런 일이다.

"2016년에 발행된 한국 창작 그림책들 갖고 연감을 제작하려는데 유난히 사회성 짙은 그림책들이 눈에 띈다, 애들을 좀 상세히 살펴봐 주기 바란다."

창작 그림책들로 우리 사회 한해살이, 그 바쁘고 특별했던 2016년을 돌아보는 일이라니! 즐거운 작업이었다. 작업물은 〈2016년 우리 그림책으로 본 한국사회-그림책, 사람과 역사와 사회를 품다〉라는 글로 《한국 그림책 연감 2017》(재단법인 원주문화재단)에 실렸다.

2017년 이후 그림책도 같은 방식으로 살펴보라는 요청이 잡지와 강의실에서 이어졌다. 이 분야가 내가 해야 하는 일인가보다 생각하던 참이었다. 2019년 1월엔 그림책협회 〈30년, 한국그림책을 살피다〉 연구 작업 동참을 요구받았다.

오픈키드에서 《월간 열린어린이》를 만들면서 매달 외부 필자 꼭지 열두 개씩을 채워야 했다. 이를 위해 원고를 청탁하면 많은 작가들이 흔쾌히 응하셨다. 내 필자들이었던 그분들이 이제 내게 무언가를 요구하면 나 또한 되도록 즐겁게 응한다.

그림책협회 작업은 시작 이후 조금씩 커지더니 결국 그림책과 사회 변화 30년을 함께 보는 구성으로 확장되었다. 한국 문화 예술이 어떻게 변화 발전했는지 살필 때 1987년은 중요한 변곡점이자 출발점이다. 그림책 역사 연구도 처음엔 1987년에서 시작했다가 나중 1980년으로 거슬러 올라갔다. 한국 현대사에서 중요한 사건이자 시점視點인 광주 민주화운동부터 기억하려는 뜻에서이다.

그림책은 이제 생활 예술로 받아들여진다. 어린이 관련은 물론 사회생활의 온갖 면을 담고 있는 그림책들과 사회사를 함께 살피는 작업 덕에 결국 내가 일해 온 시간을 돌아보았다. 사회과학 책을 만들다가 어린이 책 동네에 들어왔고 이번엔 그림책들을 알뜰하게 살피고 모았다. 모두 귀한 시간이었다.

사회 변동 내용을 깊이 다루지는 못했다. 내가 책 만든 30년 시간은 어찌 흘러왔나 돌아보며 확인한 정도이다. 이런 기회를 만난 것이 고마운 일이다. 그림책을 살피고 내 삶을 돌아보며 사회사를 정리했다. 이 과정에서 '그림책 사회사'라는 단어를 자연스레 쓰게 되었다.

그림책 골라서 엮기

165권 그림책을 골랐다. 작업을 진행하며 보니 지금도 활발히 작업하는 작가들 그림책이 손에 잡히는 시기는 1990년을 넘어가면서부터였다. 아 그림책이구나, 싶은 1967년 출간 《심청전》부터 1990년 《유관순》까지는 골라진 그림책이 9권뿐이다.

1991년 올챙이 그림책부터 2010년 평화 그림책까지 20년 동안은 한 해 네 권씩 총 80권을 골랐다. 2011년 후쿠시마 원전 사고와 2012년 광우병 때는 한 해 다섯 권씩 골라 앉혔다. 2013년 구제역과 2014년 세월호 참사, 2015년 한일 정부 간 위안부 문제 합의까지 3년 동안은 한 해 여섯 권씩을 골랐다.

여기까지는 한 해 있었던 일들을 주제별로 나누고 다시 묶으면서 어울리는 그림책을 살폈다. 이어지는 2016년부터 2019년까지 4년 동안은 한 해 열두 권을 고르고 달마다 한 권씩 앉혔다. 이렇게 해서 모인 그림책이 총 165권이다.

그림책이 처음 출간된 연도를 따랐다. 오래 시판된 그림책들 중 출판사가 바뀐 경우가 있다. 이 경우 처음 출판 연도를 따르고 시판 중인 출판사를 표기했다.

1990년대 초반에 출간된 그림책들 중에는 이전에 묶음 판매(전집)로 나왔다가 낱권 판매로 바뀐 책들이 꽤 있다. 올챙이 그림책(웅진출판 1991, 보리 2001, 휴먼어린이 2011)과 국민서관의 탐구시리즈(1992-93) 등이 그렇다. 단행본으로 구입 가능했던 책들은 여기 실었다.

여기 실린 그림책들의 현재 출판사들에 책 표지 사용을 허락 받았다. 표지 아래와 본문 속 저자 표기는 실제 표지에 적힌 그대로 따랐다. 골라진 그림책 작가들이 편중됐을 수 있다. 그림책들의 주제도 아마 어느 한쪽으로 치우쳤을 것이다. 필자 뜻대로 해석하고 배치한 결과이다.

작업을 진행하며 알게 된 것들이 있다. 초기 창작 그림책들은 옛이야기와 설화를 소재로 한 작품이 많았다. 2000년대 들어 그림책 분야가 다양해지고 글과 그림을 함께하는 작가들이 많아졌다. 권정생 님 글 등 고유한 이야기를 그림책으로 만드는 경우도 눈에 많이 띈다. 볼로냐Bologna나 브라티슬라바Bratislava 등 국제 도서전에서 특별한 그림책 작가로 선정되는 일도 많아졌다.

2010년대 들어 그림책이 매우 다양해졌다. 환상 그림책도 많아진다. 5월 광주나 세월호, 4.3항쟁 등 사회 사건을 주제로 삼는 그림책도 많이 잡힌다.

권위적이고 보수적인 사회에서는 문제들이 잘 숨어 있으므로 별일 없는 듯 조용하다. 문화 예술계도 잠잠하고 그림책들도 많지 않다가 2010년대 이후는 아주 바쁘고 시끄럽게 많은 사안들이 그림책으로 들어오는 듯 느꼈다.

감사와 염려

어린이 책 관련 글 쓰기는 조심스럽다. 어린이 책 본문은 물론이고 서평이나 감상문 쓰기도 다른 책 관련 글보다 더 어렵다. 내용 전달이 정확해야 하고 과장이 없어야 한다. 잘 모르는 이야기는 절대 쓰지 말아야 한다. 좋은 글과 좋은 책 골라내기는 꽤 해왔는데 여기 진행한 작업도 좋은 글 좋은 책을 담고 있는가. 정확한 사실과 필요한 내용을 잘 담고 있나.

그림책을 제대로 이해하기란 이야기 책을 읽고 이해하기보다 어려운 듯하다. 눈에 보이는 그림 뒤편 깊숙한 곳에는 무엇이 들었을까 장면마다 깊이 생각해야 한다. 글과 조화롭게 어울리는지 파악해야 하는 점도 어렵다. 하지만 그림은 보는 사람 마음대로 이해해도 되는 특별한 장점이 있다.

본문에 음악의 탄생을 이야기하는 그림책이 들어갔다. 그 책에서는 음악 한 곡의 내용, 한 곡이 전하는 감동을 제대로 이해하려면 300번 들어야 한다고 얘기한다. 그럼 그림책은 몇 번을 다시 봐야 제대로 아는 걸까. 그림책도 볼 때마다 새롭게 발견되는 것들이 있다. 여기 담긴 165권 그림책들을 나는 충분히 보았을까.

그림책을 그저 나 혼자 좋아서 골랐다. 보통 여러 해 걸려서 책을 한 권 만든다. 그림책이든 이야기책이든 아무리 짧아도 2-3년, 길면 10년 넘는 시간이 필요하다. 책의 준비 기간은 전혀 생각하지 않고 고른 셈이다. 출간된 사회 상황에 맞춰 보기 적당한 그림책을 골랐다. 그림책과 사회, 두 영역을 내 판단으로만 연결했다.

예를 들면 《나는 지하철입니다》를 보며 구의역 지하철 김 군을 생각했고 《선아》를 보며 김용균 군을 연결했다. 《세상에서 제일 힘센 수탉》과 1997년 김대중 대통령 당선을 같이 본다니까 동료들이 그런 해석은 처음 접한다며 놀라던 모습이 생생하다.

혹시 우리 예술 그림책들을 너무 사회 읽기용 매체이자 수단으로 이용하는 것 아닌가, 그림책 품격을 떨어뜨리는 것 아닌가 자문했다. 걱정할 때 그림책 작가 벗은 "그림도 그림책도 보는 사람 마음대로 이해하는 것이 당연하다"고 말해 주었다. 또 어떤 이는 "사회 얘기보다 그림책 표지와 제목이 쏙쏙 눈에 들어온다"고 한다.

작업을 진행하며 1980년부터 2019년까지 사회 사건들 곧 사회사를 정리했다. 우선 시기별로 일어난 일들을 정리하고 확인 과정을 거치면서 가져올 내용들을 골랐다. 이 고르는 행위가 타당한지, 역사의 정통성이나 정당한 가치를 혹시라도 훼손하는지 여러 번 생각했다.

역사를 《표준국어대사전》은 어떻게 규정하는지 찾아보았다. 전문가 견해도 들어보았다. 역사 읽기와 쓰기에서 필요한 사실들을 골라

가져오는 취사선택은 자연스런 행위임을 이제 알겠다. 역사를 읽고 쓸 때는 자의성이 작용한다.

    그렇게 해서 꾸려진 1980년부터 2019년까지의 '그림책 사회사'가 자연스러운지 아닌지 판단은 이제 읽는 분들께 맡긴다. 책의 처음부터 끝까지 함께하신 한성옥 작가께서 조언하신 말이 '그림책 백두산'이다. 한국 그림책 165권을 잘 어울리게 담아 백두산 더불어 숲 같은 책을 만들라는 이야기가 오래도록 감사하다.

그림책에 담긴 세상

한국 그림책 30년사

1 백두산 같은, 더불어 숲_

서곡, 첫 타자기_1980-82
서늘하던 시대_1983-86
민주항쟁_1987
더불어 숲_1988
일러스트레이션 정착_1989
변화하는 세계_1990
많은 이들의 벗 나비_1991
그림책도 기지개_1992

1980-
1992

1980-1992

서곡, 첫 타자기_1980-82

    1960-70년대엔 어떤 어린이 책들이 있었나. 유치원이나 학교에는 옛이야기, 위인전 전집들과 동화책들이 있었다. 집에서는 어린이 잡지 《새소년》과 《새벗》을 봤다. 그 달치 새 잡지가 도착하면 동네 친구들과 함께 어울려 놀면서 잡지들에 연재되던 글과 그림, 만화들을 찾아봤다.

    《새소년》은 한국전쟁으로 중단된 잡지 《소년》을 계승하기 위해 1964년 어효선이 창간한 잡지로 1989년까지 출간되었다. 1952년에 창간된 기독교계열 잡지 《새벗》은 월간지로 50년 전통을 이으며 2010년 543호까지 시중에 판매되었다.

    어린이 잡지들은 교양 문예 과학 분야 교육 내용과 취미 분야를 다루면서 많은 삽화와 만화 꼭지들을 실었다. 이 잡지들과 어린이 책들에서 그림과 만화를 맡던 화가들은 그 이후 어떻게 되었을까.

한국 그림책 역사 중 가장 이른 기록이라 할 수 있는 1940년대 《우리마을》, 《우리들 노래》라는 시 그림책이 있다. 여기서 그림을 맡은 화가들 중 한국전쟁을 지나 1960년대에 그림책을 만든 분들도 계시다. 대부분 서양 민담을 담은 전집류 그림책인데 《심청전》 등 우리 옛이야기를 소재로 한 책들도 눈에 띈다.

1967년 출간된 이 《심청전》(김문서 글, 문예서림)을 보니 투박하고 단순한 그림이면서도 우리 나름의 정서가 느껴져 반갑다. 뒤 표지에는 《흥부와 놀부》 등이 홍보된다. 값은 600원. 21세기 그림책과 비슷

《심청전》 ⓒ 김문서, 문예서림 1967

한 색감이나 디자인들은 1980년대 이후에야 나타난다.[1]

1980년대, 한국 사회는 매우 바쁘고 험난했다. 그 시작이 된 1979년 10.26 때 대학 2년생이던 나는 영주 소수서원과 안동 류성룡 본가를 역사 답사 중이었다. 대한민국 대통령은 그 한 사람뿐인 줄 알던 19년 세월이 끝나던 날이었다. 10.27 아침, 그 다음 답사지를 포기한 채 버스에 올라 서울로 향하면서 군부 권력 종말 후엔 어떤 세상이 되는 걸까 상상했다.

하지만 이른바 신군부 세력이 12.12 반란 후 권력을 장악했고 최규하 과도 정부를 허수아비로 만든다. 1980년 봄, 학교와 동아리, 야학

의 벗들과 함께 나간 서울역 앞 시위에서는 신군부 전두환과 당시 국무총리 신현확 타도가 구호였다.

4월에는 한국 최대 민영 탄광인 동원탄좌 사북 영업소에서 노동쟁의가 벌어졌다. 임금 소폭 인상과 어용노조 행태에 항의하는 노동항쟁이 확대되면서 사북 사태라 불렸다. 사북 지원 활동을 한다고 강원도로 넘어갔던 동료도 생각난다.

전국 도시들마다 대규모 시위가 계속되다가 5.17 전국 비상계엄과 전국 대학 휴교령이 내려지자 전국은 조용해졌다. 오직 광주에서만 대규모 시민 항쟁이 이어져 5.18 민주화운동의 뜨거운 역사가 시작된다.

계엄군 탱크, 트럭과 공수부대로 둘러싸인 채 고립된 광주 안에서 시민군은 시민 자치와 민주 공동체를 실험하면서 민주주의 빛고을을 이룬다. 그러다 5월 27일 새벽, 2만 5천여 계엄군이 도청 시민군과 민주화운동 관련자들을 대규모 살상, 연행하면서 광주의 표면은 진압되는 듯했다.

이 때 선배 한 분이 세상을 떠났다. 광주 현장에서 시민 피해 참상을 직접 보고는 5월 30일 종로5가 기독교회관 6층에서 '동포에게 드리는 글' 문서를 남기고 떠난 김의기. 한국기독청년협의회(EYCK) 활동으로 알던 이 선배가 남긴 문서를 다시 제작해야 했다. 서울 냉천동 신학대학 기숙사에서 타자기에 푸른색 등사 원지를 끼우고 자판을 처음 더듬던 일이 내 편집 일의 시작이었나 싶다.

1980년 8월 통일주체국민회의에서 전두환이 11대 대통령으로 당선된다. 10월에 제5공화국 헌법이 공포되고 과외금지 등 교육개혁안과 대학졸업정원제가 발표된다. 11월에는 언론 통폐합이 자행되고 연합통신사와 한국방송광고공사가 창립되는 동시에 텔레비전 컬러 방송도 시작된다.

1981년 11월, 국가안전기획부가 학원침투 교포간첩단 검거를 발표하고 12월에는 KBO(한국야구위원회; Korea Baseball Organization) 리그가 창설된다. 집권한 군부 정권은 Screen, Sex, Sports 즉 3S를 적극 활용하는 국민 우민화 정책을 펼쳤고 그 일환으로 KBO 프로야구도 창설됐다.

1982년 3월 부산 미국문화원 방화 사건이 일어난다. 부산 대학생들의 반미운동 사건을 군부 정권은 북한 사주를 받은 난동으로 규정하며 대규모 구속한다. 이 사건 주동자 문부식, 김현장은 1년 후 대법원에서 사형 확정 판결을 받았다가 1주일 만에 무기 징역으로 감형되고 점차 처벌 수위가 낮아진다.

이 '부미방' 사건은 이후 연이은 반미 시위들의 출발점이 된다. 이 사건 피의자들 변호사 중 한 명이 노무현, 담당 판사 중 한 명이 이회창이었다.

1980년대는 삽화에서 그림책으로 넘어가는 변환기로, 창작 그림책들이 간혹 나타난다. 1981년에는 《견우와 직녀》(구성 김교만, 글 오정희, 어문각)가 어문각에서 출

《견우와 직녀》 ⓒ 김교만 오정희, 어문각 1981

간된다. 단순한 외모와 선량한 분위기의 견우 직녀, 이들을 도와주고 픈 아기자기한 동물들, 그리고 '마음씨 착하고 영리한 까치와 까마귀' 가 등장해 다정한 결말을 이룬다.

　이 책은 유네스코 아시아태평양문화센터가 주관하는 국제노마콩쿠르에서 1982년에 장려상을 받는다. 우리 옛이야기를 소재로 귀엽고 다감하게 풀어낸 것이 장점으로 인정받았다.

　1982년에는 일지사의 창작 그림책 1권 《올챙이》(글 김영지, 그림 서시철, 일지사)가 출간된다. 우리 옛이야기 빼고, 묶음 판매용 아닌 단행본 창작품은 이 시대에 이런 모습으로 시작되었음을 알 수 있다. 자연 속 곤충을 주인공으로, 올챙이를 아가나 어린이로 설정한 것이다.

《올챙이》ⓒ 김영지 서시철, 일지사 1982

　그리고 같은 해, 독일 유학 중이던 이원복 작가는 〈쥐들의 성대한 치즈파티〉라는 작품으로 볼로냐 국제어린이도서전에 입선한다. 이 작품은 이 시기 국내 단행본 그림들과는 분위기가 꽤 다르다. 작가가 유학 중이던 서유럽 문화 분위기와 그 동안 작업해 온 애니메이션 쪽 기량이 그림에서 함께 느껴진다.

　많은 쥐들이 거대하고 화려한 파티를 열고 흥겨운 분위기 속에 먹고 마신다. 주변에는 커다란 몸집의 쥐들이 파티 장을 감시하듯 지켜보기도 한다. 어떤 맥락에서 나온 장면일까 궁금해지는 그림이다.

이 1982년에 서양화가 동양화가 만화가들의 연합회인 '무지개일러스트회'도 출현한다. 이전 '출판미술가회'였던 단체 이름이 '일러스트회'로 바뀌었다. 삽화 차원보다는 좀 더 그림 창작에 집중하려는 입장과 노력이 느껴진다.

서늘하던 시대_1983-86

1982년 국민서관은 《1월의 이야기》부터 《12월의 이야기》까지, 어린이정서교육전집 12권을 간행한다. 많은 작가들이 참여해 한 해 세시풍속을 글과 그림으로 표현한 어린이 교육 도서였다. 판권을 보면 열두 권 한 질 정가가 135,000원, 1982년 책값으로는 놀랍게 비싸다.

판권에 적힌 그림 그린 이들이 이우경 등 13인이고 글 작가들이 강소천 박경종 박화목 신지식 어효선 유경환 윤석중 임신행 정원석 차원재 등이다.

1984년에는 좀 더 세련된 형태의 그림책 전집을 웅진출판에서 발행한다. 《어린이마을》 열두 권이다. 이 작업은 기획 제작진이 어마어마하다. 우선 1권 기획 자문위원이 성내운 이오덕 윤무부 김재은 등이고 편집 기획이 윤구병이다. 그림 그린 이로 강덕선 박수동 서계숙 등이 보인다. '도와주신 분들'로 표현된 글 작가진이 이현주 이준연 김종상 이주영 임길택 서울동월교회 서울한빛맹학교 등등이다.

판권을 보면 이 전집은 "'어린이마을' 12권과 '어머니 책' 12권, 어

《어린이마을 8》 웅진출판 1984

린이 스스로 연습할 수 있는 노우트 '스스로 해보기' 12권 및 어린이마을 동화 카세트 테이프로 이루어집니다"고 소개되었다. 그림 등을 통한 어린이 교육 자료로 기획된 책들이다. 이 전집 가격은 132,000원으로 역시 꽤 고가였다.

《어린이마을》 8권에는 두렁의 장진영이 판화로 표현한 작품 〈장산곶 매〉가 들었다. 12권에는 권정생 〈강아지 똥〉이 이철수 작가 판화 작품으로 담긴다. 《어린이마을》 작업에 참여한 그림 작가들 중 여럿이 이후 그림책 작가로 활동한다. 1984년에 발행된 《어린이마을》 열두 권은 어린이 출판물에서 획기적인 계기를 만들었고, 이후 새로운 그림책 탄생의 바탕이 된다.

1983년 6월에는 한국전쟁 등에 따른 국내외 이산가족 찾기 방송이 진행된다. 일제 침탈기 독립운동, 분단과 전쟁을 겪은 한국 근현대사에서 파생된 이산가족이 워낙 많아 6월 30일부터 11월 14일까지 138일 동안 생방송이 계속되었다. 이 세계 최장기간 연속 생방송 프로그램에 동원된 제작 인력만도 1천 명에 가깝다.

생방송이 진행되는 중에 두 가지 폭탄 테러 사건이 일어났다. 9월에는 대구 미국문화원에 폭탄이 터지는 폭발 사건이 난다. 이는 광주민주화운동 유혈진압 묵인에 대한 반미운동 사건이었다. 당시 언론은 북한이 한미 간 외교 분쟁을 노리고 행한 테러 사건이라고 보도하였고 대규모 수색과 구속이 벌어진다. 이 때 범인으로 지목된 피고인 5명은 36년 만인 2019년 10월 '고문에 의한 자백 진술서 등은 증거가 되지 못한다'며 무죄를 선고받는다.

1983년 10월에는 아웅산 묘역 폭탄 테러가 일어난다. 미얀마 수도 양곤(랭군) 국립묘지에서 북한 공작원이 설치한 폭탄에 한국 고위 관리 등 17명이 희생된다.

1983년 10월 삼성전자가 국산 개인용 컴퓨터를 판매하기 시작하고 1984년 1월에는 애플이 매킨토시를 선보인다. 1984년 1월 백남준 작가는 비디오 아트 〈굿모닝 미스터 오웰〉로 조지 오웰 〈1984년〉에 이의를 제기한다. 5월에는 경기도 과천 서울대공원이 문을 열고 서울 지하철 2호선 모든 구간이 개통된다.

1985년 2월 치러진 국회의원 선거에서 김대중 김영삼의 신민당이 제1야당으로 자리 잡고 5월에는 서울 미문화원 점거 사건이 일어난다. 서울 지역 5개 대학교 학생 73명이 연대해 서울 미문화원을 4일 동안 점거하고 '광주 사태 책임지고 미국은 공개 사과하라'며 농성을 벌였다. 이 미문화원 점거사건은 2001년에 '민주화운동관련자명예회복및보상심의위원회(민보위)' 심의 결과 민주화 운동으로 지정된다.

미문화원 사건이 수사되면서 지하 유인물 '깃발'과 서울대학교 민주화추진위원회 조직이 드러나고 관련자로 김근태 당시 민청련 의장 등이 불법 연행 고문당한다. 9월 국가안전기획부는 미국에 유학 간 대학생들이 북한 공작원에게 포섭된 후 국내에 들어와 간첩으로 활동했다고 주장하는 구미 유학생 간첩단 사건을 발표한다.

이렇게 구속자 수가 많아지던 1985년에 3.8 세계 여성의 날 기념 한국 여성대회가 처음 열리고 남북 간 소통이 진행된다. 8월에 남북 적십자 제9차 본회담이 평양에서 열리고, 9월에는 고향방문단과 예술 공연단의 서울-평양 교환방문이 성사되며, 남북 이산가족 첫 상봉도 서울과 평양에서 이루어진다. 10월 서울 지하철 3, 4호선이 동시 개통되고 11월에는 윈도즈 1.0이 출시된다.

1986년 5월 3일, 민주 헌법 쟁취와 독재 타도, 노동 생존권 보장을 요구하는 인천항쟁이 일어나면서 한국 민주화운동사에 중요한 기록을 남긴다.

5월 10일에는 교사 546명이 교육민주화선언을 발표하고 이는 9월 전교조 모태인 전국교사협의회(전교협) 발족으로 이어진다. 7월 3일에 부천경찰서 문귀동 성고문 사건이 발생하고, 86아시안게임은 9-10월 서울에서 열린다.

이즈음 대학생과 시민 활동가, 작가들은 학교와 종교 시설, 거리, 공장, 도시 빈민 지역 등을 자기 활동 현장으로 선택하고 공동체 운동과 노동 운동, 독서 모임, 야학 등을 진행했다.

민족미술협의회에 속한 작가들은 만화, 벽화, 민화, 불화, 걸개그림, 정치포스터, 출판, 판화, 사진 들을 통한 미술 운동을 활발하게 전개했다. 이전에는 예술로 인정받지 못하던 이 다양한 분야 활동들이 출판 일러스트레이션 경험과 더불어 한국 그림책의 소중한 자산이 된다. 이는 미술이 현실과 일상, 어린이에 눈 뜨는 과정이기도 했다.[2]

1980년대 어린이 문학과 어린이 책 운동, 해송 등 지역 어린이집과의 연관도 그림 작가 활동의 토대가 된다. 이오덕 권정생 중심 한국글쓰기연구회, 한국어린이문학협의회, 어린이도서연구회 들도 이즈음 만들어지고 전국 조직화에 힘을 기울인다.

1986년에는 어린이도서연구회에서 잡지 《어린이와 책》을 발행하기 시작한다. 일찍이 시작된 좋은 어린이 책 운동의 모범이다. 이 잡지는 1992년까지 18호가 발행된다.

민주항쟁_1987

6월 민주대항쟁의 해로 기억되는 1987년에 출간된 각별한 그림책이 있다. 《아빠 얼굴 예쁘네요》(김민기 지음, 정용기 꾸밈, 한울)다. 1960년대 석탄 산업 발전으로 강원도 곳곳에는 탄광촌이 꾸려졌고 1970년대 이후 탄광촌 환경과 사람들 이야기가 드러난다. 1980년 4월의 사북 사태는 대규모 노동 쟁의였다.

지은이 김민기는 음악과 미술, 연극, 노래극으로 대한민국 문화 예술 운동을 발전시켜 온 작가 겸 프로듀서다. 그가 사북 탄광촌 아이들의 일기와 글로 노래극을 만들어 연우무대에 올렸고 그 노래 테이프와 사진, 공예품 등을 함께 담은 종합 그림책이 《아빠 얼굴 예쁘네요》다. 이 책의 꾸민이는 정용기, 초판

《아빠 얼굴 예쁘네요》ⓒ 김민기 정용기, 한울 1987

디자인은 이호백 정용기로 판권에 적혔다.

1987년 6.25에 출간된 1판에는 노래 테이프가 포함되었고, 2016년에 다시 출간된 2판에는 노래 CD가 들었다. 아이들은 탄가루를 온 얼굴에 뒤집어 쓴 아빠 얼굴도 예쁘고, 탄광 사고로 다친 아빠의 귀환도 그저 감사하다.

그림책 속 아이들인 연이 석이 탄이 순이가 부르는 노래 가사가 처연하다. "까만 집, 까만 길, 까만 물, 까만 산 / 온통 새까만 탄광 마을에 우리들은 살아요." "울 아빠 집에 오실 때 까맣게 화장하고 오셔 우리들이 달려가 장난말로 아빠 얼굴 예쁘네요- 암, 예쁘다 마다. 하하하 검은 옷, 검은 손, 검은 얼굴, 검은 대답."[3]

1987년에 강우현 작가 〈사막의 공룡〉이 브라티슬라바 일러스트 비엔날레(BIB; Biennial of Illustrations Bratislava)에서 처음 상을 받는다. 서양에 비해 역사가 짧은 한국 그림책이 일찍부터 작품성을 인정받은 사실이 놀랍다.[4]

BIB는 1967년부터 국제아동도서협의회와 유네스코의 후원으로 슬로바키아의 수도 브라티슬라바에서 격년제로 홀수 연도에 열리는 그림책 축제이다. 각 나라의 국제아동도서협의회 지부에서 1차로 그림책 원화를 출품하면, 국제심사위원회가 이를 검토해 각 부문별로 수상작을 결정한다.

1987년 한국 사회는 매우 바쁘고 아팠다. 1.14 남영동 대공분실로 불법 연행된 박종철 군 물고문 사망 사건이 조금씩 드러나면서 한국 사회를 달군다. 다른 여러 고문 용공 조작 사건의 진상규명 요구들까지 계속되던 3월에는 10여 년 동안 감춰져 온 부산 형제복지원 인권 유린 사건도 드러난다.

잔혹한 사건들이 계속 드러나면서 체육관 대통령 시기를 끝내고 직접 민주주의로 개헌하라는 요구가 들끓자 전두환 정부는 1987년 4월 13일 헌법을 바꿀 수 없다고 호헌을 주장한다. 이에 서울, 인천, 부산과 충북 등 전국에서 민주화 시위가 나날이 격화되면서 6.10 국민대회가 추진된다.

6월 9일에 이한열 군이 학교 앞에서 직격 최루탄에 쓰러지고 이에 일반 시민들도 대거 참여하는 6월항쟁이 촉발된다. 서울시청 앞에서는 날마다 대규모 시민대회와 평화 대행진이 계속되었고 6.29에는 드디어 대통령 직접 선거로 개헌이 선언된다.

노동자 농민 학생 시민들의 희생이 있어 확보한 6.29 개헌 선언이었다. 1961년 5.16 쿠데타 이후 박정희 5대 16년, 전두환 2대 8년 동안 이어진 군부 독재가 이젠 끝나리라 기대하였다. 이 기대와 희망으로 1987년 7-8월에는 전국 교수협의회, 택시운전자협의회, 노동자 지역연맹, 현대그룹 노동조합협의회, 대우조선 노동조합협의회 등 많은 분야 노동자 시위가 계속되었다. 8.22에는 대우 옥포조선소 이석규 노동자가 직격 최루탄을 가슴에 맞고 절명하는 비극이 또 일어난다.

10월에 드디어 국민투표가 있고 대통령 직선제로 헌법이 개정된다. 1972년 유신 헌법 때부터 간접 선출된 대통령을 16년 만에 직접 뽑게 되었다. 국민들은 김대중 김영삼의 후보 단일화를 열망했으나 끝내 이루어지지 못한다. 현실 정치가 얼마나 많은 관계와 욕구, 재화들과 연결되는지 절감하면서 많은 이들이 절망하였다.

대통령 선거 직전인 11.30에는 이라크 바그다드에서 출발한 대한항공 여객기가 하늘에서 폭파돼 115명이 미얀마 양곤(버마 랭군) 바다에 수장되는 '김현희 KAL기 사건'이 벌어졌다. 이에 놀라고 당황한 12.16에 13대 대통령 선거는 진행되었고 결과는 민자당 노태우 후보 당선이었다.

이 선거에서는 금품과 공권력에 의한 매수, 회유가 난무하였고 서울 구로구청에서는 부정 투표함이 발각되어 증거물 사수 투쟁이 벌어지기도 했다. 민주주의 실천이 얼마나 험난한지, 그럼에도 나아갈 길은 누구와 함께 어떻게 만들지 고민되던 시기다.

이즈음 나는 기독교사회문제연구원에서 기독교와 여성, 출판 분과를 맡고 있었다. 오랫동안 활판 식자 방식이던 편집 조판이 청타, 공타, 컴퓨터 사진 식자 방식으로 바뀌던 무렵이었다. 이 해 처음 만들어 민중사로 출간한 책이 부천서 성고문 사건 보고서 《우리들의 딸 권양》과 《고문 없는 세상에 살고 싶다》, 《민주화 대투쟁》(한국기독교교회협의회 엮음, 1987) 등이었다.

더불어 숲_1988

드디어 한국 창작 그림책의 효시라 불리는 《백두산 이야기》(류재수, 통나무 1988, 보림 2009)를 만난다. 어린이 교육 운동에 오래 몸담은 류재수 작가가 한민족 탄생 설화를 25장 펼침 유화로 표현했다. 하늘과 땅이 생겨나는 데서 이야기가 시작한다.

두 하늘과 두 땅이 있어 혼란스럽더니 백두거인의 활쏘기로 한 하늘 한 땅으로 통일된다. 평화를 시샘한 흑두거인이 일으킨 큰 전쟁도 백두거인이 물

《백두산 이야기》 ⓒ 류재수, 통나무 1988, 보림 2009

리치고 긴 가뭄까지 해결된다. 통일과 평화의 소임을 다한 백두거인은 산이 되어 천지를 보호하고 이 땅에 혹 다시 분리와 전쟁이 일어나면 다시 깨어나 돕겠다 약속하고 잠든다.[5]

백두산에 얽힌 옛이야기들을 모아 장대한 그림들로 표현해 낸 작품이다. 우리 민족사와 그림책 역사까지 새롭게 느끼게 하는 걸출한 작품이다. 조선 백성 가슴에는 백두산의 웅혼한 기운이 깃들었다 한다. 그 백두산 기운이 현대 우리에게는 어떻게 존재할까 자문하며 '백두산 같은 더불어 숲'을 이야기한 신영복 선생을 떠올린다.

《백두산 이야기》가 출간된 1988년 8.15에는 박정희 정권 때 통일혁명당 사건으로 구속되어 1968년부터 20년을 복역한 신영복 선생이 특별 가석방으로 출소한다. 이후 선생은 한국 현대사 속 사상 및 실천 측면의 어른으로 잔잔하고 묵직한 가르침을 오래 주신다. 한 그루 한 그루 나무인 우리가 함께 '더불어서 숲 같고 백두산 같은 새 세상'을 만들자던 선생의 권유는 여전히 우리 곁에서 생생하다.

1988년 1월, 한글 맞춤법 개정안이 발표된다. 그 동안 쓰던 '-읍니

다'가 '-습니다'로 바뀌는 등 말하는 대로 표기하는 맞춤법이다. 5월에는 중앙 일간지로는 처음으로 가로쓰기를 실행한 《한겨레》 신문이 창간되고 대형 놀이 공원인 서울랜드가 과천에 개장한다.

4월 총선에서는 김영삼의 민주당이 김대중의 평민당보다 밀려났고 이는 1990년 김영삼 3당 합당의 단초가 된다. 7월 2일에는 온도계 공장의 열다섯 살 어린 노동자 문송면이 수은 중독으로 사망한다.

이는 원진레이온 섬유 공장의 이황화탄소 중독 사고와 연계되었고, 이 노동 환경 문제를 알리며 대책을 찾는 움직임은 한국 산업보건 운동의 출발점이 된다. 이 시기는 서울올림픽이 열리기 직전이었기에 파장이 컸다. 8월에는 울진에서 원전 1호기가 준공되고 시험 가동된다.

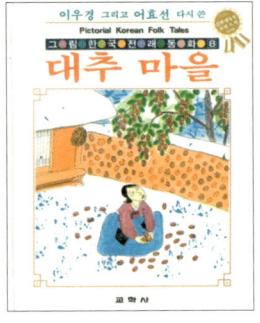

《그림한국전래동화 8 대추 마을》
ⓒ 이우경 어효선, 교학사 1988

옛이야기와 신화, 설화들은 오랫동안 동화와 그림책으로 다시 만들어져 왔다. 특별히 이우경 혼자 그림을 맡고 어효선이 글 쓴 《그림한국전래동화》(교학사)가 눈에 띈다. 이 전집은 1987년 1-3권 출간에 이어 1988년에 20권으로 완간된다.

일러스트레이션 정착_1989

대한출판문화협회가 주관한 '제2회 그림동화연구회 일러스트레이션전_그림동화원화전'이 4월 22-28일에 열린다. 전시회 명칭이 언뜻 복잡하게 읽히면서도, 그림동화와 일러스트레이션 결합이 잘 드러난다. 이 전시에 그림 작가 수십 명이 참가한다. 1982년에 출현한 무지개일러스트회 이후 이젠 일러스트레이션 작업 방식과 명칭이 정착된 듯하다.

　이즈음 그림책 세계의 작가 진용이 풍성해진다. 민족미술협의회 등 단체를 통하거나 시민사회, 지역 및 산업 현장에서 활동하던 다음 화가들도 그림책 세계로 진입한다.[6] 강요배 강우근 고선아 권윤덕 김세현 김재홍 김환영 류재수 송진헌 신혜원 유승하 이억배 이은홍 장호 정승각 조혜란 최호철. 익숙한 작가들 이름이 반갑다.

　남북교류는 막히고 통일운동은 탄압 받는 상황에서 3.25 전국민족민주운동연합의 상임고문 문익환 목사가 평양에 다녀와 구속된다. 이어서 6.30에는 전국대학생대표자협의회가 파견한 임수경이 평양에 들어간다.

　임수경은 '제13차 세계청년학생축전'에 참가한 뒤 정의구현사제단 문규현 신부와 함께 8월 15일 판문점을 걸어서 통과해 돌아온다. 이 일로 정치 사회 전반은 공안 정국 분위기로 경색되지만 운동권에서는 통일 논의 계기를 마련한다.

　11월, 세계는 독일 베를린 장벽의 붕괴를 경험한다. 45년 동안 강고하게 영토와 이념, 생활까지 동서로 가르던 베를린 장벽이 무너진 데는 몇몇 배경이 있다.

　1985년에 소련공산당 서기장으로 취임한 고르바초프는 소련의 열악한 경제 상황을 개선하고자 페레스트로이카 정책을 펴며 서독 콜 수상과도 신뢰 관계를 쌓았다. 동유럽 헝가리와 폴란드의 민주화 운동은 중앙유럽의 동독과 체코슬로바키아 등에 영향을 미쳤다. 동서 관계가 부드러워지는 가운데 동독인들은 여러 방법으로 서독으로 탈출했다. 탈출자 수가 많아지자 동서독은 비자 관계를 의논해야 했고 마침내 동독인은 출국 자유화 통보를 받고 검문소는 개방, 베를린 장벽은 무너진다.

사회주의 권역이 변하고 세계가 격동했지만 한반도 남북 교류는 불통이었고 통일운동은 탄압 받았다. 1989년 1월 국외여행이 전면 자유화되고 12월엔 '1노 3김'이 5공 청산 관련 11개 항에 합의한다. 이제 김영삼 3당 합당 추진이 점차 확실해진다.

변화하는 세계_1990

용감하고 당당한 독립 투사 《유관순》(어효선 글, 임영배 그림, 교학사) 그림책을 본다. 《세종대왕》《최무선》《박연》《솔거》 등과 같이 '세계위인전기 큰별 큰빛' 중 한 권인데 그림 비중이 한결 커진 책이다.

여전사 유관순의 짧고 용감한 생이 그림책에 담겼다. 교육자의 딸로 자라난 관순은 이화여전에서 유학하다 1919년 3.1 만세운동을 만난다. 휴교령으로 고향에 돌아온 그는 음력 3월 1일 병천 아우내 장터에서 만세운동을 벌인다. 열다섯 살 나이로 서대문형무소에 투옥되고 1920년 10월, 열여섯 살로 고문사한다.

위인 그림책이 전하는 역사와 저항 정신과 올곧은 인생이 물씬하다. 이즈음 국내 정치는 물론 소련, 독일, 동유럽 등의 큰 변화들을 접하며 유관순을 다시 떠올렸다.

5-6월에는 세계 14개국 작가 78명의 일러스트레이션이 전시되는 '제2회 국제그림동화원화전'이 열렸다. 여기 강우현 류재수 위승희 유애로 이성표 이우경 이혜리 홍성찬 등 이후 오랫동안 그림책 활동을 이어가는 작가들 이름이 참여자로 눈에 띈다. 1987년에 BIB에서 상 받은 강우현 작품 〈사막의 공룡〉도 여기 전시되었다.

《유관순》 ⓒ 어효선 임영배, 교학사 1990

5월 울산 현대중공업에서 골리앗크레인 농성이 있었다. 노동 운동사 최초의 고공 농성 소식에, 일반 시민 1만여 명이 파업 현장을 찾아 연대와 지원 활동을 펼쳐 주목받았다. 10월엔 국군 보안사령부의 민간인 사찰을 증언한 윤석양 이병 양심선언이 있었고 독일 재통일도 이루어진다.

통일민주당 김영삼과 민주정의당 노태우, 신민주공화당 김종필은 결국 합당하여 민주자유당을 만들고 평화민주당 김대중만 유일한 원내 야당으로 남는다. 지역 정치 구도가 호남 대 비호남으로 단순해져 호남의 정치적 고립까지 낳는다. 당시 통일민주당 초선 의원 노무현 등의 강렬한 반대가 있었지만 3당 야합을 막을 수는 없었다.

이 무렵 '인간의 얼굴을 가진 사회주의' 개혁을 추진하던 고르바초프가 결국 실패하고 소련 해체가 진행된다. 70년 동안 소비에트[7] 연합에서 진행된 마르크스 레닌주의 정치는 문을 닫는 듯 보였고 이는 전 세계에 영향을 미쳤다.

많은 이들의 벗 나비_1991

그림과 주제, 작가, 구성 등 여러 면에서 획기적인 올챙이 그림책이 1991년 웅진출판에서 처음 태어난다. 출판사에서 기획 팀을 꾸리고 여러 젊은 그림 작가들에게 작품을 맡겨 산뜻한 그림책들을 생산했다. 저작권에 관해 뚜렷한 인식이 없던 이 시기에 태어난 올챙이들은 이후 여러 출판사들을 전전한다.

출판사에서는 작가들에게 인세가 아닌 화료를 일시금으로 지급했기에 이 작업은 보급투쟁이라 불렸다고 올챙이 생산 작가들은 말한다. 30년 가까운 시간이 지난 지금 다시 봐도 정겹고 알찬 그림들이 면면을 채우는 올챙이 몇 권 가지고 1991년 한국 사회를 생각한다.

3월, 지방자치제가 30년 만에 부활했다. 1949년 지방자치법 공표로 시작됐던 한국 지방자치제는 1961년 박정희 정권이 지방의회를 강제 해산시키면서 사라졌다. 이제 30년 만에 부활한 지방자치제로 지역에서 선출된 대표들이 각 지역에 맞는 정치를 다시 펼치게 되었다.

각 지역 특성에 맞는 발전과 자치, 정치 구조들을 생각하며 《아빠는 깜둥이야》(그림 김환영, 웅진 1991, 보리 2001)를 본다. 강원도 중심 석탄 산업은 이즈음 채산성이 낮아진다. 국민 소득 향상과 더불어 가스 석유 전기 등 고급 에너지가 점차 많아지고 석탄 수요는 계속 감소하는 상황이었다.

《아빠는 깜둥이야》 ⓒ 김환영, 웅진 1991, 보리 2001

이런 상황에서도 탄광에서 일하는 광부 아빠 들이 있다. 석탄은 집을 따뜻하게 데우고 생활을 윤택하게 해주니 아이는 광부 아빠가 고맙고 자랑스럽다. "저녁에 돌아온 아빠는 새카매요. "아빠는 깜둥이야." 그러면 아빠는 웃으면서 나를 안아 주지요. 나도 크면 아빠처럼 부지런한 광부가 되겠어요."

아이 다짐이 예쁘고도 아프다. 사고로 다치기도 쉽고 진폐증에도 걸리기 쉬운 이 광부 가족에게 지방자치제 부활은 과연 어떻게 도움되었을까. 이 그림책 속 광부 아빠의 허허 웃는 얼굴에서 그린이의 웃는 모습이 느껴진다.

지방자치제 부활 등 민주주의 제도 발전도 잠간, 4월에는 참혹한 분신 정국이 펼쳐진다. 4.26 명지대 신입생 강경대 군이 등록금 인상 반대 교내 시위에 참가했다가 백골단의 집단 구타로 사망하고 이에 놀란 대학생들이 살인 정권 퇴진을 외치다가 분신이라는 극단의 선택을 하게 된다.

5.1 김지하 시인의 글 '죽음의 굿판 걷어치워라'가《조선일보》에 실리면서 많은 이들이 충격에 빠진 중에 5.8 전국민족민주운동연합(전민련) 활동가 김기설 씨가 서강대 본관 옥상에서 분신 투신하는 일이 벌어진다. 이후에도 노동자 학생들의 분신이 이어지고 1991년 봄 목숨을 잃은 젊은이 수는 모두 13명에 이른다.

이 상황을 잠재우고자 검찰은 전민련 활동가 김기설 씨 선배인 강기훈의 유서 대필을 조작 발표한다. 이 사건을 기소한 검사는 곽상도, 이 때 법무부 장관은 김기춘이었다. 강기훈은 반박했고 필적 공방은 총 24년 동안 진행, 지리한 재심까지 거친 후 2018년에야 대법원에서 무죄 확정을 받는다.[8] 민주화란 얼마나 어려운지, 청년들의 죽음까지도 정치가들은 이렇게 악용하는지 놀랍고 고통스러웠다.

《눈먼 곰과 다람쥐》 ⓒ 정승각, 웅진 1991, 보리 2001

이 시절 상처받은 이들에게 따뜻한 그림책《눈먼 곰과 다람쥐》(그림 정승각, 웅진 1991, 보리 2001)이 작은 위로라도 될까. 앞을 보지 못해 움직이기도 힘들고 생명 유지가 어려운 덩치 큰 곰과 재바르고 꾀 많은 다람쥐가 서로 돕고 감싼다. 서로의 단점을 채워 주니 무서운 늑대가 공격해 와도 문제 없다.

다람쥐를 먹잇감으로 노리는 늑대에게 곰이 익살스레 답한다. "눈이 멀어서 너도 못 보는데 어떻게 다람쥐를 보았겠니?" 작가 특유의 굵은 붓질과 진한 색감이 훈훈하다. 눈먼 곰 혹은 유약한 다람쥐 자리에 나를 넣어 보면…서걱하고 아프긴 하다.

8.14에는 일본군 '위안부' 피해자 김학순 할머니가 일본군 강제 동원 사실을 세상에 처음 공개한다. 1990년 11월에 발족된 한국정신대문제대책협의회[9]의 활동과 신고 전화 개설, 할머님들 생활 지원 노력의 결과였다. 이 날짜 8.14는 2012년에 '제11차 일본군위안부문제해결을 위한 아시아연대회의'에서 '세계위안부기림의날'로 지정된다.

다음해인 1992년 1월부터는 일본군 '위안부' 피해자에 대한 일본 정부의 사죄와 법적 배상을 촉구하는 수요 집회가 시작된다. 이 때부터 계속 나비는 할머니들의 자유와 해방을 상징한다.

피해자 할머니들을 생각하며《나비의 숨바꼭질》(그림 차정인, 웅진 1991, 보리 2001)을 펼쳐 본다. 흰나비와 노랑나비가 숨바꼭질하며 논다. 놀람이 샐쭉이 방글이 용용이 찡글이 등등 나비들 표정이 제각각 생생하다.

《나비의 숨바꼭질》ⓒ 차정인, 웅진 1991, 보리 2001

호랑나비까지 합류하여 숨바꼭질 판이 커진다. 알록달록한 꽃밭에서 흰나비 노랑나비는 이제 아무도 안 잡히면 좋겠다. 이 나비들처럼 피해자 할머니들도 일본의 진심 어린 사죄 속에 자유롭고 생생한 해방감 누리시길 소망한다.

1991년엔《세계의 어린이 우리는 친구》(유네스코아시아문화센터, 유네스

《세계의 어린이 우리는 친구》 유네스코아시아문화센터, 유네스코 기획, 한림출판사 1991

코 기획, 한림)라는 화사한 그림책도 출간되었다. 세계문명퇴치의 해 기념 출간이다. 세계 25개 나라 어린이들이 자기 나라 풍습을 소개하는 구성이다. 한국에서는 강우현 류재수 두 작가가 기획 진행에 참여했다. 강우현 그림 〈수수께끼〉와 류재수 그림 〈한국 친구 정아〉가 들었다.

세계의 어린이 모두 친구 되자고 그림책에서 이야기하는 이 때 중동에서는 걸프 전이 난다. 1월에 미국이 주도하는 다국적 군대가 이라크를 공격하면서 시작되었다. 이 1991년 소련에 속했던 발트 해 3국과 마케도니아, 타지키스탄, 아르메니아, 카자흐스탄 등은 독립한다. 12.24에는 러시아가 유엔에 가입하고 12.25에는 소비에트연합이 공식 해체를 선언한다.

그림책도 기지개_1992

1월 자본시장 개방으로 외국인 주식 거래가 시작된다. 증권사마다 국제 영업부를 신설, 외국인 유치와 주식 매수 거래량 확보에 나서고 이 업무가 증권사들의 새로운 경쟁 영역으로 부상한다. 자본 시장에 또 하나의 거대한 축이 생겼다.

4월에는 미국 LA 한인타운에서 폭동이 일어났다. 흑인 로드니 킹을 집단 폭행했던 백인 경찰관들의 무죄 방면에서 촉발된 인종 폭동이었다. 흑인 시위대는 한인 타운으로 몰려가 약탈과 방화를 벌였고 이에 한인 사회가 막대한 피해를 입었다. 미국 사법 당국과 언론들은 경찰 폭력과 빈부 격차, 인종 차별 등 폭동의 근본 원인보다 한인과 흑인 간 갈등에 더 집중한다. 이에 한인들은 정신 피해까지 크게 입는다.

12월에는 한국과 베트남이 공식 수교한다. 역사 속 전쟁에서 나라와 나라가 대체로 어떤 이유로 전쟁을 하는지, 무슨 욕구가 있어 다시 손을 잡는지, 그리고 어떻게 관계를 복원하는지 생각해 볼 일이다. 마침 베트남 전쟁을 소재로 한 정지영 감독의 영화 〈하얀 전쟁〉이 일본 제5회 도쿄 국제영화제 최우수 작품상과 감독상을 수상한다. 한국과 베트남의 수교를 축하하는 분위기가 만들어졌다.

이제 자본의 힘이 점차 더 커지는 사회, 빈부 격차와 인종 차별로 폭력이 거세지는 시대, 한국이 사죄해야 마땅한 베트남과의 새로운 관계 들을 생각하며 《꽃동네이야기》(곽영권 글 그림, 꽃동네출판사)를 본다.

《꽃동네이야기》 ⓒ 곽영권, 꽃동네출판사 1992

한국의 대표 복지 시설 중 하나인 '꽃동네'가 처음 만들어진 이야기가 '거지 위인' 그림들과 함께 펼쳐진다. '얻어먹을 수 있는 힘만 있어도 은총'이라는 믿음이 꽃동네 출발의 단초였다. 1976년에 18명 부랑인을 수용하며 설립된 꽃동네는 이제는 요양인 3천여 명 보호시설이 되었다.

개인의 최선의 행위가 구걸이고 그것이 집단과 사회에 의미를 갖게 했다는 사실에 마음이 몽글하다. 남은 밥 이외 아무것도 바라지 않던 최귀동 할아버지 구걸과 이 행위의 거룩함을 알아본 오웅진 신부의 사랑과 은총과 생명 나눔이 감사하다.

1992년 4월 서태지와 아이들이 등장하고 가요계는 발라드나 트로트 음악에서 랩이 가미된 댄스 음악 위주로 바뀐다. 이들의 새 곡이 발표될 때면 미디 음악, 댄스 음악, 힙합, 록, 뉴 메탈, 갱스터 랩 등 새로운 음악 분야까지 하나씩 소개되었다. 한국 1세대 아이돌인 이들은 〈발해를 꿈꾸며〉〈교실 이데아〉〈시대유감〉 등 역사의식에 기초한 교육, 환경 문제들을 저항 분위기 랩으로 터뜨리며 10대들의 대통령으로 불렸다.

이들은 공연윤리위원회 검열에 다양하게 항의했고 이 움직임은 정태춘 가수의 심의 철폐 운동과 함께 1996년 심의 철폐 결정에 기여한다. 당대 '서태지 담론'이란 단어까지 만든 이들은 1994년엔 학계와 언론계가 뽑는 '광복 50년 한국을 바꾼 100인'에 가수로는 최초로 선정된다. 아쉽게도 이들은 1996년 팀을 해체하고 은퇴한다.

1992년 8월엔 바르셀로나 올림픽 마라톤에서 우리나라 황영조 선수가 금메달을 목에 건다. 9월엔 연세대 마광수 교수가 소설 〈즐거운 사라〉로 외설 판정받고 구속되는 일이 생긴다.

처음 만나는 기쁘고 좋은 일들, 놀라운 일들을 돌아보며 《고산자 김정호》(글 이효성, 그림 한병호, 국민서관)를 본다. 자연을 친근하게 표현하는 작가 특유의 붓질이 다감하다. 조선조 말인 1804년경 태어나 1866년 사망 때까지 김정호는 줄곧 지도地圖와 지지地誌에 천착하였다. 지도로 천하의 형세를 살피고 지지로 시대의 제도와 문물을 헤아릴 수 있어서 그리했단다.

김정호가 30년 동안 전국을 돌며 실측하여 만든 〈대동여지도〉는 실제 크기의 16만 분의 1 축적이다. 김정호가 새겨놓은 목판화 22첩을 다 맞추어 놓으면 남북이 약 7미터, 동서가 약 3미터란다. 그림책 속 개구쟁이 소년 정호는 정겹고 생기 넘친다. 나이 들어 목판화를 한지에 찍어내는 흰 수염 김정호에서는 선각자다운 거룩함이 풍긴다.

《고산자 김정호》ⓒ 이효성 한병호, 국민서관 1992

1992년 10월 6차 교육과정 개정이 확정되고 12월 발표된다. 6차 교육과정 기간은 1992-97년이다. 교과서 유효 사용 기간이 6년을 못 넘기기에 교육과정도 주기적으로 개정되었다. 이 개정으로 대학 수학 능력평가제도 결정되었고 실행은 1994년부터다.

일제 강점기 때 '황국신민'을 줄인 '국민'이 붙은 국민학교는 6차 교육과정에서 개명이 결정되고 1996년에 초등학교로 개명이 실행된다. 그 동안 온갖 교과서 앞에 실리던 '국민교육헌장'도 사실상 폐기된다. 6차 교육과정 개정은 21세기를 대비하여 교육의 질 향상에 애쓰겠다는 방향을 제시한다. 열린 교육과 다양한 교육과정 편제가 이번 개정의 주요 내용인 듯하다.

8월 11일에는 한국 최초 인공 위성인 우리별 1호가 발사된다. 각종 실험 및 관측과 방송을 위한 과학 위성으로 대한민국 최초의 국적 위성이다.

《장영실》ⓒ 이경애 김종도, 국민서관 1992

이런 뿌듯한 기록들을 접하며《장영실》(글 이경애, 그림 김종도, 국민서관)을 본다. 장영실이 세종 때 발탁되어 많은 기기들을 개발하며 실용 과학의 문을 활짝 여는 과정이 그림책에 담겼다. 천문 관측기부터 시작해 집현전의 금속 활자, 해시계 물시계 등을 장영실이 개발한다. 1441년 발명된 측우기는 다른 나라보다 2백 년이나 앞섰다.

저수지 물 양을 재는 수표水標 기는 농업 국가에 중요했다. 광산에서 직접 광석을 캐며 실험을 거쳐 좋은 쇠를 뽑으려 입증하는 모습까지 들었다. 출생 신분 등 안 좋은 여건에서도 그저 최선을 다하는 과학자 모습이 아름답다.

12월, 14대 대통령선거에서는 결국 김영삼 여당 후보가 당선된다. 1979년에는 YH 여공들과 함께 농성하다 경찰에 연행되고, 1983년에는 5.18 광주민주화운동 기념일을 기해 군부 정권에 맞서 23일이나 단식 투쟁하던 그 김영삼이다. 그는 1986년 대통령 직선제 개헌 1천만 서명운동을 전개했고 1987년 6월 민주항쟁 이후에는 통일민주당

총재로 민주화추진협의회를 구성해 민주 진영을 구축했었다.

이런 그가 1990년 민주정의당과 통일민주당, 신민주공화당의 합당을 선언하고 집권당 대표 최고위원이 되더니 전두환 노태우를 잇는 집권 여당의 대통령까지 되었다. 정치의 속성과 정치인 욕망의 크기를 다시 절감한다.

이 1992년 12월에는 영국과 프랑스의 합자 회사인 세마그룹에서 세계 최초로 휴대전화 문자 메시지 서비스를 시작한다. 노키아 사 휴대 전화기에 찍힌 최초 문자는 '메리 크리스마스'였다. 이 문자 메시지도 선출된 대통령도 마치 도깨비 같았다.

《도깨비와 범벅장수》(글 이경애/2005 글 이상교, 그림 한병호, 국민서관)를 보면서 사람의 본성에 대해 다시 생각한다. 한병호 작가의 도깨비 그림은 환상 그 자체다. 도깨비는 결국 사람이 만들어 내는 환상 아니던가.

처음 만날 땐 무서웠던 도깨비들이 호박범벅을 맛있게 먹자 범벅장수는 오호라 하는 표정으로 두 손 내밀며

《도깨비와 범벅장수》ⓒ 이경애 한병호, 국민서관 1992

애원하는 척 거래를 튼다. "착하신 도깨비님들께서 조금만 값을 쳐 주세요. 네?" 그러자 도깨비들은 금은보화를 계속 베풀고, 범벅장수는 부자가 된다. 이야기 끝은 글쎄…범벅장수나 도깨비나 손해 안 보는 우스꽝스런 결말.

이 책은 후에 이상교 작가 글로 멋진 개정판이 나오는데, 같은 출판사 발행이어서 먼저 나온 이 초판본을 골랐다. 사람과 도깨비가 그림책에서처럼 서로 필요한 부분을 나누고 채우는 선한 관계로 오래 유지되면 좋겠다.

연도	책 이름	그림 작가	글 작가 등	출판사
1967	심청전		김문서	문예서림
1981	견우와 직녀	김교만 구성	오정희	어문각
1982	올챙이	서시철	김영지	일지사
1982	어린이정서교육전집 《1-12월의 이야기》			국민서관
1984	《어린이마을》 1-12호 전집			웅진출판
1987	아빠 얼굴 예쁘네요	이호백 정용기	사북 탄광촌 어린이들 글 김민기 기획 진행	한울
1988	백두산 이야기	류재수	류재수	통나무 2009 보림
	그림한국전래동화 20권	이우경	어효선	교학사
1990	유관순	임영배	어효선	교학사
1991	아빠는 깜둥이야	김환영	웅진 기획	웅진 2001 보리
	눈먼 곰과 다람쥐	정승각	웅진 기획	웅진 2001 보리
	나비의 숨바꼭질	차정인	웅진 기획	웅진 2001 보리
	세계의 어린이 우리는 친구	류재수 강우현	유네스코아시아문화센터 유네스코 기획	한림출판사
1992	꽃동네 이야기	곽영권	곽영권	꽃동네출판사
	고산자 김정호	한병호	이효성	국민서관
	장영실	김종도	이경애	국민서관
	도깨비와 범벅장수	한병호	이경애 2005 이상교	국민서관

주 모음

1. [어린이책예술센터] 정병규 대표 연구 자료 참조. 정병규 "한국 그림책 30년의 이야기"_그림책미술관시민모임/어린이책예술센터, 〈한국 그림책 30년, 이야기를 이어가다〉 김해문화의전당 201808
2. [80년대 미술운동] 관련 내용은 김환영, 〈N분의 1 보고서_내가 그린 그림들〉(그림책협회《30년, 한국그림책》201912)에서 인용
3. 《아빠 얼굴 예쁘네요》 책 제목과 노래의 출처 일기가 책 뒷표지에 기재 : [아버지가 집에 오실 때는 쓰껌헌 탄가루로 화장을 하고 오신다. 그러면 우리는 장난말로 "아버지 얼굴 예쁘네요." 아버지께서 하시는 말이, "그럼 예쁘다 말다." 우리는 그런 말을 듣고 한바탕 웃는다. 1981 사북국민학교 5학년 하대원]
4. [BIB](Biennial of Illustrations Bratislava) 한국 수상작 목록은 그림책 일러스트레이터 모임 '산그림'과 '그림책박물관' 홈페이지에 수록 ; 우상숙 "세계가 주목한 한국 그림책, 현실은 '1쇄 작가'_《오마이뉴스》 20160608
5. 《백두산 이야기》 연구가 상세한 글 : 조은숙 〈그림책《백두산 이야기》의 출간 의의 고찰〉, 건국대학교 동화와번역연구소《동화와번역》제37집, 201906
6. [김환영] 〈N분의 1 보고서_내가 그린 그림들〉, 그림책협회《30년, 한국그림책》, 201912
7. [소비에트] 이 때 자료를 찾다가, 훨씬 더 강고한 뜻일 줄 알았던 소비에트 soviet 단어가 영어로는 그저 조언 advice, 상담 council이라는 데 놀람
8. [강기훈] 재심 선고 때 본인은 "들러리 서기 싫"어 법정에 나가지 않음. 다큐멘터리 영화 〈1991, 봄〉과 본인 인터뷰 기사들이 여럿 있음. 박주연 "강기훈 유서대필 누명 벗어? 그들은 사과 안 했고 '강기훈 프레임'도 안 깨졌다"《경향신문》20181120
9. [한국정신대문제대책협의회] 정대협은 2018년 '일본군성노예제 문제 해결을 위한 정의기억재단'(정의기억재단)과 통합하여 '일본군성노예제 문제 해결을 위한 정의기억연대'(정의연)로 통합

그림책에 담긴 세상

한국 그림책 30년사

2 좋은 어린이 책 운동_

1993-1999

어린이 책 전문 서점들_1993
동학 100주년_1994
광복 50주년_1995
사전 심의제도 사망_1996
외환 위기와 어린이 책_1997
금강산 관광_1998
한 끝점_1999

1993-1999

어린이 책 전문 서점들_1993

 좋은 어린이 책을 만들고 널리 읽게 하자는 운동이 이즈음 활발해지면서 전국으로 확산된다. 1981년부터 해마다 《어린이권장도서목록》을 발간해 좋은 어린이 책 문화 운동을 펼친 어린이도서연구회는 1993년부터 지역별 '동화읽는어른모임'을 시작한다.
 전국 어린이 책 전문서점에 책을 전담 공급하는 어린이 책 도매상 '도서유통 서당'도 1993년 개업한다. 어린이 책 전문서점은 서울의 초방, 일산 동화나라를 비롯해 많을 때는 전국에 110곳이었다.

 1993년 3월, 한국전쟁 때 북한군 종군 기자로 체포된 후 총 34년 동안 옥살이를 한 비전향 장기수 리인모 노인이 북한으로 송환된다. 1952년에 체포된 이후 42년 만에 판문점에서 평양 거주 부인과 딸의 마중을 받아 고향으로 돌아갔다.

고향에서 이 노인은 처음엔 영웅 대접을 받다가 나중엔 입바른 발언으로 고립되고 2007년 별세했다고 전해진다. 이분이 다른 장기수들과 함께 지내시던 서울 봉천동 거처에서 뵌 적이 있다. 서늘하고 강단 있는 눈빛과 마른 풍모가 인상 깊었다.

익숙한 옛이야기 그림책《눈이 되고 발이 되고》(글 권정생, 그림 백명식, 국민서관)를 본다. 어린이 책 발전 초기에는 이전에 묶음으로 유통되던 책들이 이 책처럼 낱권으로 풀리면서 책 시장을 선점했을 것이다.

보지 못하는 이와 걷지 못하는 둘이 동행하면서 서로 부족한 점을 채운다. 책 뒤에는 '욕심을 버리면 아름답고 깨끗한 세상이 된다'고 씌었다. 아마 한 개였다가 서로 양보하니 두 개로 늘어난 금덩이를 가리키는 이야기겠다. 아프고 부족한 이들이 동행함으로 넉넉하고 풍요로운 마음을 갖게 되더라는 점 역시 소중하다.

《눈이 되고 발이 되고》ⓒ 권정생 백명식, 국민서관 1993

그림이 맑고 깨끗하다. 남자와 여자로 그려진 두 사람인데 서로 존대하며 그저 평등한 벗 관계로 끝까지 유지되는 것도 눈에 찬다. 자기 부족함을 인정하고 투덜거리면서도 서로 의지하며 함께하는 모습이 귀하다. 이런 동행은 넓게는 남과 북, 동서로 확장된다. 상대를 이해하고 협력 부분을 넓히며 아름답게 동행하는 모습이 그려진다.

1993년 3월 28일 부산 구포역 열차 전복 사고가 난다. 구포역 인근 철로 아래에서 고압 전력 케이블 매설을 위해 건설사가 철도청과 협의 없이 발파를 진행했다. 이에 선로 아래 흙더미가 매몰되고, 이를 모른 채 시속 85킬로미터로 사고 지역에 다가서던 무궁화 열차는 급정거를 시도한다. 열차는 탈선 전복되고 사망자 78명 부상자가 193명에 이른다. 산업 현장의 관리 부실에 따른 초대형 재난이었다.

8월 박은식 신규식 노백린 김인전 안태국 등 애국선열 5위 유해가 상해에서 한국으로 들어온다. 특히 박은식은 민족사관을 확립한 역사가이자 상하이 임시정부의 2대 대통령이었다. 일제 강점기, 조국 독립을 위해 조국과 만주와 상하이 등에서 독립운동하던 이들의 귀국이었다.

《기차를 타고》 ⓒ 김옥애 이형진, 국민서관 1993

《기차를 타고》(글 김옥애, 그림 이형진, 국민서관) 그림책이 있다. 처음 기차를 타볼 어린이들에게 기차 여행의 재미를 전하며 열차 운행 원리까지 설명한다. 서울에서 논산 할머니 댁에 가려고 엄마 손을 잡고 서울역에서 통일호 기차를 탄 소녀 뿐이가 아기자기한 경험을 한다.

어린이는 사람이 타는 객차 외 화물 열차나 유조 열차가 있음도 배운다. 그리고 말 삼천 마리가 끄는 것과 같은 힘을 내는 디젤 엔진 설명도 듣는다. 넓은 논밭을 달리는 기차 안에서 뿐이가 노래한다. "기차야 달려라. 칙칙폭폭 칙칙폭폭 앞차와 뒷차가 고리로 이어졌네. 사이좋게 손을 잡았네."

8월 '새로운 도약의 길' 주제로 대전 세계박람회, 엑스포가 열린다. 당시 개발도상국에서는 처음 열리는 세계박람회였다. 대한민국이 개발도상국 범주였다니 좀 아득하다. 108개 나라와 33개 국제기구가 참가해 과학 기술의 중요성을 알린다.

9월에는 한국의 '우리별 2호' 위성이 발사된다. 지난 해 1호 발사에 이어 2호도 남미의 프랑스령 기아나 쿠루 우주기지에서 성공 발사된다. 2호는 1호에서 발견된 문제점들을 보완하고, 국내에서 개발된 탑재 장치를 사용했으며, 가능한 많은 국산 부품으로 설계 제작되었다. 모든 개발이 국내 연구진에 의해 수행되어 소형 위성 개발 기술의 국내 정착과 파급에 크게 기여했다.

이즈음 금융 실명제가 실시되고 9월에는 1급 이상 공직자와 국영 기업체 상근 임원 등 1천1백여 공직자 재산이 공개된다.

푸른 별 지구의 사람살이는 과연 안전하고 평화로운가. 《밤톨이의 우주여행》(글 라은정, 그림 김효순, 국민서관)을 본다. 아빠와 달과 별 자리 이야기를 나눈 날 밤에 밤톨이는 아기 용과 신나게 우주를 여행한다. 태양계와 지구, 행성, 지구 위성인 달을 재미있게 놀며 느낀다.

《밤톨이의 우주여행》 ⓒ 라은정 김효순, 국민서관 1993

기차로 가면 80일 걸리는 거리의 달까지 금세 날아간 밤톨이는 뭔가 아쉽다. "응? 옥토끼하고 떡방아는 어디 있지?" 아기 용이 일러 준다. "바다가 있고, 풀과 나무가 있고, 사람이 살고 있는 곳은 지구뿐이야."

1993년 10월 10일, 전북 부안군 위도 인근에서 292명이 사망하는 서해 페리호 참사가 발생한다. 대부분 희생자들이 주말 낚시 나온 이들이었고 사고 원인은 경영 부실 해운사의 무리한 출항과 과적, 정원 초과, 안전장비 미비 등이었다.

'일어나서는 안 될 후진국형 인재'라고 호된 비판을 받은 페리호 참사였는데 21년 후 더 큰 참사를 겪는다. 물에서 사고가 나고 여기 사람과 권력으로 인한 과오가 더해지면 치명적 재난이 된다.

《어디에 있나, 물방울》ⓒ 이문정 위승희, 국민서관 1993

《어디에 있나, 물방울》(글 이문정, 그림 위승희, 국민서관)은 물을 탐구하는 그림책이다. 물은 곡식과 나무를 자라게 하고 사람 등 동물체에게는 생명이 되는 요소이다. 강물이 되고 바다로 나아가는 자원이기도 하다.

책에서 아이들은 물이 있는 장소들마다 찾아다니며 노래와 시구로 물을 보고 느끼며 배운다.

책 뒤 면지에는 이런 글이 있다. "물은 생명의 근원입니다. 물도 자연스럽게 흐를 수 있어야 깨끗해집니다." 10-20년 후 한반도 4대강이 어떻게 오염될지 이때는 알 수 없었으리라. 한 방울 물에서 여러 가지를 상상하고 느끼도록 구성된 그림책이다.

동학 100주년_1994

오랜 군부정권 이후 도래한 문민정부에 기대와 절망이 함께하던 시기였다. 1994년 전교조 해직 교사들이 교단으로 돌아왔고, 윤이상의 5.18 추모 교향곡 〈광주여 영원히〉가 고국에서 처음 연주된다. 동학 100돌 기념 대규모 전시회도 진행되고 김광석과 백창우의 민족 가극 〈금강〉도 제작된다.

서태지와 아이들에 열광했으며, 최영미 시집 《서른, 잔치는 끝났다》가 베스트셀러에 오른다. 박경리 《토지》도 완간된다. 첫 번 공동육아 어린이집인 신촌 우리어린이집이 개원했는데 이곳의 벽화는 정승각 작가 작품이었다.

우리나라 공동육아는 1970년대 말부터 빈민탁아운동을 해온 대학생집단 중심 해송 어린이걱정모임과 공동육아연구회라는 모체로부터 태어났다. 협동조합 방식으로 서울 연남동 소재 우리어린이집을 설립한 이후엔 사단법인 공동육아와 공동체교육으로 명칭을 바꾸며 발전한다.[1] 열린 교육과 평등 교육이 공동육아의 핵심 교육 정신이다.

문화 예술계 여러 발전 모습들과 함께 《까막나라에서 온 삽사리》 (글 그림 정승각, 초방)를 본다. 한국 그림책 발전사에서 특별한 의미를 갖는 작품이다. 삽사리는 삽살(挿煞) 곧 귀신 쫓는 개라는 뜻이다. 큰 머리와 긴 털이 수사자의 갈기를 연상시켜 '사자개'로도 불리며 용맹함과 강인함, 충직함을 특징으로 갖는다.

불개는 온통 깜깜한 까막나라에 불을 가져오기 위해 떠났다가 죽

《까막나라에서 온 삽사리》 ⓒ 정승각, 초방 1994

을 만큼 고생한다. 현무 청룡 백호 도움으로 해와 달을 몸에 품고 돌아오지만 퍼런 몸에 붉은 빛을 낸다고 쫓겨나고 만다. 주작의 도움으로 불개가 풀려나는 순간 해가 바다 위로 떠오른다.

부조로 만들고 흑, 적, 백, 청, 황, 오방색과 금박가루로 그려낸 장면 장면이 황홀하다. 불개를 만난 현무는 이른다. "참다운 빛은 마음 속에 있는 거란다." 디자인과 집자集字는 권윤덕 작가가 맡았다. 이 시절 등장한 교육 문화 예술계 개혁가들도 삽사리처럼 고난 속에 한국 사회에 불과 해를 가져다준 것 아닐까.

인터넷 사용이 일반화되고 IT 산업이 부흥하면서 컴퓨터가 친근해지고 정보 전쟁도 시작되는 1994년이다. 1월 개인정보보호법이 제정되고 전자 시대 민주주의와 저작권 문제가 중요해진다. 8월 삼성전자에서 256메가 D램이 세계 최초로 개발된다. 12월 세계 최초 온라인 게임 서비스 회사 넥슨이 설립된다.

시사 주간지 《한겨레21》이 창간된다. 남아프리카공화국에선 흑인 해방 운동가 넬슨 만델라가 대통령으로 당선된다. 그는 1948년에 법률로 공식화되었던 인종 분리, 즉 백인 정권의 유색 인종에 대한 차별 정책인 아파르트헤이트 완전 폐지를 선언한다.

그림책 전문 출판사인 보림은 '창작그림동화 시리즈 연필과 크레용' 출간을 시작한다. '그림동화' 단어는 오랫동안 그림책 지칭 표현으로 사용된다. 이후 보림 출판사는 이름대로 한국 그림책들의 보석 같은 수풀을 이룬다.

연필과 크레용의 한 권인 《랑랑, 한빛탑에 오르다》(강우현 글 그림, 보림)를 본다. 팬더 삼총사인 랑랑 싱싱 장장이 대전 엑스포 공원에 놀러간다. 놀이 시설마다 줄이 너무 길어 사람 구경만 하다 돌아가게 된 상황에서 야무진 팬더들은 창작 놀이판을 벌인다.

랑랑의 손거울을 네 조각으로 나누어 반사판을 설치하고 빛을 반사 반사 반사! 랑랑

《랑랑, 한빛탑에 오르다》ⓒ 강우현, 보림 1994

은 한빛탑 꼭대기에 올라간다. 랑랑이 즐거워서 춤 추니 한빛탑 위 랑랑도 춤을 춘다. 즐거운 놀이 속 세 친구는 신나고 행복하다. 이들 놀이에서 저작권을 따진다면 누가 가져야 할까, 상상이 즐겁다.

속표지에는 "한국 최초로 작가가 쓰고 그린 그림책"이라는 표기가 있어 잠시 의아했다. 아마 여기서 최초라 함은 옛이야기나 전래 동화 등은 제외하고 한 작가가 이야기 구성과 그림을 모두 새로 만든 그림책을 말한 것인 듯하다.

안면도와 장흥을 이을 핵 폐기장 후보지로 울진 김포 속초 등이 떠오르면서 거센 반대가 일어난다. 핵 사용에는 오염된 방사성 물질 처리 폐기장이 계속 필요하다. 반핵을 넘어 탈핵으로 가려면 어떤 생활 조건을 감수할지 생각해야 한다.

원진레이온 '살인 기계' 수출 저지 운동도 펼쳐진다. 원진레이온은 화신 그룹에서 일본 동양레이온 중고 기계를 들여와 1966년에 설립한 회사이다. 1965년 한일협정 체결 시 일본의 보상금으로 이 레이온 중고 기계를 한국으로 이전했다.[2] 레이온(인견) 실을 뽑을 때 나오는 이황화탄소는 신경 독가스 원료인 치명적 유해 물질이다.

독가스에 대한 안전 설비가 없던 원진레이온 노동 현장에서는 산업 재해가 빈번했다. 레이온 인견사 대신 합성섬유 인기가 높아지자 원진레이온이 1993년 폐업, 방직 기계를 중국으로 재수출한다는 소식에 반대 운동이 벌어진다.

《쇠똥 구리구리》ⓒ 유애로, 보림 1994

《쇠똥 구리구리》(유애로 글 그림, 보림)를 본다. 풍뎅이과 곤충인 쇠똥구리가 쇠똥 속에 새끼를 품고 둥글게 굴리며 새끼를 키운다. 조금은 특별한 밥덩어리 속에서 자라는 새끼는 얼른 세상에 나와 엄마처럼 멋지게 쇠똥을 다시 굴리고 싶어 한다.

쇠똥구리는 쇠똥을 굴리며 중요한 영양소를 토양에 배분한다. 또한 해충을 먹고 쇠똥을 섭취 소화하면서 온실 가스를 감소시킨다. 쇠똥구리의 이런 역할은 생태계 먹이 사슬 속에서 가축의 질병 치료와 농작물 손실 방지에도 기여한다.

농약의 과다 사용으로 쇠똥구리 수가 감소하면 생태계에 재앙을 초래한다. 최근 재앙처럼 닥치는 구제역 등 가축 질병들이 떠오른다.

1994년 남과 북은 정상 회담과 경제 협력을 내다보며 부드러운 관계를 유지했지만 7월 북한 김일성의 심근경색 사망으로 다시 경색되고 한치 앞을 내다보기 어려운 상태로 되돌아간다.

9월에는 '참여민주사회와 인권을 위한 시민연대'가 발족한다. '참여와 인권을 두 가지 축으로 하는 희망의 공동체' 실현이 설립 목적이다. 줄인 이름 참여연대는 '세상을 바꾸는 시민의 힘'을 슬로건으로, 이후 시민 사회 운동을 주도한다.

10월 21일, 서울 성수대교 붕괴 참사가 일어난다. 트러스 연결 부실, 점검 미비, 과적 차량 통과 등 이유로 상부 트러스가 무너져 내려 32명이 사망하고 17명이 다치는 대형 사고였다. 이른 아침, 등교하던 학생들과 출근하던 시민들이 버스와 승용차에 탄 채 사고 당했다.

다리 붕괴 순간 한강으로 차들이 떨어지는 모습, 다리에 걸려 있는 광경, 우리가 본 그 정지된 순간이 영화가 아니라 현실이었다. 사고 후 성수대교는 재건설에 들어가고 같은 공법으로 설치됐던 당산철교도 1997년부터 재건설된다.

11월 서울 1000년 타임캡슐이 매설된다. 서울이 수도 된 지 600년, 1994년 현재 서울의 인간과 도시를 대표할 만한 문물 600점이 마이크로필름 비디오와 콤팩트디스크에 담겼다. 지하에서 4백 년을 견딜 수 있을 특수 재질 보신각종 캡슐에 담겨 남산골 광장에 매설된다. 개봉은 2394년 11월 29일 예정이란다.

성수대교와 서울 타임캡슐 그리고 남북관계까지 다시 한 번 돌아보면서 《눈사람이 된 풍선》(류재수 그림, 보림)을 본다. 그림책 본문이 재

《눈사람이 된 풍선》 ⓒ 류재수, 보림 1994

미있는 접지 구성 방식이다. 그림책 두 쪽이 펼침 면으로 시원한데 오른쪽은 반쪽 면이다. 이 반쪽을 넘기면 다시 왼쪽이 반쪽 그림이다. 그림은 모두 연결된다.

아무 설명 글 없이 그림만으로 내용을 연결한다. 인쇄와 제책 과정에서 유달리 까다로운 검수가 필요했겠다. 이 책 속표지에도 "한국 최초로 작가가 쓰고 그린 그림책"이라 되어 있다.

하늘로 올라간 풍선이 달님 별님한테까지 갔다가 눈과 함께 내려와 눈사람이 된다는 이야기다. 눈사람이 녹아서 주저앉으니 톡 굴러 떨어지는 도토리 한 알을 의아하게 쳐다보는 꼬마가 귀엽다. 우리들 모든 일이 서로 연결되어 있다는 의미를 내용과 형식에서 포근하게 드러낸다. 미래는 또 어떻게 여기서부터 연결될까.

광복 50주년_1995

6월 지방 선거가 치러지는데 양김 지도자의 대리전 양상도 나타난다. 김대중 씨가 이제 다시 전면에 나서면서 다음 대통령 선거를 대비한 정치권 움직임들이 바빠진다. 김영삼 정부는 이 무렵 보육정책 등 사회복지 분야를 활성화시킨다.

광복 50주년 8.15에 일제 통치 중심부이던 조선총독부 건물이 폭파 해체된다. 이 건물은 해방 후 중앙청으로 이름만 바뀌었고 대한민국 정부 수립 선포식을 거행한 곳이다. 총독부 건물이 조선 왕조 대표 궁궐인 경복궁 근정전 정면을 가로막은 채 이제껏 건재했다.

1986년부터는 국립중앙박물관으로 쓰인 건물 철거 방침은 1995년 3.1절 기념식 때 발표된다. 일본 정부는 회수 비용을 부담할 테니 건물 원형 그대로 일본 이전을 요청한다. 8.15 폭파 직전까지 건물을 답사하며 배경으로 사진 찍는 일본인 단체 여행객들이 많았다 한다.

조선총독부 철거를 생각하니 독립운동하신 선조들이 생각나 아찔하다. 겨레의 고향 같은 8.15 추석을 떠올린다. 《솔이의 추석 이야기》(글 그림 이억배, 길벗어린이)는 이억배 작가의 첫 그림책이다. 작가가 2018년에 쓴 글에는 작가도 출판사도 그림책 경험이 없어 고생한 이야기가 들었다.[3]

《솔이의 추석 이야기》 ⓒ 이억배, 길벗어린이 1995

그림책 인쇄 품질 문제로 구로동 인쇄 공장 마당 한복판에서 편집자는 '예술하냐?'고 꼬집고 30대의 신인 작가는 '그림 학습지 하냐?'고 서로 긁어댔다는 이야기를 읽으며 고개가 끄덕거려진다. 30년 지난 지금 보기에 몇몇 구석은 좀 착잡하다. 한복 차림으로 보따리 이고 지고 귀성 행렬, 모두 문을 닫은 상가들, 쌓아올린 차례 상과 온 가족 성묘 행렬은 다정하지만 서늘하다.

이 펼침 변형판 그림책은 이억배 작품의 상징처럼 되었다. 편안한 그림들이 매우 세심한 붓질로 그려졌다. 돌아오는 길, 잠든 순이를 업은 아빠는 힘들지만 꿈에서 할머니를 다시 만난 솔이는 행복하다.

6월 29일 삼풍백화점 붕괴 참사가 일어난다. 무리한 설계 변경과 확장 공사, 붕괴 조짐 무시 등 대기업들의 이윤 추구와 안전 불감증이 부른 참사였다. 여러 달 전부터 균열 신호가 있었고 사고 당일 오전에는 5층에서 심각한 붕괴 조짐이 있었는데도 경영진은 보수 공사만 결정한다. 오후 6시경 건물은 20여 초 만에 완전히 붕괴된다.

붕괴 당시 건물 안에 있던 고객과 종업원들이 사고를 당해 사망자 수 502명, 부상자 수는 937명에 이른다. 한국전쟁 이후 가장 큰 인명 피해 사고로 기록된다. 1994년 성수대교 붕괴와 더불어 고속 성장한 한국 경제의 어두운 면을 드러내는 사고였다.

《만희네 집》 ⓒ 권윤덕, 길벗어린이 1995

참혹한 사고로 부서져 내린 커다란 집을 기억하고 위로하면서 작고 고운 《만희네 집》(글 그림 권윤덕, 길벗어린이)을 고른다. 이 그림책도 위 이억배 작가 책과 같이 길벗어린이 '두고두고 보고 싶은 그림책'이다. 지난해 보림의 '연필과 크레용'에 이어 이제 30년 후까지 생생히 이어지며 앞서 나가는 한국 그림책 주자들 자리가 잡힌다.

동네에서 나무와 꽃이 가장 많고 장독대와 마당과 강아지들과 옥상이 있는 넓은 집이 이제 만희네 집이다. 매 장면에서 무채색으로 그려진 공간은 바로 다음 장 펼침 면으로 연결된 점도 특별하고 재밌다. 앞에서 나온 모든 집 구석들은 맨 뒤 마무리 그림에 정확하고 따뜻하게 들었다.

소박하고 평안한 한국화들에 작고 따뜻한 행복이 물씬하다. 앞서 크나큰 집에서 사고당한 많은 이들을 이 자그마한 집 아담한 마당과 아기자기한 꽃밭에서 토닥토닥 위로해 주고 싶다.

1995년 12월 '5.18민주화운동 등에 관한 특별법'이 제정된다. 80년 광주민주화운동 때 계엄군의 진압과 헬기 발포가 얼마나 잔혹했는지 증언과 고백이 이어졌고 이후 진상 규명 노력이 계속된다.

5.18 특별법은 1979년 12.12와 1980년 5.18을 전후하여 발생한 헌정 질서 파괴 행위에 대한 공소 시효가 1993년 2월 24일까지 정지된 것으로 규정한다. 특별법 제정 이후부터 사실 규명과 공소 작업에 들어가겠다는 뜻이었다.

노태우는 대통령 재임 중 비자금 조성과 뇌물 혐의로 11월에 구속 수감되고, 12월에는 전두환이 12.12 사태와 5.18 유혈 진압 주도 혐의로 구속 수감된다.

5.18 관련한 희생자 위로와 범죄자 처벌도, 한반도의 큰 어머니 마고할미가 도와 줄 수 있을까. 세상과 한반도를 창조하고 사랑과 평화로 유지되도록 돕는 큰(한) 어머니 신 이야기를 조선경 작가가 《마고할미》(정근 글, 조선경 그림, 보림)에 담았다.

《마고할미》ⓒ 정근 조선경, 보림 1995

산과 들, 강과 바다, 동해와 서해, 만주 벌판, 한라산과 백두산과 태백산맥까지 창조하는 마고할미를 제주도에서는 설문대할망이라 한다. 여성들이 새로운 생명을 낳듯이 우주도 만들었으리라 생각하면 이 설화를 이해하기 쉽다.

큰 몸집의 마고할미를 표현하느라 독특한 구성과 접지 방식으로 만든 그림책이다. 한 면을 펼치면 가로 네 면이 되고 마지막 면은 세로도 네 면이 된다. 마고할미식 평화의 섭리가 5.18 참사를 품은 광주와 한반도에서도 통 크게 이루어지도록 기원한다.

3월 한국 케이블 텔레비전 방송이 개시되고, 마이크로 소프트(MS)사에서는 윈도즈95 버전이 출시된다. PC통신과 CD Rom이 활성화되는 동시에 컴퓨터 파일의 안전성과 해킹 또한 사회 문제로 떠오른다. 8월 최초 통신위성인 무궁화 1호가 미국 기지에서 발사에 성공한다.

9월 격년제 설치미술 전시인 '광주비엔날레' 제1회가 아시아 최초로 개막된다. 12월에는 《대동여지도》 목판본도 발견된다. 멀티미디어와 박재동 등에 의한 한국 만화영화 발전이 주목받았고 파리 홍세화 님, 독일 송두율 님 등도 이즈음 국내 소개된다.

한국아동청소년도서협의회인 KBBY가 설립된다. 해마다 안데르센 상을 지정 수여하는 세계아동청소년도서협의회 IBBY의 한국 지부다. KBBY는 2011년 문화체육관광부 산하 비영리 민간단체로 등록한다.

광주비엔날레와 KBBY 등을 떠올리며 《음악 천사의 사랑》(글 이강숙, 그림 김병종, 비룡소)을 본다. 음악이 무엇인가 일러 주는 그림책이다. 음악 이론을 가르치는 이강숙 님이 글을 맡고, 동양화와 동양철학 전문가인 김병종 님이 그림을 맡았다. 하늘의 천사 자리를 포기하고 땅에서 소리를 다루는 소년 소녀가 나온다.

《음악 천사의 사랑》ⓒ 이강숙 김병종, 비룡소 1995

처음 땅에 와 음악 하던 소년 소녀는 300번 반복 듣기를 통해 소리의 얽힘이 낳는 아름다움을 이해하면서 음악을 전한다. 소리가 세로로 얽힐 때는 화성법, 가로로 얽힐 때는 대위법이 쓰인다. 소리의 앞뒤 관계는 소리의 모양새이고 그것이 곧 음악이다.

음악이란 단어 뜻은 소리의 즐거움 혹은 즐거운 소리다. 이 즐거움의 내용이 뭔지, 아름다운 음악의 내용은 뭔지 생각하게 만드는 그림책이다. 그림책과 문화 예술계 발전은 우리 이웃과 세상을 더욱 귀하게 여기고 사랑하면서 즐겁게 지내도록 힘을 줄 것이다.

사전 심의제도 폐지_1996

서적 소책자 강의 연극 무용 영화 등 문학 및 예술 작품의 저작권을 보호하는 베른협약에 1996년 2월 한국도 가입한다. 1886년 9월 체결된 베른협약은 산업 재산권 보호에 관한 파리조약과 함께 지식 재산권에 관한 2대 국제조약 중 하나다.

내국인 대우, 소급보호 등이 기본 원칙인 베른협약 가입 후 한국에서도 저작권과 지식 재산권에 관한 인식이 일반화된다. 그림과 그림책, 어린이 책 작가들도 저작권을 어떻게 유지하고 보호 받을 수 있을지 구체적인 방도가 마련되면 좋겠다.

《강아지똥》 ⓒ 권정생 정승각, 길벗어린이 1996

지식 재산권과 저작권을 접하면서 한국 어린이 문학의 보석 같은 《강아지똥》 (글 권정생, 그림 정승각, 길벗어린이)이 생각났다. 마침 권정생 님의 30년 된 글이 정승각 작가의 살아 움직이는 듯한 그림과 만나 길벗어린이에서 새로 출간된다. 《강아지똥》은 이후 오랫동안 한국 그림책의 대표 작품으로 인정받는다.

죽기까지 낮은 곳으로 임하고, 결국 민들레 거름이 되어 고운 꽃을 피우는 강아지똥 이야기다. 원작 동화를 정승각 작가가 그림책으로 새로 꾸렸다. 권정생 선생님 인생이 이 강아지똥에 투영된 것이 분명하다. 그래서 귀하고 아득한가 보다.

본문에서 '더러운 똥' 표현이나 '어떻게 착하게 살 수 있을까' 고민하는 강아지똥의 강박은 불편한 때가 있다.[4] 그럼에도 우리 어린이 문학에서 비용으로 따질 수 없는 각별한 작품이 《강아지똥》이다.

가요음반에 관한 사전 심의가 6월 폐지된다. 1995년 12월에 개정된 '음반 및 비디오물에 관한 법률'이 발효된 것이다. 10월에는 헌법재판소에서 '문화 예술 작품의 사전 심의제 규정 조항은 헌법이 금한 검열이므로 위헌'임을 결정한다. 창작과 표현의 자유를 침해하는 제도 폐지를 위해 오래 애쓴 분들께 감사드린다.

10월에는 OECD 경제협력개발기구 29번째 회원국으로 대한민국이 가입한다. 12월에는 성수대교와 같은 공법으로 건조된 서울 당산철교가 안전 목적으로 철거된다.

창작과 표현의 자유 및 권리가 강조되는 사회 분위기 속에서 즐거운 마음으로 《쪽빛을 찾아서》(유애로 글 그림, 보림)를 펴낸다. '물장이'가 하늘 닮은 푸른빛, 바다 물색 닮은 푸른빛을 만들기 위해 애쓰는 작품이다.

《쪽빛을 찾아서》ⓒ 유애로, 보림 1996

옛날에는 푸른빛을 쪽빛이라 불렀음을 알고는 쪽씨를 구해 심고 키운다. 그 특별한 푸른빛을 옷감에 표현하기 위해 갖은 애를 다 쓴다. 장면마다 쪽빛이 출렁이고 그림책이 쪽빛에 물들었다.

우리 하늘빛 바다빛을 닮은 쪽빛이 그저 아름답고 감사하다. 우리 문화 예술 작품들에 쪽빛 같은 맑은 고유성이 늘 존재하기를 지지하며 기대한다.

1996년 3월 1일부터 국민학교 명칭이 초등학교로 바뀐다. 오래 전에는 일차 학교 이름이 보통학교였는데 1941년 일본이 한민족 말살 정책의 일환으로 황국 신민을 기른다는 뜻의 국민학교라 정했다. 55년 만에 겨우 황국 신민의 학교에서 풀려나는 느낌이다. 초등 중등 고등 이런 단계적인 이름은 재미없지 않은가, '어린이학교'는 어떤가, 이야기 나눈 일이 기억난다.

5월 경기도 고양시 일산 호수공원이 개장한다. 경기도의 대표 신도시인 일산의 출입문 같은 공간이다. 너른 공원과 호수가 함께 있는 이 일산 호수공원에서 꽃과 여러 자연물 박람회가 이어진다. 9월에는 제1회 부산 국제영화제가 개막한다. 부산영화제는 이후 대한민국 영화와 문화의 품격을 세계에 알리는 장이 된다.

《폭죽소리》 ⓒ 리혜선 이담 김근희, 길벗어린이 1996

이런 교육 문화계 소식들을 접하며 《폭죽소리》(리혜선 글, 이담 김근희 그림, 길벗어린이)를 본다. 조선족이 19세기 말경부터 정착해서 산 '연변'의 사람들, 생활 문화, 자연 환경 이야기가 그림으로 담겼다. 한반도를 둘러싸고 청나라 러시아 일본 등 주변 열강들이 각축을 벌이던 시절인 1884년 겨울이 배경이다.

청나라 동쪽 끝자락 산들 사이 오목한 지역에 조선족이 처음 들어가 화전민으로 밭을 일구기 시작한다. 조 씨앗 한 되 값에 밤새 팔려 버린 옥희. 종일 동동거리는 생활, 제기차기나 쥐불놀이 때나 겨우 미소를 띠는 옥희가 아프고도 예쁘다.

　너무 못 먹어서 마르고 이상한 옥희는 다른 어느 집으로도 팔려가지 못한다. 십 리쯤 떨어진 곳에 옥희와 같은 옷을 입은 이들이 사는 화전민 마을이 있더라는 얘기에 옥희는 그곳으로 떠난다.

　옥희는 엄마 아빠를 만났을까. 옥희도 그 후 학교에서 가갸거겨 공부하고 호수공원에서 제기 차면 좋았을 터인데. 밀랍을 녹여 바른 종이에 그려지고 채색된 조선의 딸 옥희 표정들이 애잔하다.

　1996년 4월, 15대 총선이 치러진다. 다음해 대통령선거를 앞두고 정치 지형이 격동했다. 월급쟁이 증세 불만과 복지 정책 기대, 취업난 공포, 국민연금 불신, 치솟는 전세 값 불안이 큰 시기였다.

　그러던 12월, 노동법 개정을 위한 파업 투쟁이 발생해 병원 노조들과 서울지하철 노조, 현대차 노조 등 양대 노총 연대 파업으로 전체 산업이 마비되기에 이른다. 이런 사회 현상은 다음해 맞는 외환 위기, 곧 구제 금융 사태의 전조였다. 8월에 서울지방법원은 전두환에게 사형, 노태우에게 무기 징역을 선고한다.

　외환 위기 전조 현상을 포함하여 정치 사회 상황이 여러 면에서 격변하는 시기였다.

《도깨비 방망이》 ⓒ 정차준 한병호, 보림 1996

우리 겨레가 창조한 독특한 존재, 도깨비가 노니는 《도깨비 방망이》
(정차준 글, 한병호 그림, 보림)로 이 난국이 좀 해결될까. 정과 해학 가득한
도깨비들이 노니는 우리 옛이야기 그림책이다.

우리 옛이야기 속 도깨비들의 필수품인 방망이와 '금 나와라 뚝딱'
주문이 자주 출현하는 작품이다. 도깨비들 표정이 다양하게 귀엽다.
착한 농부와 욕심쟁이 농부가 책의 앞뒤 표지에서 각각 출발한다. 산
으로 나무하러 가는 같은 상황에서 이 두 농부는 각각 다른 행태를 보
인다.

동양화 번짐 효과를 이용한 그림이 다양한 표정의 도깨비를 살려
냈다. '금 나와라 뚝딱' 등 익숙한 입말들로 그림책 읽기가 즐겁다. 금
을 뚝딱 쏟아내는 도깨비 방망이는 없어도 괜찮은데, 외환 위기 같은
난국을 버텨내도록 마음을 지켜줄 도깨비 방망이는 만나고 싶다.

외환 위기와 어린이 책_1997

국가부도 조짐이 본격화하는 1997년이다. 1월 한보철강 부도로 시
작된 한보 사태는 편법 대출에 관여한 은행장과 정치인들, 김영삼 차
남 김현철까지 구속시킨다. 2월에는 황장엽 조선노동당 국제 담당 서
기가 망명해 왔지만 경제 위기 속 정부 비판 여론은 계속 확산되었다.
1980년대 중반부터 1990년대 중반까지 한국은 최대 호황기를 누렸는
데 이제 경상 수지는 급감하고 나라 빚은 1,500억 달러가 넘어선다.

말레이시아 인도네시아 태국 필리핀 홍콩 등 동남아시아 국가들

의 연쇄 외환 위기도 한국에 영향을 주었다. 11월까지 삼미 진로 한신 공영 대농 기아 쌍방울 해태 등 대기업 연쇄 부도 및 금융 기관 부실화가 드러난다. 12월 한 달 간 약 3,000여 기업이 도산하고 실업률은 3.1%에서 4.5%로 폭등, 최악의 경제 위기였다. 정부는 11월 말 국제 통화기금(IMF)에서 200억 달러가 넘는 천문학적 구제 금융을 받는다.[5]

구조 조정과 대량 해고가 이루어지고 경기는 점차 더 악화된다. 오랜 민주화 운동 끝에 탄생시킨 1987년 체제는 10년 만에 구제 금융에 짓눌려 사라지는 듯했다. 정치 경제 사회 분야 정서는 신자유주의[6]가 대세였다. 대통령 선거를 진행하며 합법 비합법으로 풀린 거액의 선거 자금도 외환 위기를 촉진했을 것이다.

익숙한 옛이야기 그림책 《팥죽 할멈과 호랑이》(글 서정오, 그림 박경진, 보리)를 본다. 시원하게 넓은 판면에 세밀하고 정성 가득한 그림들이 꽉 들어찼다. 과장된 그림들 속에 현실감이 물씬하다. 할머니 주변의 밤톨 자라 쇠똥 맷돌 멍석 지게는 모두 배고픈 순간 할머니 팥죽 한 그릇으로 기운을 차린 적 있다.

할머니 도움을 받았던 이들이 죽을 위기에 처한 할머니를 도와 호랑이를 잡는다. 할머니와 호랑이는 물론이고 모든 출연진 표정이 생생하고 다채롭다. 앞뒤 면지에 숨은 듯 깔린 두 장면도 걸작이다.

할머니한테는 다른 가족은 없었나 보다. 현대처럼 옛이야기 배경

《팥죽 할멈과 호랑이》 ⓒ 서정오 박경진, 보리 1997

시대에도 독거노인이 많았나 보다. 언젠가 곤경에 처한 이에게 팥죽 한 그릇 꼭 건네야겠다. 외환 위기와 연쇄 부도, 대량 해고, 구조 조정을 만나도 버텨낼 힘을 어딘가 비축해야겠다.

1997년 7월 홍콩이 중국 관할로 편입된다. 1842년 1차 아편전쟁이 끝나면서 중국은 홍콩을 영국에 할양하였고 1898년엔 홍콩과 주변 도서 및 해역까지 99년 동안 임차하는 협정을 영국과 맺었다. 1997년까지 영국의 직할 식민지 홍콩은 자유 항구이자 무역 중심지이고 제조업 중심지로 발전했다.

영국령 홍콩은 중국인 자부심에 상처를 입혔지만 점차 중국 수출품의 방출구이자 금융과 은행 중심지로 성장했다. 임차가 끝난 1997년 반환된 홍콩은 세계 강대국 중국의 중요 거점이 된다.

12월 15대 대통령 선거에서 김대중이 당선된다. 1960년 민의원 당선 이후 줄곧 야당 정치인으로 고난 많은 정치 인생을 살던 그의 당선으로 한국 정치사상 최초의 평화적 여야 정권 교체가 이루어졌다. 1924년생이니 만 나이 73세로 대통령이 된 김대중은 당선 직후 수감 상태인 전두환 노태우를 특별 사면으로 석방 복권시킨다.

《세상에서 제일 힘센 수탉》 ⓒ 이호백 이억배, 재미마주 1997

《세상에서 제일 힘센 수탉》(글 이호백, 그림 이억배, 재미마주)을 본다. 세상에서 제일 힘센 존재이던 수탉이 나이 들고 힘 빠지면서

술을 제일 잘 마시는 수탉이 되어버린다. 잠시 좌절하지만 자기가 아니어도 후예들이 힘세고 단단하게 이 세상을 지키고 보존함을 인정한다. 그러며 평화를 찾는다.

어떤 연구자들은 이 그림책 주제를 남성 우월주의로 해석했다. 힘이 세다는 말 뜻을 여러 방식으로 생각해 본다. 온갖 세상 풍파 다 겪고 73세에 대통령이 된 그분한테 마음으로 이 그림책을 드린다. 이 작품도 BIB 수상작이다.

8월 부천국제판타스틱영화제가 시작된다. 주류 상업영화에 대한 대안으로 비주류 영화제를 지향하며 부천시에서 기획 개최하는 국제영화제. 상상력, 대중성, 미래 지향성을 중요 가치로 표방하였고 아시아 영화 시장을 확장시키는 역할을 맡는다.

10월 개인 휴대 통신(PCS; personal communication services) 상용 서비스가 시작된다. 무선 전화기 성능보다는 뛰어나지만 이동 전화에는 미치지 못하는 2.5세대 통신 서비스였다.

〈훈민정음〉과 〈조선왕조실록〉이 10월 유네스코 세계기록유산으로 등록된다. 인류 전체를 위해 보존되어야 할 보편 가치를 지닌 것들이 세계문화유산 문화재들이다.[7]

《오소리네 집 꽃밭》(권정생 글, 정승각 그림, 길벗어린이)이 있다. 산골 살던 오소리 아줌마가 회오리 바람을 타고 그만 40리나

《오소리네 집 꽃밭》 ⓒ 권정생 정승각, 길벗어린이 1997

떨어진 곳으로 날려간다. 처음으로 읍내 장터와 학교 운동장 등을 구경하며 꽃밭 꽃들의 아름다움에 놀란다.

집에 돌아온 오소리 아줌마, 본 것과 같은 멋진 꽃밭을 일구려는데 사실은 자기 집이 근사하고 크나큰 꽃밭 속에 있음을 안다. 산비탈에 핀 패랭이꽃 용담꽃 잔대꽃 도라지꽃들도, 오소리 아줌마 아저씨도 모두 활짝 웃는다. 일상이 행복이고 기쁨이다. 한국 문화유산도 독립 영화들도 동네 꽃송이들도 모두 각별하게 아름답다.

1997년부터 제7차 교육과정 개정이 시행된다. 7차 교육과정은 학생 중심 교육에 주안점을 두었고 초등 교과목에 3-6학년 영어가 추가되었다. 교육과정 전면 개편 방식은 7차로 끝나고 8차부터는 수시로 부분 개정이 진행된다.

보리출판사에서 생태 그림책 '도토리 계절 그림책' 시리즈 출간이 시작된다. 세밀화 작가인 이태수 그림, 윤구병 글이다. 사계절 중 여름과 겨울 편, 두 권이 출간되었다. 여름 편인 《심심해서 그랬어》(글 윤구병, 그림 이태수, 보리)를 본다.

《심심해서 그랬어》 ⓒ 윤구병 이태수, 보리 1997

농촌 소년 돌이가 엄마 아빠 일 나가신 사이 사고를 친다. '심심해서' 동물들과 놀려고 닭장도 열고 돼지우리랑 외양간 문도 따 준다. 염소 고삐도 풀어 주고 토끼장도 열어 준다. 동물들이 신이 나서 뛰어 나오고, 그 다음엔 어떻게 되었을까.

해방된 동물들은 이 밭 저 밭에서 시원하게 뛰놀고, 돌이는 밭 걱정에 울다 잠 든다. 그리고 마지막 장면에선 시원한 비까지 주룩주룩 내린다. 이 책도 세밀화인가, 하고 들여다보게 되는 그림들, 조용조용한 농촌 풍경이 파스텔 톤으로 아늑하다. 이제 학교에 갈 돌이, 심심할 시간이 또 있을까.

금강산 관광_1998

외환 위기와 구제 금융 실상이 생활에서 드러나는 1998년이다. 실업과 이혼으로 인한 가정불화, 가출과 자살, 상처 입는 아이들, 노숙자 상황은 심각해졌다. 서울 노숙자 수만 2천여 명, 종교 시설이나 사회단체 급식자 수도 늘어 갔다.

어렵게 집권한 김대중은 구제 금융 체제를 극복하고 지역주의를 타파하고자 국정 개혁에 나서지만 여러 걸림돌로 인해 거듭 좌절하게 되고 지지율도 점차 저하된다. 기상 이변도 있어 이상 고온과 오존주의보, 먹거리 대흉작과 생태계 불안, 핵폐기물 문제 등의 기록이 있다.

컴퓨터와 반도체 산업 쪽은 괜찮았다. 6월 윈도즈 98이 출시되고 9월 구글이 공식 창립된다. 성소수자 문제까지 조명되는 등 문화계는 이전보다 열린 분위기였지만 아쉬움은 남는다. 이 정도가 과연 김대중 대통령이 수십 년 동안 구상해 왔을 개혁 정국의 실현인 걸까.

《해치와 괴물 사형제》(그린이 한병호, 글쓴이 정하섭, 길벗어린이)를 본다. 뭉

《해치와 괴물 사형제》 ⓒ 한병호 정하섭, 길벗어린이 1998

치기 뿜기 던지기 박치기 대왕, 개구쟁이 괴물 4형제는 해치를 없애고 세상을 차지하고자 "이리저리 두리번거리다가 덩실덩실 어깨춤을 추며" 장난을 시작한다. 해치가 밤에 "수평선 너머 바다 밑에 넣어 둔" 해를 도둑질해 네 개로 만들어 동서남북에 띄우자 난리가 나고 천지개벽 전투가 시작된다.

해치는 머리에 달린 정의의 뿔로 괴물 공격을 막아낸다. 마지막엔 "나무보다 높이, 산보다 높이, 구름보다 높이! 마을보다 넓게, 들판보다 넓게, 바다보다 넓게!" 입을 벌려 해를 품는다. 이제 다시 해님이 온 세상을 구석구석 비추는 평화 세상이다.

'해님이 보낸 벼슬아치'인 해치 혹 해태는 재앙을 물리치고 정의와 평화를 지키는 해의 신이자 법관, 어사를 상징한다. 외환 위기와 기상 이변 따위 괴물들에게도 해치가 옳은 판결을 내려 주었기 바란다.

2월에는 판문점 공동경비구역 JSA 241GP 3번 벙커에서 육군 보병 중위 김훈이 사망한 채 발견된다. 육군은 1차 조사 후 자살로 발표하지만 수사 과정상 각종 오류와 조작, 의문점이 드러나면서 진실 게임이 오래 이어진다.

2009년 군의문사진상규명위원회가 조사하고 2012년 국민권익위원회에서 다시 조사했지만 사건의 명확한 전개는 밝혀지지 않고 진상규명 불능 결정만 나온다. 예비역 육군 중장인 김훈 중위 아버지까지 온힘을 기울인 조사였는데도 명백한 규명은 불가능했다. 김훈 중위는 사망 19년 만인 2017년에 순직 인정된다.

안타까운 마음으로《아무도 모를 거야 내가 누군지》김향금 글, 이혜리 그림, 보림)를 본다. 할머니 댁 다락방에서 건이는 여러 탈을 써보며 탈놀이에 빠진다. 네눈박이탈 소탈 양반탈 말뚝이탈 각시탈을 쓰고 으스댄다.

건이를 찾는 할아버지 소리가 들리자 '한 번만 더 부르지. 그러면 나갈 텐데.' 하고는 할미탈을 쓰고 으스댄다. "이제부터 내가 할머니야. …할머니는 못 찾겠다. 빨리 나와라." 마침내 다락방 문을 여는 건이 얼굴에는 눈물이 촉촉하다.

《아무도 모를 거야 내가 누군지》ⓒ 김향금 이혜리, 보림 1998

탈춤을 추거나 역할놀이를 하거나 혹은 자신을 감춰야 할 때 탈이 필요하다. 그런데 정말 아무도 모를까, 그가 누군지. 탈로 감추는 것도 잠시일 뿐 주체는 사라지지 않는다. 김훈 중위가 죽게 된 1998년의 진실도 어딘가 살아 있다.

김대중 정부는 4월 지방선거에서 좋은 결과를 보지 못하지만 이산가족 상봉과 남북경협은 기지개를 켠다. 6월과 10월 현대 정주영 회장이 소 1001마리를 몰고 판문점을 통해 방북한다. 정주영은 17세 때 북한 지역인 강원도 통천군 고향집에서 부친의 소 판 돈 70원을 훔쳐

가출한 실향민으로 "소 한 마리가 1천 마리 되어 빚 갚으러 고향 산천을 찾아 간다"고 감회를 밝힌다.

10월 정주영 회장의 2차 방북 직후 금강산 관광이 시작되어 11월 '금강호'가 처음 출항한다. 소떼 방북은 2년 후인 2000년 첫 남북 정상회담과 개성공단 건립 합의 등 남북 교류 확대의 초석이 된다.

어린이 책 운동과 문화 예술계 활동도 1998년 활발해진다. 1980년 5월에 서울양서협동조합 중심으로 설립된 어린이도서연구회가 사단법인으로 등록한다. 이즈음 최대 책 도매업체 보문당과 송인의 부도는 큰 사건이었다. 한편 한국출판유통(마케팅) 연구소가 9월 설립되고 여기서 격주간 출판 전문지 《기획회의》를 발행한다. 11월엔 한국어린이문학협의회가 월간 《어린이문학》을 창간한다.[8]

《아씨방 일곱 동무》 ⓒ 이영경, 비룡소 1998

구제 금융이 본격화되는 시절에 반가운 소떼 방북도 만나면서 《아씨방 일곱 동무》(이영경 글 그림, 비룡소)를 펼친다. 귀여운 주인공들이 자기 노동의 중요성을 이야기하는 일종의 노동요 같아 애잔한 마음도 드는 작품이다.

바느질 잘하는 빨간 두건 아씨에게는 자 부인, 가위 색시, 바늘 각시, 홍실 각시, 골무 할미, 인두 낭자, 다리미 소저, 일곱 동무가 있다. 아씨가 잠든 사이 일곱 동무는 서로 제 역할의 중요함과 솜씨 자랑을 하며 티격태격한다. 이를 들은 아씨가 불쑥 화내며 위기가 찾아오지만 모두 다 소중한 존재임을 인정하며 함께 노래한다.

"벗님네들 귀할씨고 에헤라 좋다 얼씨구나 좋아라 일곱 동무 다 모였네." 남북 관계도 우리들 책 동네도 얼씨구나 좋아라 함께 어울리며 노래하는 모습 그립다.

1998년 11월 3일에는 평양 윤이상음악당에서 남북한 예술인이 함께한 제1회 윤이상통일음악회가 열린다. 남쪽 서울연주단과 북쪽의 윤이상관현악단이 함께 연주했고 지휘는 북한의 김일진 음악가가 맡았다. 언론사로는 처음 방북한 한겨레신문사와 한겨레통일문화재단, 북한 윤이상음악연구소 공동 주최였다.

조정래 작가는 대하소설 〈한강〉을 시작하고 장선우 감독은 9월 〈꽃잎〉으로 방콕 국제영화제에서 최고상을 받는다. 《한겨레21》이 연말에 선정 발표한 1998년 문화 인물이 흥미롭다. 빨치산으로 23년을 복역한 후 낙성대에서 장기수 할아버지들 생활을 돕는 정순덕 할머니와 권정생 백건우 조용필 서태지 등이었다.

《노래나라 동동》(조은수 구성, 이혜리 그림, 비룡소)에서는 온갖 말놀이들이 노래 가사로 펼쳐진다. 굴렁쇠를 굴리며 부르던 '둥굴때 노래', '꼬마야 꼬마야'로 시작하는 줄넘기 노래, 비 오라고 부르는 노래, 물놀이하며 부르는 노래 등 놀이와 어우러진 온갖 노래들이 나온다.

굼벵이와 지렁이의 앞길을 큰 바위덩이

《노래나라 동동》 ⓒ 조은수 이혜리, 비룡소 1998

가 막고서 노래를 청한다. 처음엔 그저 지렁이와 굼벵이가 노래 부르는 모습이더니 점차 아이들이 놀며 노래하는 모습으로 장면이 바뀐다. 노래가 한참 계속되고 바위덩이는 노래를 즐기는 사이 작은 조약돌로 변해 세상으로 굴러간다. 아이들도 세상으로 나아간다.

아주 오래전 내가 부르던 이 노래도 나온다. "원숭이 똥구멍은 빨가 빨가는 사과 사과는 맛있어 맛있어는 사탕 사탕은 달어 달어는 바나나 바나나는 길어 길어는 기차 기차는 빨라 빨라는 비행기 비행기는 높아 높아는 백두산." 그 다음은 이 가사일 터다. '백두산 뻗어내려 반도 삼천리~~.'

한 끝점_1999

기다리던 세기말 1999년이다. 외환 위기와 그로 인한 구제 금융이 조금씩은 해결돼 갔지만 시중 은행 금리는 연 29.5%로 상승했다. 공기업 민영화로 공공 부문 인력 20%가 감원되고 일반 기업에서도 명예퇴직과 희망퇴직 방식으로 대규모 해고가 단행했다.

민간에서는 금 모으기 운동이 진행됐다. 1998년 말 IMF 긴급 보관 금융에 18억 달러를 상환하면서 점차 금융 위기로부터 벗어났다. '세계는 넓고 할일은 많다'는 구호로 대표되던 대우 김우중 신화가 무너지고 대우 그룹이 위태해진다. 실업자 수는 400만 명에 달했다.

1989년 강도 치사죄로 검거되었던 무기수 신창원이 1997년 부산교도소에서 탈출해 불안 분위기가 컸다. 약 2년 동안 전국을 오가며

10억 원 가까운 돈을 훔치던 신창원은 1999년 7월 검거된다.

6월 경기도 화성군에 위치한 씨랜드 청소년수련원에서 화재가 발생해 유치원생 19명과 인솔교사 등 23명이 숨지고 6명이 부상당하는 참사가 있었다. 화재의 원인은 모기향으로 추정되었다. 한밤중 화재로 유아들이 희생되어 슬픔이 컸다. 2011년에는 참사 현장 옆에 불법 야영장이 다시 조성되고 영업이 재개됐다. 재설치자가 사고 당시 소유주이자 운영자로 밝혀지며 수치심을 자아냈다.

한국 사회 전체가 궁핍과 실업에 빠진 듯 우울하던 시절이다. 만년샤쓰 창남이 같은 마음 무장이라면 쉽게 극복되려나. 내 마음 속 영원한 명작 《만년샤쓰》(글 방정환, 그림 김세현, 길벗어린이)를 본다.

《만년샤쓰》ⓒ 방정환 김세현, 길벗어린이 1999

어린이 명칭을 처음 만들어 쓴 방정환은 1922년에 동화집 《사랑의 선물》을 엮고 1923년에 잡지 《어린이》를 발행하였다. 〈만년샤쓰〉 창작도 그즈음이었겠다. 거의 백 년 된 이 창남이 이야기는 여러 형태로 표현되었는데 이번 책은 김세현 작가 수묵 담채 그림이다.

창남이가 처한 사정과 언행에 담긴 약간의 불편함을 담담한 그림들이 잘 감싸준다. 어둡지 않고 덜 쓸쓸하고 조용한 그림들이 다행이다. 20세기 말 어려운 경제 상황에 백 년 전 창남이 만년샤쓰를 떠올린다. 창남이처럼 이번 어려움도 잘 견뎌지겠지.

노근리양민학살사건의 경위를 밝히는 연구가 이 해 진행된다. 1950년 7월 26일, 미군이 충청북도 영동군 노근리 경부선 철로와 굴다리에서 비무장 한국 양민 300여 명에게 기관총을 발사해 200명 이상이 숨졌다. 미군 측은 이를 부정해 왔으나 1999년 9월 미국연합통신이 발굴한 문서와 참전 미군들의 증언으로 사실이 드러난다.[9]

한국군의 베트남 양민 학살 또한 기억하고 밝혀야 한다는 운동이 전개됐다. 한국전쟁 등에서 민간인 학살 피해를 겪은 한국인이 미국 용병으로 참여한 베트남 전쟁에서는 학살자가 된 사실이 참 아프다.

북한으로 비밀리 파견했던 북파 공작원, 혹은 특수임무 수행자들이 밝혀져 큰 놀라움을 준다. 정부는 한국전 휴전 이후 1972년 남북공동성명까지 1만 명 이상의 공작원을 북한에 보냈고, 그 중 실종 혹은 사망한 북파 공작원이 7,726명이라는 사실이 드러났다. 그 많은 숫자와 그들에 대한 야만적 처우가 놀라웠다.[10]

《재미네골》ⓒ 홍성찬, 재미마주 1999

노근리와 베트남과 북한, 가깝고도 먼 역사의 변방을 생각하며 《재미네골》(중국 조선족 설화, 홍성찬 그림, 재미마주)을 편다. 중국 길림성의 조선족 마을 중 하나인 재미네골 이야기다. 이 마을이 평화롭고 재미있게 유지되도록 지키는 주인공들로 부락장 목수 대장장이 토기장이 농부 아낙네 고아가 등장한다. 이들은 서로서로 용왕의 제물이 되어 가겠다고 결사적으로 강청하며 자원한다. 그 과정에서 이들의 생산 도구 정보까지 자세히 드러나는 점도 유용하다. 이 마을엔 언제나 재미난 웃음이 끊이질 않는대서 재미네골이라 이름 붙었다.

그림책 한장 한장 넘기다보면 이들이 평화롭고 재미있게 살 수 있는 까닭이 자연스레 전해진다. 위험한 자리에 자신이 가겠다는 양보나 겸손 같은 소극적인 자세가 아니라 마을을 위해 상대방의 일과 존재가 더 필요하다는 적극적인 모습을 보인다. 학살 실종 무시 등 고난을 겪은 집단들도 실은 재미네골 같은 평화 집단이었으리라.

컴퓨터와 인터넷, 개인 휴대전화 사용이 활발해지면서 통신 산업이 부흥한다. 하나로통신이 인터넷망으로 시내 전화까지 제공하면서 한국통신의 권위는 점차 약해졌다. 한국 최초 한문소설인《금오신화》최고 목판본이 중국에서 발견되었고 9월엔 일본 대중문화의 2차 개방이 진행된다.

그림책 연구 잡지인《월간 ILLUST》가 창간되었다. 그림과 그림책에 관한 분석과 비평을 담는 잡지이다. 주로 그림책 작가들이 쓴 글들을 싣는 타블로이드 판형 신문《꿀밤나무》도 시작되었다.

서울 신촌에 위치한 한겨레교육문화센터에서는 일러스트레이션 강좌가 개설되었다. 진보 언론《말》의 조유식 기자가 기획한 인터넷 서점 알라딘도 문을 연다. 이즈음 간통죄, 호주제, 전통 가족 제도 들이 꽤 도전받는 사회 분위기가 만들어진다.

간통죄와 호주제 폐지 논의, 가족 개념에 대한 문제 제기들을 보면

《소중한 나의 몸》ⓒ 정지영 정혜영, 비룡소 1999

서 《소중한 나의 몸》(정지영 정혜영 글 그림, 비룡소)을 본다. 이 그림책에는 '엄마와 함께 보는 성교육 그림책'이란 시리즈 명이 붙었다. 성이 상품화되고 성의 가치를 잃어 가는 사회이기에 일상의 성 교육 필요성을 느꼈다고 작가들은 쓴다.

사람은 "마음과 마음을 나눌 수 있어." "몸으로 사랑하는 마음을 나눌 수 있어." "함부로 우리 몸으로 마음을 나눌 수 없는 곳, 아기를 만들 소중한 곳"을 누가 만지면 "나는 큰 소리로 말할 거야." "싫어요!" "내 몸의 주인은 바로 나니까."

담고 있는 내용이 귀하다. 집안에서 가족이나 가까운 이들 안에서 자연스런 성 교육이 이루어지도록 여러 경우들이 가볍고 맑은 그림으로 담겼다. 아이들이 자신과 상대방을 소중히 여기는 마음을 가지리라 기대된다.

9월에는 진보 운동권이 제도권 정치 참여에 나선다. 민주노동당 창당 발기인대회가 열리고, 민족민주(NL) 계열 운동권에서는 통일운동을 다시 모색한다. 연말에는 오래 미뤄진 '민주화운동 관련자 명예회복 및 보상에 관한 특별법안'과 '의문사진상규명에 관한 특별법안'이 국회를 통과한다.

《한겨레21》은 1999년도 베스트 작가와 열쇳말로 그림 작가 이태수, 권정생 몽실언니, 노마를 꼽는다. 문화 인물로는 물고문 이긴 화가 홍성담, 바이올리니스트 사라 장(장영주), 호주제 폐지 여성 운동가 고은광순을 선정한다. 20세기 한국의 지성으로는 김구 안창호 신채호 안중근 한용운 함석헌 장준하 최현배 이광수 김일성 서태지를 선정했다. 한 세기의 대표 예술인에 서태지를 포함했다는 사실이 놀라웠다.

20세기 막바지의 정치 사회 문화 흐름들을 떠올리며 《황소와 도깨비》(이상 글, 한병호 그림, 다림)를 펼친다. 이름도 참 '이상'한 산오뚝이라는 꼬마 도깨비와 황소 그리고 돌쇠가 주연이다. 동네 사냥개한테 꼬리를 물리며 잘려 부상 입은 도깨비가 돌쇠 허락 아래 황소 뱃속으로 두 달 동안 피신한다. 도깨비는 황

《황소와 도깨비》 ⓒ 이상 한병호, 다림 1999

소 뱃속에서 부상을 치료한 후 탈출하고, 황소는 힘이 백 배나 세진다는 꿈같이 '이상'한 이야기다.

작가 특유의 시원한 표현과 세밀하고 생생한 표정들이 근사하다. 천재 작가 이상이 남긴 단 한 편의 동화인 점도 각별하다. 몇몇 표현들이 마음에 콕 박힌다. 도깨비를 품는 고생을 하게 되었으니 "전보다 훨씬 더 소를 소중히 여겼습니다."

사건이 끝난 후 여유 있는 태도로 돌쇠는 단언한다. "도깨비 아니라 귀신이라도 불쌍하거든 살려 주어야 해." 도깨비를 만난 듯 신기하면서도 힘들었던 세기말이 새로운 백 년, 새 날들로 이어지며 넘어간다.

연도	책 이름	그림 작가	글 작가 등	출판사
1993	눈이 되고 발이 되고	백명식	권정생	국민서관
	기차를 타고	이형진	김옥애	국민서관
	밤톨이의 우주여행	김효순	라은정	국민서관
	어디에 있나, 물방울	위승희	이문정	국민서관
1994	까막나라에서 온 삽사리	정승각	정승각	초방
	랑랑, 한빛탑에 오르다	강우현	강우현	보림
	쇠똥 구리구리	유애로	유애로	보림
	눈사람이 된 풍선	류재수	류재수	보림
1995	솔이의 추석 이야기	이억배	이억배	길벗어린이
	만희네 집	권윤덕	권윤덕	길벗어린이
	마고할미	조선경	정근	보림
	음악 천사의 사랑	김병종	이강숙	비룡소
1996	강아지 똥	정승각	권정생	길벗어린이
	쪽빛을 찾아서	유애로	유애로	보림
	폭죽소리	이담 김근희	리혜선	길벗어린이
	도깨비 방망이	한병호	정차준	보림
1997	팥죽 할멈과 호랑이	박경진	서정오	보리
	세상에서 제일 힘센 수탉	이억배	이호백	재미마주
	오소리네 집 꽃밭	정승각	권정생	길벗어린이
	심심해서 그랬어	이태수	윤구병	보리
1998	해치와 괴물 사형제	한병호	정하섭	길벗어린이
	아무도 모를 거야 내가 누군지	이혜리	김향금	보림
	아씨방 일곱 동무	이영경	이영경	비룡소
	노래나라 동동	이혜리	조은수 구성	비룡소
1999	만년 샤쓰	김세현	방정환	길벗어린이
	재미네골	홍성찬	중국 조선족 설화	재미마주
	소중한 나의 몸	정지영 정혜영	정지영 정혜영	비룡소
	황소와 도깨비	한병호	이상	다림

주 모음

1. [공동육아] 토대는 1978년 설립된 '해송유아원'. 해송은 1984년 창신동 해송아기둥지와 해송지역아동센터로 이어짐. 1991년 제정된 영육아보육법의 계층 차별적 보육정책과 사회적 육아의 영리화 관료화 문제를 지적하면서 '해송 어린이걱정모임'을 '공동육아연구회'로 개칭, 협동조합 방식으로 1994년 서울 연남동에 우리어린이집을 개원
2. "원진레이온이 우릴 죽이고 있다"《경향신문》19910428 ; 요시나카 다케시 지음, 박찬호 옮김, 《생명의 증언》(건강미디어협동조합, 2017)에 원진레이온 관련 내용이 자세히 수록
3. 〈한국 그림책 30년, 이야기를 이어가다〉 그림책미술관시민모임/어린이책예술센터, 201808 김해문화의전당
4. 어린이 문학 평론가 이지호는 2014년경 〈강아지똥〉은 '허술하고 어색하고, 죽음만을 얘기하는 잔혹한 동화'라는 내용 연구를 진행. 이지호, 《〈강아지똥〉은 과연 명작인가》, 《동화의 환상과 현실》 열린어린이 2017
5. [외환 위기] 발생 주요 원인 중 하나는 고정환율제도. 환율을 고정시켜 운용하는 이 제도는 정부가 수출을 증대시키고 비교적 쉬운 물가정책을 펴기 위한 것. 김영삼 정부는 OECD 가입을 위해 원화 가치를 고평가해 국민 소득을 10,000달러로 유지하려 했고, 환율 시장에 개입하며 많은 외화를 방출. 이 결과 1996년 330억 달러였던 외환 보유액은 1997년 204억 달러로 급감. 기업들의 무분별한 차입 경영과 금융 기관 부실화도 상황을 악화
6. [신자유주의] 1970년대부터 부각된 자본의 세계화 흐름에 기반한 경제적 자유주의 중 하나. 국가에 의한 사회 정책의 필요을 인정하면서도 자본주의 기업 전통을 지키고 사회주의에 대항함. 대한민국에서 신자유주의는 김영삼 정부 후반기로 소급. 주로 노동 시장의 유연화, 즉 해고와 감원을 자유롭게, 작은 정부와 자유 시장 경제 중시, 규제 완화, 자유무역협정(FTA) 중시 형태로 나타남_[위키백과]
7. [유네스코 유산] 크게 세계유산(세계문화유산, 세계자연유산)과 무형문화유산, 세계기록유산으로 나뉨. 1997년 〈훈민정음〉〈조선왕조실록〉 2001년 〈직지심체요절〉〈승정원일기〉 2007년 〈해인사 고려대장경판〉〈조선왕조의궤〉 2009년 〈동의보감〉 총 7개 문화유산이 세계기록유산으로 등록.._유네스코 한국위원회 문화팀, 유네스코 본부 유산 사이트 참조
8. 《어린이문학》은 한국어린이문학협회(1989년 결성, 초대 회장 이오덕)가 발행하는 어린이문학 잡지. 회보와 월간, 계간으로 형식이 변화. 회보《어린이문학》은 1989년부터 부정기 간행물, 작품집과 함께 총 38호 발행. 월간《어린이문학》은 1998년 11월부터 2007년 7월까지 69호 발행. 이후 휴간했다가 2007년 9월에 계간으로 복간 2015년 봄호가 100호, 2018년 가을호가 114호
9. [노근리양민학살사건] 한국에서 반미 분위기가 고조되자 1999년 10월 양국 정부는 이 사건 협의에 착수, 노근리양민학살사건 정부대책단 및 진상조사반을 구성. 2001년 1월 12일 한미 양국조사단은 노근리 사건이 미군에 의한 양민 학살이라는 것을 인정, 빌 클린턴 미국 대통령은 노근리 사건에 대한 유감을 표명. 2004년 2월 '노근리사건희생자심사 및 명예회복에 관한 특별법'이 제정되고, 7월부터 희생자 및 유족에 대한 명예회복 사업을 추진. 2010년 4월 노근리양민학살사건을 고발한 영화 〈작은 연못〉(감독 이상우)이 제작되어 사건의 진실과 실체를 널리 알림. 노근리양민학살사건 전모를 전 세계에 알린 3명의 AP기자는 2000년 퓰리처상 수상
10. [북파 공작원들] 과거에는 존재조차 부정되었으나, 2002년 법원에서 인정 판결 나옴. 북파 공작원을 국가 유공자로 우대하는 관련 법 개정안 통과(김보근, "천안함, 북파공작원 그리고 '국가의 거짓말'"_《한겨레》 20100619

그림책에 담긴 세상

한국 그림책 30년사

3 생명과 인권의 새 시대_

새로운 세기_2000
어떤 교체일까_2001
산맥 없이 봉우리 하나_2002
그리운 고향_2003
세상 그리기_2004
호주제 폐지_2005
행복이란_2006
참 바쁜 한 해_2007

2000-2007

2000-2007

새로운 세기_2000

　새 시기, 새로운 세기가 열렸다. 21세기 한국 경제의 다섯 가지 화두는 벤처 기업, 자동차 산업, 지식기반 산업, 생명과학 산업과 전문직으로 꼽혔다. 경제는 겉으로는 회복 양상이었으나 실제로는 신자유주의 구조 조정에 따른 중산층 몰락과 빈곤 가구 급증으로 인해 양극화가 심해지는 양상이었다.

　여러 해 논의된 의약 분업이 8월 본격 실행된다. 11월에는 대우자동차가 부도나고, 건설 업체 위주 2차 퇴출이 진행되어 재계에 빨간불이 다시 켜진다.

　11월 7.3킬로미터 길이 서해대교가 공사 7년 만에 개통된다. 경기 평택시와 충남 당진시를 해상 연결해 지역 경제 활성화에 많은 기여를 하는 다리다. 이어서 36.6킬로미터의 인천국제공항고속도로도 공사 7년 만에 개통된다. 이 고속도로 개통으로 공항 주변 여러 섬들이 관광지로 개발된다.

12월 4일 김대중 대통령은 외환 위기에서 완전히 벗어났다고 발표한다. 다음해 8월 23일 195억 달러를 조기 상환하면서 구제 금융 관리 체제가 완전히 종료된다.

불안하고 어수선하고 마음이 궁핍했던 새로운 세기 초, 여러 그리움을 전하는 《동강의 아이들》(글 그림 김재홍, 길벗어린이)을 본다. 작가는 동강의 구석구석, 물과 숲의 아름다움에 반해서 누비고 다니며 자연이 건네는 이야기들을 들었다. 강의 바위며 산이며 물이 어떤 날은 유독 새롭게 보이며 아기곰이나 큰새 되어 말을 걸어온단다.

《동강의 아이들》 ⓒ 김재홍, 길벗어린이 2000

그림책 속 오빠 동이, 동생 순이도 그렇다. 장에 가신 엄마를 기다리며 강가에 나온 이들에게 동강 바위가 공룡처럼 다가온다. 탄광에 돈 벌러 가신 아빠는 바위처럼 아주 넓고 탄탄한 등을 가지셨다는데 언제 동이 순이에게 돌아오시려나. 오늘도 아빠 대신 오빠가 순이를 업고서 엄마 마중이다.

정보 통신 산업이 눈에 띄게 발전하면서 전자 상거래도 활성화된다. 한국 최초의 부가 가치 통신[1] 사업자 데이콤이 1월에 LG그룹으로 편입되었다. 데이콤은 1982년 한국데이터통신으로 설립되고 1986

년에는 국내 최초로 PC통신 천리안 서비스를 시작해 데이터 기반의 통신시장을 꽃피웠다. 데이콤이 LG그룹에 편입되면서 기업용 인터넷 서비스와 웹하드, 인터넷 데이터센터, 무선 인터넷 전화까지 운영한다.

이즈음 모바일 이동 통신을 일반 대중이 사용하게 됐고 전담 사업자로 SK텔레콤과 KT가 선정된다. 2월, "모든 시민은 기자다"를 대표 구호로 내건 인터넷 신문 《*OhmyNews* 오마이뉴스》가 개장했다.

인터넷 어린이 책 전문 서점 오픈키드도 2000년 5월부터 사업을 준비하여 12월 15일에 개점한다. 오픈키드는 20년 가까이 책 동네에서 함께 일한 이들과 꾸린 일터였다. 나는 여기서 처음에 교육컨텐츠팀을 맡았다. 초등학교와 유치원에서 어린이들이 어떤 교과과정을 공부하는지 자료를 만들고 어린이 책들이 교과 과정과 어떤 관계를 갖고 연결되는지 밝히는 것이 내 일이었다.

어린이 책 한 권 한 권을 오픈키드 사이트에 소개해 올리려면 100개 가까운 도서 정보 필드를 채워 넣어야 했다. 각 어린이 책에 관한 정보가 충실하고 서평과 교과 관련 정보까지 포함되고 곧 이어지는 웹진과 《월간 열린어린이》 발행으로 오픈키드는 양질의 콘텐츠를 보유했다고 인정받았다.

정보 통신과 인터넷 발달은 이즈음 개개인도 직접 느낄 만큼 빠르고 격렬했다. 《도대체 그 동안 무슨 일이 일어났을까?》글 그림 이호백, 재미마주) 제목처럼 하루하루가 놀라웠다.

평소 아파트 베란다에서 생활하는 토끼가 잠시 이 집의 꼬마 주인으로 변신한다. 토끼는 식구들이 집을 비운 동안 집 주인이 되어 즐거운 체험 활동을 한다. 화장대에서 예쁘게 화장도 하고 막내의 색동 돌 옷도 입고 로봇 조립도 한다.

젓가락을 스틱 삼아 롤러블레이드를 타는 장면은 아하 감탄을 부른다. 다음날 돌아온 식구들이 집안 곳곳에 떨어진 토끼 똥을 보며 생각한다. '도대체 그 동안 무슨 일이 일어났을까?'

《도대체 그 동안 무슨 일이 일어났을까?》
ⓒ 이호백, 재미마주 2000

한국 전쟁 50주년인 2000년 3월 한반도 냉전 구조 해체를 주 내용으로 하는 김대중 대통령 '베를린선언'이 나온다. 6.15에는 평양에서 남북정상 공동선언이 발표되고 한국 전쟁 때 체포 구속된 비전향 장기수 58명의 북송이 진행된다.

8월엔 현대그룹의 3차 소떼 방북이 진행된다. 현대는 북한과 서울-판문점-개성 간 육로 관광에 합의한다. 8.20에는 북한의 조선국립교향악단이 서울에서 처음 공연한다.

지난 1990년 김영삼 주도 3당 합당에 거세게 항의하면서 다음 세대 정치 지도자로 떠오른 노무현 후보가 2000년 4월 총선에서 낙선하며 눈길을 끌기도 했다. 11월에는 김대중 대통령이 노벨평화상을 수상한다.

2000년 6.15 남북정상 공동선언은 전쟁 50년 만에 한민족에게 들

《토끼와 늑대와 호랑이와 담이와》 ⓒ 한병호 채인선, 시공주니어 2000

려온 기쁜 소식이었다. 조금씩 더 친해지고 사이좋은 관계로 발전하면 좋겠다는 바람을 품고 《토끼와 늑대와 호랑이와 담이와》(한병호 그림, 채인선 글, 시공주니어)를 편다. 귀엽고 사랑스런 주인공들이 아기자기한 이야기를 이어간다.

집 지키는 어린 양이 늑대를 만나는 옛이야기를 모티프 삼아 살짝 비틀고 발전시킨 이야기다. 서로 겁내던 어린 토끼와 늑대와 호랑이가 친구 되고 나중엔 어린이 담이까지 합류하여 숲속에서 함께 논다.

어린이 안전을 위해 집안에만 있으라고 염려하던 어른들을 떠올리는 이들의 한탄이 재밌다. "엄마들만 그런 줄 알았는데 아빠도 그렇구나."

이제 숲속 더불어 놀이가 즐겁기만 한 아이들처럼 남북도 함께 어울려 즐거운 놀이판을 벌이는 날은 언제쯤 오려나.

경기도 파주에 출판문화정보산업단지, 간단히 파주출판단지라 불리는 복합 문화단지가 2000년 1월 조성된다. 정보 통신과 인터넷 발달 속도가 매우 빨라져도 출판업은 여전히 저임금 영세 산업이었다. 주로 대도시 서울에 밀집해 있던 출판 인쇄 업체들이 좀 나은 환경에 자리 잡으면 좋겠다는 바람으로 1989년부터 준비위원회가 구성되어 추진된 일이다.

1월 버스카드 이용이 서울 지하철까지 확대되면서 교통카드 기능이 본격화한다. 5월 국내 최초 대형관인 서울 대한극장이 철거에 들어가고 이듬해 멀티플렉스 극장 재개관을 예고한다.

성소수자 문제를 주제로 한 장정일의 작품 〈내게 거짓말을 해봐〉가 2000년 대법원에서 유죄 확정된다. 자신이 성소수자임을 밝힌 문화 예술인 홍석천도 방송계에서 퇴출당하는 분위기였다. 사회가 성소수자 문제에 민감히 반응하는 이유도 기득권과 상관있나 잠시 생각한다.

문화계 변화를 떠올리며 《누구 그림자일까?》(최숙희 글 그림, 보림)를 편다. 아가들과 놀기 좋은 재밌는 구성 그림책이다. 뭘까 뭘까 생각하며 답을 찾는 동안 상상력을 동원해야 한다. 우산 그림자 뒤엔 박쥐가, 안경 그림자 뒤엔 꽃뱀이, 부채 그림자 뒤엔 공작이 있다. 모든 장면이 다 이어지고 마지막 사과 그림자 뒤엔 우리 얼굴이다.

《누구 그림자일까?》ⓒ 최숙희, 보림 2000

겉으로 보이는 것 뒤에는 다른 무엇인가 재미있게 숨어 있다고 생각하니 즐겁다. 오래 전부터 사실은 존재했으나 우리 사회 표면에 드러나지 않았던 성소수자 문제에 앞으로 더 자주 맞닥뜨리게 될 것이다. 앞에 보이는 것만 아니라 그 너머의 진실도 헤아리는 훈련이 필요하다.

어떤 교체일까_2001

여러 면에서 새것을 떠올리게 되는 2001년이 열린다. 집권 민주당과 김대중 정부는 남북 관계 이외 교육과 환경 등 사회 분야에서 어려움이 많았다. 노동과 취업 분야 수치가 좋지 않았고 보수당이 다시 득세하는 분위기였다. 연초《한겨레》송건호 선생과 4월 현대 정주영 회장 사망으로 21세기 세대 교체가 실감되었다. 삼성 이재용과 노무현, 박근혜 등도 세간에 부각되는 시기였다.

기독교방송 CBS 직원들이 재단이사회에 맞서면서 상반기 250일간이나 파업하는 사태가 벌어졌다. 개신교계 안에도 권력 집단이 있어 한국 교회 및 언론과 기관들까지 쥐락펴락함이 드러났다. 기독교회관이 위치한 서울 '종로 5가 마피아'라 불리는 집단이다.

《메아리》ⓒ 이주홍 김동성, 길벗어린이 2001

새로운 세기 시작에 정치 사회 종교계 세대 교체를 떠올리며《메아리》(글 이주홍, 그림 김동성, 길벗어린이)를 편다. 그리움도 산 풍광도 서정도 모두 아득하다. 깊고 깊은 산 속에 이웃도 없이 사는 돌이네, 세 살 때 돌아가신 엄마 대신이던 누나를 어느 날 아버지가 시집보낸다. 누나는 없고 만날 보는 산 하늘 나무 짐승만 있는 데서 돌이가 외친다. "예에끼, 망할 놈의 새끼들아-"

슬퍼서 누나를 찾을 때도, 동생 같은 송아지가 생겼다고 자랑할 때도, 산 속 메아리는 돌이를 흉내 내며 외친다. 메아리가 누나한테까지 닿아 돌이 소식을 전해 주리라. 조용하고 고요한 이야기를 작가는 강물처럼 서정이 흐르는 그림들로 아스라이 그려낸다. 서늘하면서도 차지 않고 조용하면서도 적막하지 않고 고요한 그림책이다.

2001년 6월에는 족벌 언론 문제들이 드러났다. 국세청이 언론사 6개와 언론사 사주 3인을 조세범 처벌법 위반 혐의로 고발하면서 주목을 끌었다. IT 분야 발전은 계속되어 휴대폰과 전자 상거래 및 인공지능 개발이 활발했다.

10월에는 2만여 전교조 회원이 성과급제 시행에 반발하여 집단 조퇴와 집회를 벌였다. 농촌에선 쌀값 폭락이 계속되어 농민 시름이 커지고 농촌 붕괴를 염려하는 상황이었다. 호스피스 제도와 유기농업, GMO 식품도 사회 문제로 떠오른다.

농민 시름과 농촌 붕괴를 생각하며 《나비를 잡는 아버지》(현덕 글, 김환영 그림, 길벗어린이)를 편다. 바우는 그림 그리기 좋아하는 시골 아이다. 소학교를 졸업하고 집안 형편상 상급 학교 진학을 못했다. '꾸벅꾸벅 땅이나 파며 있지 않으면 아니 될' 상황에 틈 있는 대로 그림 그리는 것이 즐거움이다. 서울로 유학 간 동기 경환이의 나비 채집 건으로 그만 바우

《나비를 잡는 아버지》 ⓒ 현덕 김환영, 길벗어린이 2001

에게 사달이 난다.

바우는 땅 주인집 아들 경환에게 "그래 나비가 중하냐 사람 사는 게 중하냐"며 저항하고 화난 아버지는 바우의 그림 더미들을 불태우며 야단친다. "그놈의 그림책 이리 내놔라. 그것만 잡고 앉았으면 정신 없다가…" 걸음이 성치 못한 아버지도 동동거리는 어머니도 그저 맨발이다. 대를 잇는 가난이다.

종내는 이 아버지가 바우 대신 나비 잡는 모습에 "고집이 정자나무 통만큼 뻣뻣"한 바우도 불쌍하고 애처로운 아버지에게 달려간다. 바우는 앞으로도 계속 그림을 그릴까. 바우 아버지는 참외밭을 되살릴 수 있을까. 바우네는 유기농업이나 GMO 식품 문제 들에 대처할 수 있을까. 그림들이 애잔하다. 바우도 아버지도 표정이 많이 아프다.

한국 전쟁 발발 51년, 전쟁 때 양민 학살이 60만-120만 명에 이른다는 통계가 비로소 나온다. 양민 학살 대부분은 국군, 헌병, 반공 극우단체 등이 국민보도연맹원이나 양심수 등에 가한 것으로 추정된다.

1990년대 말 전국에서 보도연맹원 학살 피해자 시체가 발굴되면서 사실임이 확인됐다. 2009년 11월 '진실화해를 위한 과거사정리위원회'를 통해 정부는 국가기관에 의해 민간인이 희생되었음을 확인했다고 밝힌다.[2]

2001년 9.11 테러가 일어난다. 이슬람 테러 단체가 4대의 민간 항공기를 납치해 맨해튼의 110층짜리 세계무역센터(WTC)와 충돌하고 미 국방부 펜타곤까지 공격한 동시 다발 자살 테러였다. 약 3천 명이 사망하고 6천 명 이상이 다치고 10월, 미국 조지 부시 대통령은 아프가니스탄을 보복 침공한다.

온 세계가 깜짝 놀랐다.《생각만해도 깜짝벌레는 정말 잘 놀라》(글 그림 권윤덕, 재미마주)를 집는다. 주인공은 책장에서 이 책 저 책 돌아다니며 글자를 모아 낱말을 만들어 먹고 사는 벌레들이다. 상상력이 기발하다. 무서움을 너무 잘 타서 이름도 '생각만해도깜짝벌레'는 으흐흐! 삐걱삐걱 드르륵 드드륵 같은 낱말이 무섭다.

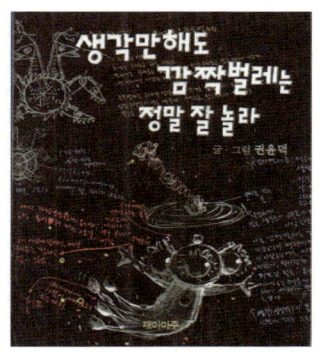
《생각만해도 깜짝벌레는 정말 잘 놀라》ⓒ 권윤덕, 재미마주 2001

한편 친구인 '무서워도꾹꾹벌레'는 으흐흐 대신 오호호를 생각해 내면서 꾹꾹 참을 줄 안다. 문제 해결 방법을 아는 친구 옆에서 무섬쟁이 벌레는 책 속 낱말을 함께 만들어 먹으며 산다. 이들이 할 법한 글자구슬 먹기 게임, 생각 바꾸기 게임, 무서운 생각 벗어나기 게임까지 작가는 자세히 소개한다.

낡은 책장 앞에서 단어 만드는 벌레를 발견한 작가는 "저마다 기질과 가치가 다른 벌레들이 책 속에서 튀어나와 끝도 없이 질문"하기에 우리가 적용하는 일반 규정들을 책벌레한테는 적용할 수 없더란다. 이 벌레가 양민 학살이나 9.11, 보복 침공 같은 글자를 만나면 얼마나 놀라고 또 꾹꾹 참을는지 지레 걱정이다.

2001년 1월, 어린이 책 전문 인터넷서점 오픈키드에서는 어린이 책 종합 서평지《월간 열린어린이》를 발행한다. 처음엔 웹진이었고 종이 책자로는 2002년 12월부터 발행된다. 오픈키드는 2001년부터 매년 《좋은 그림책 목록》과 《좋은 어린이 책 목록》을 전국 초등학교와 서점에 배포하며 좋은 어린이 책 홍보에 기여했다.

3월에는 한국 최초 사이버대학인 서울디지털대학이 창립되고 4월엔 한국수력원자력이 설립된다. 군인 중 하사관 명칭은 부사관으로 바뀐다. 축구 국가대표팀 감독에 거스 히딩크가 선임되어 2002 월드컵 준비에 들어가고 3월 국악방송이 개국한다. 인천국제공항도 3월 개항하고 5월엔 한국 최초 자동차 경주인 한국모터챔피언십이 개최된다. 10월엔 전주세계소리축제가 개막한다.

남북한 금강산 관광을 위한 당국 간 회담이 개최되어 남북 화해와 교류 분위기가 빛을 발한다. 12월엔 서해안 고속도로가 개통된다. 서울 경기로부터 서해안을 따라 충청도는 물론 전라도까지 이어지는 고속도로 주행은 새로운 한반도가 열리는 듯 경쾌한 경험이었다.

《사물놀이》ⓒ 곽영권 김동원, 사계절 2001

문화 예술계 여러 반짝거리는 발전 모습들을 접하며 《사물놀이 이야기》 (곽영권 그림, 김동원 글, 사계절)를 본다. 장대한 그림책이다. 백두산 아래 착한 사람들이 사는 밝은 나라에는 평화와 밝음이 가득했다. 이를 시샘한 잿빛 귀신이 공격해 잿빛으로 덮어 버린다. 착한 백성을 구할 방법으로 하느님은 동서남북의 4신으로부터 4물을 찾아올 것을 이른다.

임금님의 지혜로운 네 자녀는 남쪽을 지키는 붉은 새 주작에게서 천둥 번개 치는 꽹과리를, 북쪽을 지키는 검은 거북 현무에게서 바람 일으키는 징을, 동쪽을 지키는 푸른 용 청룡에게서 비 뿌리는 장고를, 서쪽을 지키는 흰 호랑이 백호에게서 구름 부르는 북을 찾아온다.

네 자녀가 네 가지 색 옷을 갖춰 입고 사물을 연주하니 밝은 나라 아버지 임금의 태평소도 힘찬 소리로 사물 연주를 감싼다. 보물 악기들이 신명나게 어우러지면서 하늘과 땅과 사람을 하나 되게 하고 세상의 온갖 더러움을 씻어내는 연주를 벌인다. 크고 하나 된 울림, 하늘과 땅을 이어 주는 소리, 그것이 바로 사물놀이란다. 이 시기 진행된 여러 문화 예술계 소식들을 사물놀이로 격려하고 싶다.

산맥 없이 봉우리 하나_2002

월드컵과 대통령 선거 열기로 전국이 뜨거웠던 해이다. 월드컵 경기를 응원하던 서울광장은 대한민국의 심장 같은 곳이 되었다. 3월에 디지털 위성방송 서비스인 스카이라이프가 시작됐고, 은행과 증권사는 주5일 근무제를 시행했다.

지방자치 선거가 있던 6월 13일, 경기도 의정부의 중학생 신효순, 심미선이 주한미군 장갑차에 깔려 현장에서 숨지는 참혹한 사고가 벌어졌다. 이에 놀라고 분노하며 반미 촛불시위가 이어졌고 한미주둔군지위협정(소파) 개정 운동이 벌어진다. 2002 월드컵 세대는 곧 반미 세대라 불리기도 한다.

《백구》ⓒ 김민기 권문희, 사계절 2002

임시 공휴일 낮 시간, 친구네 집으로 시험 공부하러 가던 길 위였다. 훤한 대낮, 여중생들, 장갑차, 이런 단어들에 그만 벌어지는 입이 다물어지지 않았다. 두 여중생을 기리며 가족을 위로하는 마음으로 그림책 《백구》(김민기 글, 권문희 그림, 사계절)를 편다. 한국화 전문 권문희 작가 작품이다.

문화 운동가 김민기가 짓고 양희은이 부른 노래로 알려진 〈백구〉 노랫말이 그림책 내용이다. 하얀 개 백구의 미소, 백구를 보는 아이의 웃음, 이 둘의 평소 관계와 분위기가 그림들 속에 선연히 녹아들었다.

그림들이 참 고즈넉하다. 고요하고 소박한 언덕 위 빨간 맨드라미 꽃이 도드라지게 예쁘고 그 옆에 백구 쉼터가 마련된다. 돌연히 죽임당한 소녀들 안식을 기도한다.

6월 서울시장이 된 이명박은 은평 길음 왕십리 등 낙후된 강북 지역에서 '뉴타운 정책'을 시행한다. 균형 발전이라는 이름 아래 펼쳐지는 토목 사업들에 평범한 서민들의 욕망이 끝없이 부채질 당한다.

뉴타운 정책 외에도 청계천 복원 사업, 뚝섬과 서울숲 조성, 서울시청 광장 조성, 중앙버스차로제 도입 등이 결정된다. 이명박은 눈에 잘 드러나는 토목 건축 사업들을 여러 가지 벌이면서 주목 받는다.

《신기한 그림족자》(이영경 글 그림, 비룡소)를 편다. 조선 전기 도술에 능한 기인이던 전우치 이야기가 그림책으로 꾸려졌다. 의성어 의태어들이 리듬감 넘치는 본문으로 씌었고, 휘날리는 듯한 수묵 담채 그림들이다.

하루에 한 냥으로 정해진 자신의 부와 복을 억지로 백 냥으로 부풀리려 욕심 낸 한자경이 혼나는 이야기가 정감 있는 그림들에 들었다. 한자경이 탐냈던 금은보화의 실제 주인은 임금이었다.

《신기한 그림족자》 ⓒ 이영경, 비룡소 2002

"백성들은 찢어져라 가난했지만, 임금님은 엄청난 부자"였다. 한자경이 손 댄 후 돈 항아리는 똥 항아리 되고 곳간에는 곰팡이가 보송보송 핀다. 한자경 때문에 임금 곳간이 털렸듯이 이제 시장이 망하는 날도 오려는가.

9월 평양에서 남북교향악단 합동연주회가 개최되었다. 20일에는 KBS교향악단이 연주하고 21일 추석에는 조선국립교향악단과 함께 〈아리랑〉과 〈밀양 아리랑〉을 연주한다. KBS교향악단 방북은 지난 2000년 8월 조선국립교향악단 서울 공연에 대한 답방 형식이었다.[3]

남북교향악단 합동 연주에 이어서 9.28-29에는 MBC평양특별공연이 동평양예술대극장에서 개최되었다. 이미자 윤도현 밴드 최진희 이선희 임웅균 등의 공연에 많은 평양 시민이 환호하였다. 남북은 한반도 비무장지대 DMZ에 군 핫라인을 설치하고 처음 개통한다.

류재수 작가《노란 우산》이《뉴욕타임즈》2002년 우수 그림책으로 선정된다. 9월에는 이창동 감독 영화 〈오아시스〉가 59회 베니스 국제 영화제에서 감독상과 신인 배우상을 수상한다. 12월에는 오픈키드에서 웹진으로 나오던 《월간 열린어린이》가 책자로 발행된다.

《우리 엄마, 어디 있어요?》 ⓒ 이동진, 산하 2002

남북한 합동 음악회들을 접하면서 《우리 엄마, 어디 있어요?》(이동진 글 그림, 산하)라는 귀여운 그림책을 본다. 동요 〈노을〉 작곡가로 널리 알려진 작가는 함경북도 청진에서 태어났고 미술 전공 후 평택에서 교사로 생활했다. 1984년 MBC 창작동요제에서 〈노을〉로 대상을 받은 후 동화와 동시 쓰기를 즐기는 미술 교사였다.

자신만 엄마가 없다며 물속과 물 바깥에서 내내 엄마를 찾는 생명체가 있었다. 지느러미도 없고 헤엄도 못 치고 아무것도 아니더니 나중 잠자리가 되어 하늘로 날아오른다. 다시 제 엄마를 찾아 떠난다.

동요를 짓는 교사의 마음을 짐작하면 이 그림책이 쉽게 이해된다. "아이들이 이 그림책을 보면서 상상 세계를 넓히고 스스로 재미있게 가지고 노는 놀이기구로 여기면 좋겠습니다"고 작가는 말한다.

2002년 민주당 최초의 대통령 후보 국민경선을 치르면서 대선 분위기는 점차 고양되었는데 어려움도 많았다. 김대중 대통령 세 아들 관련 비리 사건이 들리고 집권기 치적이 무너지기도 했다. 9월엔 의문사진상규명위원회에서 1947년 인혁당 재건위 사건이 중앙정보부

조작이었음을 발표한다.

한나라당은 지방선거와 국회의원 재보궐선거 압승으로 기세가 등등하였다. 재정 비리가 없을 거라는 기대감에 정몽준 후보 지지세도 컸다. 200만 명 국민이 선출한 노무현 후보는 승부사 기질을 발휘하여 정몽준 후보와 단일화에 합의하고 대한민국 16대 대통령에 당선된다.

봉하 마을 입구 나무판에는 노무현 대통령의 다음 이야기가 큰 글씨로 쒸어 있다. "나는 산맥이 하나도 없는 곳의 봉우리 하나다." 이 글귀를 다시 접하는 순간 김동수 작가 첫 그림책 《감기 걸린 날》(김동수 글 그림, 보림)이 떠올랐다.

《감기 걸린 날》ⓒ 김동수, 보림 2002

보림 창작 그림책 공모전 수상작이다. 꽉 차지 않은 그림이 여유롭게 베풂과 즐거움과 따뜻함을 표한다. 아이는 제 "옷 속에서 깃털을 하나하나 꺼내 오리들에게 심어 주었다. 열심히, 열심히, 마지막 한 마리까지. 야호!" 그리고 오리들과 신나게 놀고는 감기에 걸린다. 에취!

그림책 귀퉁이마다에는 작업 과정의 낙서와 메모, 스케치 등도 귀엽게 들었다. "원인과 결과에 대한 어린이들만의 독특한 생각을 재미나게 표현해 보고 싶었다"고 작가는 책에 적었다. 앞 면지부터 뒷 면지까지 아이는 바구니를 머리에 이고 오리털을 날리며 씽씽 달린다.

모든 걸 내어주는 아이 손길과 담백한 표정이 마음에 맺힌다. 이 아이처럼 자기 것을 모두 내어놓고는 인생의 지독한 감기에 걸려서 결국은 낫지 못한 채 스러진, 곧잘 바보라 불리던 그 분이 어찌어찌 대통령이 되었다, 2002년에.

그리운 고향_2003

노무현 대통령의 당당한 집권과 이제 야당 된 보수 한나라당의 혼란함, 북한 핵 개발, 이라크 참전 등이 특징이었던 2003년이다. 노무현 정부 비서관실은 평균 연령 45세 정도로 젊어졌고, 강금실 법무장관 발탁 등 초기에는 신선한 인상을 주었다.

노무현의 특이하게 소탈한 정치 방식에 따른 잡음, 노회한 정치인들과의 불화, 민주당 내 신구파 분란 들이 벌어졌고 노무현은 민주당을 탈당한다. 열린우리당이 새로 만들어지고, 우파 보수 집단도 점차 세력을 키웠다.

미국은 영국, 오스트레일리아 등 동맹국들과 함께 3월에 이라크를 공격했다. 1990년 걸프 전과 2001년 9.11 테러에 이어진 2차 걸프 전이었다. 미국이 찾아 제거하겠다던 이라크 생화학 무기 등 대량 살상 무기는 나오지 않았고 폭력의 역사만 반복된다. 미국 부시 대통령의 요청으로 한국군도 4월에 파병되고 이는 오랫동안 노무현 정치 관련 논란점이 된다.

2003년 당시는 바쁘고 신났던 듯한데 되돌아보니 꽤 스산하고 불안했던 시절이다. 《나의 사직동》(한성옥 김서정, 보림)을 첫 그림책으로 뽑는다. 이제는 사라지고 없는 서울 한복판 광화문 동네의 고향 마을과 이웃들을 작가는 담담하게 소개한다. 그리움이 뭉클하다.

사회 변화에 따라 집과 마을이 없어질 수 있다고 머리로는 쉽게 이해하지만 마음까지 순순히 따르기는 어려울 때가 많다. 고향이란 단어와 그리움이란 말은 그래서 소중한가 보다.

《나의 사직동》 ⓒ 한성옥 김서정, 보림 2003

초등생 어린 작가는 이사 후 우연히 집 동네를 찾는다. 이제 아파트 공사 현장이다. "안에는 아무것도 없었습니다. …내 마음에 구덩이가 푸욱 파이는 것 같았습니다. 쇠갈퀴가 뱃속을 긁는 것 같았습니다. …우리는 이제 가위바위보로 계단 올라가기는 하지 않습니다. …나의 사직동은 이제는 없습니다."

2월 대구지하철 전동차 안에서 사망자 192명 부상자 148명의 참혹한 화재가 난다. 몸이 불편한 50대 방화자와 해당 열차의 기관사까지 사고를 알리지 않고 정차 중 탈출해 버렸다. 화재를 모르고 뒤따라오던 다음 열차 기관사는 열차 모든 문을 열 수 있는 마스터키까지 갖고서 또 혼자만 탈출한다.

후속 열차 피해가 화재 발생 차량보다 더 컸다. 상황 전달이 되지 않은 채 허술한 위기 대응, 전동차의 내장재 불량 등이 드러나면서 인재로 인한 참사로 기록된다.

이즈음 국제결혼 알선 사기 사건들이 드러나면서 국내 다문화 가정들과 외국인 노동자들의 인권 문제도 대두된다. 베트남 호치민 시 푸옌 성에서는 한국-베트남 평화공원이 완공된다.《한겨레21》의 독자들이 39개월 동안 자원하여 성금을 모아 조성된 작은 규모 공원이다. 한국인들이 전쟁을 반대하고 평화를 사랑하는 정신으로 베트남에 전하는 선의와 신뢰의 상징이 되면 좋겠다.

《고향으로》ⓒ 김은하 김재홍, 길벗어린이 2003

《고향으로》(글 김은하, 그림 김재홍, 길벗어린이)를 다시 찾아 편다. 2003년에 진행된 '새만금 해창 갯벌 살리기 삼보일배' 행렬을 보며《고향으로》이야기를 《월간 열린어린이》에 함께 썼다.[4] 순천만에서 다리를 다친 채 발견된 흑두루미 두리는 한 초등학교 우리에서 13년을 살았다. 세계 희귀종인 것이 밝혀지고 순천만에 다시 놓인 두리는 같은 두루미 무리 안에 힘들게 섞여든다.

두리는 친구들 우렁찬 울음소리에 자기 소리도 보태고 날갯짓도 높이 키우며 한겨울을 보낸다. 날이 풀리자 머나먼 북쪽 시베리아 하늘, 고향을 찾아 떠나는 길고 긴 여행에 어렵사리 동참한다. 그리운 고향으로 아예 갈 수 없는 이들도 있으니 유난히 멀고 험한 두리의 고향 길을 그저 응원할 뿐이다.

작가는 아크릴 물감으로 하늘과 습지와 두루미들을 진하고 촉촉하게 그려낸다. 잔잔한 그림이 간결한 줄거리를 너르게 펼친다. 여유로운 해석이 현실의 또 다른 세계, 두리 고향 시베리아와 외국인 노동자들의 고향과 대구 지하철 희생자들의 고향으로 우리 마음을 이끈다.

당시 노무현 정부 경제 정책도 개혁보다는 친재벌 기조라고 지적받았다. 의도적인 경기 부양은 거품과 침체를 초래해 외환 위기 때보다 더 나쁘다고 비판받기도 한다. 3월에는 SK 최태원 회장이 분식 회계 건으로 구속된다.

8월 현대아산 정몽헌 의장이 '유분은 금강산에 뿌려 달라'는 유서를 남기고 현대 계동사옥 12층에서 투신한다. 대북 불법송금 사건이 터지면서 검찰 조사를 받던 중이었다. 정주영 회장 사후 금강산 사업을 주관하던 그였기에 안타까움이 일었다.

9월 재독 송두율 교수가 입국하여 국정원 조사를 받던 중 구속되면서 당시 정권의 편협함이 드러난다. 1960년대 독일 유학 중 유신 체제를 반대하며 반체제 인사로 낙인찍힌 송두율은 독일에서 남북한 연구를 계속했다. 1995년부터는 베이징에서 남북 학술회의를 주도하며 한국 민주화 운동과 통일 운동에 영향을 미친다. 2004년 7월 2심에서 방북 사실을 제외한 간첩 혐의 등 대부분을 무죄로 판정받은 송두율은 집행유예 5년 선고로 구속 9개월 만에 석방된다.

노무현 정몽헌 송두율을 생각하며 《통일의 싹이 자라는 숲》(전영재 글, 박재철 그림, 마루벌)을 본다. 50년 넘게 철조망에 갇힌 한반도 비무장지대의 자연 환경을 조근 조근 조용한 그림으로 전한다. "통일된 조

《통일의 싹이 자라는 숲》 ⓒ 전영재 박재철, 마루벌 2003

국 강산에서 살게 될 남과 북의 어린이들"은 보지 못할 비무장지대를 설명한다.

동해안에서 서해안까지 세상에서 제일 길고 높은 철담이 설치된 비무장지대는 동식물에게는 낙원이다. 계절에 따라 그곳에서만 쉽게 볼 수 있는 동물들이 늘어난다. 이른 봄의 까막딱따구리와 수리부엉이와 박새, 늪에는 한반도에서만 자라는 꽃들이 피고, 두타연 물살 속 힘찬 물고기들, 멧돼지와 까마귀의 공생, 자유롭게 노니는 산양과 고라니와 노루 들이 계절마다 사람 없는 이 평원을 독차지한다.

백조라 불리는 고니와 기러기 두루미 독수리 떼, 그리고 연어들은 하늘로 바다로 남북을 이으며 자유로이 왕래한다. 멧돼지와 까마귀의 공생도 보여준다. 날것처럼 보이는 그림들이 특별한 지대를 생생하게 전한다. 동식물처럼 사람도 자유로이 오가기를 기대한다.

2003년 2월 '출판 및 인쇄 진흥법'에 따라 도서정가제가 처음 시행된다. 문화 상품과 책 시장을 보호하고자 책값 과열 인하를 막고 출판사 규정 가격에 맞게 판매하라는 것이 원 뜻이다. 이전에는 책을 파는 도소매점 뜻대로 할인 폭이 정해졌지만 이제 출간 후 1년 이내 서적은 온라인 서점에 한해 10퍼센트만 할인할 수 있다. 처음 시행 때는 학습 참고서와 전집류, 출간 1년 이후 책들은 통제를 벗어났지만 2007년과 2014년에는 더 강력해진다.[5]

6월 파주출판문화도시에서 '제1회 어린이 책 한마당'이 열린다. 아시아출판문화정보센터 실내에서 도서유통 서당에 책을 넣는 출판사들의 어린이 책들을 전시했고 빈 공간과 뜨락에서는 여러 공연과 전시가 열흘 동안 진행되었다. 주관사였던 오픈키드와 서당의 한 구성원으로 옥수수밭 이랑마다 여러 그림책 원화를 전시하고 진행 관리하던 기억이 생생하다.

계간 《창비어린이》가 창간되었고 원주에서는 패랭이꽃 그림책버스 활동이 시작되었다. 8월 책읽는사회문화재단이 설립되고 문화체육관광부 소관 재단법인으로 등록된다. 순천에서는 첫 번째 기적의도서관이 개관한다.

'한국이라크반전평화팀'으로 활동한 박기범 작가는 이후 평화 활동 기록지 《어린이와 평화》(창비, 2005)를 내놓는다. 《뉴욕타임즈》는 2003년 우수 그림책으로 이호백 《도대체 그동안 무슨 일이 일어났을까?》를 선정한다.

파주 어린이 책 한마당 옥수수밭 이랑에서 전시했던 《훨훨 간다》(권정생 글, 김용철 그림, 국민서관)를 본다. 《훨훨 날아간다》였던 1993년 초판본은 절판되고 새 그림으로 나온 개정판이다. 우리 옛이야기를 권정생 님이 맛깔스런 말놀이 이야기로 풀어냈고 이를 김용철 작가가 각별하게 구수한 그림에 담았다.

《훨훨 간다》 ⓒ 권정생 김용철, 국민서관 2003

이야기 한 자락을 구해오라고 어르는 할머니 표정과 방도를 못 찾아 난감한 할아버지의 교감에는 세상 그 무엇도 녹일 만한 다정함이 들었다. 황새 몸짓 갖고 무명 한 필을 확보하는 빨간코 농부아저씨와 혼쭐나 달아나는 도둑 그림에도 익살과 풍자가 물씬하다.

이 땅에 뭣 모르고 훨훨 온 우리 인간들, 이런저런 어려움 속에서 공부하고 어른이 되고 책도 만들고 돈도 벌다 때 되면 훨훨 다시 떠나간다. 인간 세상은 허망하지만 책 세상은 오래 간다. 책 시장은 도서정가제로 보호도 받는다. 좋은 계절이면 큰 책 전시도 열리고 어린이 책 잡지도 발행된다. 어린이 책 도서관들도 새로 열리는 신나는 어린이 책 세상이다.

세상 그리기_2004

대한민국 헌정사 최초로 대통령 탄핵이 2004년 벌어진다. 3월 12일 '공정성을 잃고 특정 정당을 지지한다'는 이유로 새천년민주당과 한나라당은 노무현 대통령을 탄핵하였다. 탄핵 결정서를 헌법재판소에 제출하는 장면에는 국회 법제사법위원회 위원장 김기춘이 등장한다. 이후 수십만 시민이 촛불 시위를 벌였고 4월 17대 총선 결과 정당 정치 지형은 변화한다. 헌법재판소는 5월 14일에 탄핵 심판을 기각한다.

'정통 야당' 민주당은 10년 만에 처참하게 무너지고 민주노동당은 국회의원 10명과 스타 노회찬 의원을 낳는다. 한나라당이 합리적인 보수당으로 다시 태어날지 기대되었으나 이즈음 새로운 세력으로 등장하는 '뉴 라이트'의 영향 아래 박근혜 주도 우향우를 거듭한다.

2004년 최초 대통령 탄핵 때도 2016년 두 번째 탄핵 때도 촛불 시위는 있었는데 둘의 바람은 정반대였다. 작은 촛불 하나 들고 뭔가를 소망하는 모습과 아주 비슷한 그림《엄마 마중》(이태준 글, 김동성 그림, 소년한길 2004, 보림 2013)을 본다. 1938년 〈조선아동문학집〉에 실린 이태준의 짧은 글이 특별히 서정적인 김동성 그림으로 다시 태어났다.

《엄마 마중》 ⓒ 이태준 김동성, 소년한길 2004, 보림 2013

정류장으로 들어오는 전차 차장에게 아가는 "우리 엄마 안 와요?" 묻는다. 거듭 묻는 아가 모습은 점차 앞으로 나오며 커지고 간절해진다. "아가는 바람이 불어도 꼼짝 안 하고, 전차가 와도 다시는 묻지도 않고, 코만 새빨개져 가만히 서 있습니다."

아가의 간절함이 점차 조용하게 커진다. 아가가 가장 커진 모습에서 먹빛 눈방울과 빨간 코를 대하려니 마음이 숙연해진다. 엄마는 아직인데 하늘에서는 눈이 내린다. 수묵화 느낌으로 정갈한 그림들에 녹아들며 아가와 함께 엄마를 기다리게 된다.

오는 전차들마다 쳐다보며 아이는 엄마를 마중하고, 작은 촛불 하나 들고 광장에 서는 국민은 민주화와 평화와 통일을 마중하겠다.

정부는 다시 성장과 분배를 모두 잡기 위한 노력을 기울인다. 4월 한국고속철도 KTX가 개통하고 통일호는 폐지된다. 5월에는 서울시청 앞에 너른 광장이 만들어진다. 이곳에서 책 전시와 집회 시위가 자주 열리고 겨울엔 스케이트장이 된다.

6월 남북 경제협력 사업의 하나인 개성공업지구 즉 개성공단 준공식이 열린다. 1998년 정주영 회장 소떼 방북 때 논의를 시작해 2003년 단지 개발이 시작되었다. 남측 자본과 기술, 북측 인력이 연합된 모델이다. 12월에는 개성공단의 남북협력 첫 생산품인 리빙아트 냄비세트가 서울 롯데백화점에서 판매된다.

인터넷 미니홈페이지 싸이월드와 PDP, GPS 발달 등, IT 산업 발전은 계속되었다. 사람의 체세포를 복제한 배아 줄기 세포 배양에 성공했다는 황우석 연구 발표도 있었다. 6월 이라크 미군 군납업체 직원 김선일이 이라크 무장 괴한에게 납치당해 참수되었다. 이라크 파병 1만여 명을 결정한 노무현 정부 부담은 커지고 국민 비판도 거세진다.

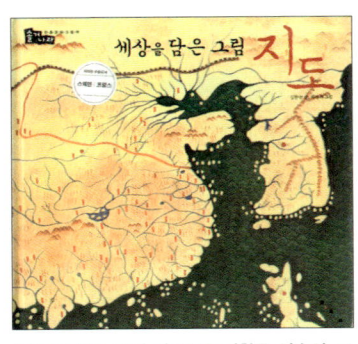

《세상을 담은 그림 지도》ⓒ 김향금 최숙희, 보림 2004

전국을 일일 생활권으로 바꾼 KTX 개통을 즐기는 마음으로 《세상을 담은 그림 지도》(김향금 글, 최숙희 그림, 보림)를 편다. 사람들은 길을 잃지 않기 위해 자기 사는 곳을 작게 줄여서 그림으로 그렸다. 동서남북 방향을 정확하게, 거리도 정확하게 줄여서 한눈에 모두 들어오게 그려야 한다.

지도가 어떤 필요로 어떤 과정을 거쳐 태어났는지 알려 준다. 생활에 필요한 정보들부터 안전 측면까지 지도의 쓰임새는 막대하다. 세상을 그대로 그려 보여주는 지도 중심에는 사람인 내가 들었다.

"지도를 보면 한눈에 모두 들어와. 이 지도에는 온 세상이 다 들어 있어. 직접 가지 않아도 세상 구경을 할 수 있지. 이 세상 한가운데 내가 있어." 지도책을 보며 KTX를 타고 개성공단에도 백두산에도 다닐 날을 기다린다.

2004년 7월 북한 이탈 주민 468명이 대한민국으로 집단 입국한다. 동남아시아를 통해 특별기로 들어왔다. 8월 한국 최초 여성 대법관 김영란이 임관한다. 아직도 '최초 여성'이란 꼬리표가 붙을 곳이 있음에 놀랍다. 김영란 대법관은 국민권익위원회 위원장 시절인 2012년 '부정청탁 및 금품 등 수수의 금지에 관한 법률'을 만든 사람이다. 쉽게 청탁금지법 또는 김영란법이라 불리는 법이다.

전년도에 국가정보원에서 수사 받던 중 구속된 송두율 교수가 2004년 8월 항소심에서 집행유예로 석방된다. 기소된 내용 중 방북 사실을 제외한 간첩 혐의 등 대부분을 무죄로 판정하여 징역 3년에 집행유예 5년을 선고받았다. 그날로 송 교수는 구속 9개월 만에 석방됐고 부인과 함께 곧 독일로 출국했다. 뮌스터 대 교수로 복귀해 사회학자로 통일 운동에 기여하리라는 기대와 응원을 받았다.

송 교수는 서울구치소에 수감된 동안 포승줄과 수갑 사용, 정신적 피해 등의 인권 침해 소송에서 2005년 일부 승소 판결을 받는다. 2008년에는 외국인이 외국에 거주하다 북한에 간 것은 국가보안법 적용 대상이 아니라는 취지로 일부 파기 환송 판결도 받는다.

《가로수 밑에 꽃다지가 피었어요》 ⓒ 이태수, 우리교육 2004, 비룡소 2014

송 교수 사건을 보며 대한민국 사회가 인권과 생명을 어떻게 대하는지 가늠하게 된다. 아직도 겨우 이 정도인가 아득하다. 작은 생명체들을 아끼는 마음으로 살핀 그림책《가로수 밑에 꽃다지가 피었어요》(글 그림 이태수, 우리교육 2004, 비룡소 2014)를 본다. 자연을 세밀화로 그려내는 이태수 작가 작품이다. 처음 나올 때는 시리즈 명이 '우리어린이 자연그림책 도시 속 생명 이야기'였고, 2014년 비룡소 출간 책에서는 '자연은 가깝다'로 바뀐다.

작가는 2001년 봄부터 초겨울까지 우리가 사는 도시 속 작은 생명들을 본 대로 그리고 글로 썼다. 한 해 내내 도시 이곳저곳의 자연 모습들이 세밀화에 담겼다. 3월 "찬바람 부는 봄날" 일산 장항동에서 시작해 12월 "새처럼 날고 싶은 날" 자유로에서 끝난다. 자연 생명체들 정보가 가득 가득이다.

물이 생명을 낳는 모습, 딱딱하고 시끄러운 도시 구석구석 작은 생명들 사는 모습, 자연이 함께 어울려 스스로 숨을 쉬는 모습 들을 그림으로 전한다. "새 한 톨, 벌레 한 톨, 사람 한 톨. 콩 심을 때 세 알 심어 나누는 마음. 함께 사는 마음"이 귀하게 다가온다.

작가는 이렇게 쓴다. "철망이 걷히는 날, 그 날이 언제일는지 새들처럼 이 땅 저 땅 날고 싶습니다." "작은 생명들이 살 수 없는 땅은 우리도 살 수 없다는 것을 보았습니다." 함부로 취급되는 생명들이 생태계에도 인간계에도 아직 많아서 아프다.

 이즈음 우리 그림책들의 볼로냐 국제어린이도서전 수상이 많아진다. 1963년부터 매년 봄 이탈리아 볼로냐에서 열리는 이 도서전은 총 네 개 분야에서 라가치 상을 수여한다. 픽션, 논픽션, 비서구권 작품 대상인 뉴호라이즌, 작가의 첫 작품이 대상인 오페라 프리마 분야다. 2004년 라가치 논픽션 우수상은 신동준《지하철은 달려온다》였고 픽션 부문 우수상은 윤미숙 조호상《팥죽 할멈과 호랑이》였다.

 세계 그림책들이 모여 전시되고 저작권 판매 계약까지 이뤄지는 장인 볼로냐 도서전은 책 시장에서 권위를 인정받는다. 1990년대부터 활발하게 발전해 온 우리 그림책 작가들과 출판사들이 도서전 문을 적극 두드린 결과 이제 세계에서도 한국 그림책의 뛰어남을 인정받게 되었다.

 서울시립대학교 디자인대학원에 일러스트레이션 전공 과정이 개설된다. 그림책 작가 양성 과정이 또 하나 생긴 것이다. 어린이 책방들이 전국에 늘어나고 기적의도서관도 연이어 설립되었다.

 《구름빵》글 그림 백희나, 빛그림 김향수, 한솔수북)을 다시 펴 본다. 비오는 날 아이들이 데려 온 구름으로 엄마는 빵을 굽고 그 빵을 먹은 아이들은 구름처럼 두둥실 떠오른다. 아침을 굶고 바삐 나간 아빠에게 구름빵을 배달하니 이 빵을 먹은 아빠도 구름처럼 두둥실 떠올라 날아서 회사에 출근한다. "구름을 바라보며 먹는 구름빵은 정말 맛있었습니다"며 책은 끝난다.

《구름빵》ⓒ 백희나, 한솔수북 2004

인형으로 주인공들과 배경들을 먼저 제작한 후 그림책을 만드는 작가는《구름빵》으로 그림책의 새 지평을 연다. 이 작품은 텔레비전 애니메이션, 캐릭터 인형, 뮤지컬 등 2차 3차 형태로 진화 발전된다.

이즈음도 책 출간 때 작가는 일정 금액 한 번만 받고 출판사에 원고를 넘기는 저작권 양도 방식으로 주로 계약했다. 책이 아무리 많이 팔리고 원작을 변형 가공하는 2차 3차 작품들이 여럿 생산되어도 원 작가는 지적 재산권을 행사할 수 없는 형편이었다.《구름빵》은 작가는 물론 책 동네 전반에 아픈 작품이 된다.

백희나 작가도 볼로냐 도서전 2005년의 일러스트레이터로 선정된다.《월간 열린어린이》2013년 1월호에 백희나 작가를 서남희 필자가 인터뷰한 글 〈인형 놀이를 전문적으로 하는 작가-백희나〉를 실었다.

호주제 폐지_2005

30만 명 이상 사망과 5만 명 실종, 169만 명 이상의 난민이 발생한 2004년 말 푸켓 쓰나미에 놀라면서 2005년이 시작됐다. 노무현 대통령은 여전히 3김에 의존하는 구체제를 극복하기 위해 한나라당에까지 연정을 제안하지만 실행되기는 어려웠고, 야당에서는 이명박이 박근혜를 추월하기 시작한다.

경제계에서는 재벌 3세 경영 시대가 시작되었다. 삼성은 각종 비리 의혹과 소송, 안기부 불법 정치 자금 제공 의혹, 지배 구조 논란까지 혹독한 시련을 겪는다. 해외에서 도피하던 대우그룹 김우중 전 회장은 6월에 자진 입국하여 기소되었다.

약진하는 민주노동당에는 좀 더 세련된 진보 노선이 요구되었지만 어려운 일이었고, 대공장 노조들과 민주노총은 이익 집단인가 진보 세력인가, 정체성을 질문 받는다. 사자가 자기 정체성을 고민하다 삽사리로 변신하는 그림책 《사자개 삽사리》(이가을 글, 곽영권 그림, 사계절)를 본다.

《사자개 삽사리》ⓒ 이가을 곽영권, 사계절 2005

사자는 자기 이빨에 목덜미를 물린 채 죽어 가던 어린 사슴의 슬픈 눈망울 때문에 더 이상 사냥이나 식육을 못하고 여러 날 굶는다. 길 가던 수행자 스님을 만나 다른 동물을 죽이지 않고도 먹을 수 있는 음식이 있음을 안다.

어떻게 하면 욕심을 버릴 수 있을까 고민하던 사자는 '자신이 무엇인가'보다 '어떻게 사는가'가 중요하다고 결정하고 결심한다. 스님 도움을 따르며 시간이 흘러 점차 개로 변신한 사자에게 스님은 말한다. "모든 것은 마음이 만드는 것…삽은 물리친다는 뜻이요, 살은 나쁜 것을 가리키니, 너는 나쁜 것을 쫓아내는 용감한 개다."

삽사리는 영리하고 용감한 개로 이 땅에서 살게 된다. 본문 속 '이야기가 밥이 되고 이야기가 잠이 되는 순간'은 무슨 뜻일까. 사자들 전쟁터 같은 정치 경제 동네에서 노조들과 민주노총은 과연 삽살(揷煞)이가 될 수 있을까 혼자 질문한다.

2005년 휴대 전화와 MP3 발달이 상당했고 DMB(Digital Multimedia Broadcasting)가 탄생한다. IT 강국은 늘 새로운 콘텐츠 개발을 필요로 했고 '한류 세대'의 이데올로기는 대한민국주의, 무기는 인터넷이었다.

IT 강국에서 환경 운동가 지율 스님은 천성산 터널 공사로 위기에 처한 도롱뇽을 살리기 위해 80일을 단식한다. 지역 개발로 생활 터전을 잃은 철거민들은 연합체를 구성하여 연대 시위에 나선다. 핵 폐기장 건설에 반대하는 부안 지역민 공동체는 자치 천국을 꿈꾸기도 한다. 미군 부대가 이전할 평택 대추리에서는 땅을 지키기 위해 천막에서 겨울을 나는 이들이 있었다.

《논고랑 기어가기》ⓒ 이춘희 박철민, 사파리 2005

《논고랑 기어가기》(이춘희 글, 박철민 그림, 임재해 감수, 사파리)를 본다. '잃어버린 자투리 문화를 찾아서' 기획된 '국시꼬랭이 동네' 책이다. 국시꼬랭이는 밀가루 반죽으로 국수를 만들 때 끄트머리를 잘라 낸 자투리를 말한단다. 우리 문화에는 어떤 자투리 꼬랭이들이 있나.

"옷을 홀딱 벗고 논고랑을 기면 부스럼이 없어진대." 추석 전날 부스럼 때문에 송편 빚는 자리에서 쫓겨난 기동이와 친구들은 논고랑을 기어 다니며 진흙 놀이로 즐겁다. "난 인디언 추장이다!" "난 진흙도깨비!" 개펄 마사지이자 머드팩인 셈이다.

한가위 전날 밤 진도에서 있었던 옛 풍습 이야기다. 올벼를 베어낸 논고랑에서 발가벗고 기면 개펄 간척지인 진도 논흙의 기름기와 끈기가 부스럼을 낫게 한단다. 땅도 자극을 받고 힘이 북돋워지니 농사에도 이롭다.

천성산이나 부안이나 평택 대추리 등 우리 산과 흙과 밭에서 그저 몸뚱이 하나로 버티는 이들에게도 깊은 땅 힘이 전해지면 좋겠다.

이즈음 북한과 소통은 계속되지만 핵 검증은 난망했고, 광복 60돌 통합 음악회도 실패한다. 금강산 관광으로 연계해 민족 경제 공동체를 구성하자는 바람은 요원해 보였다. 한일 관계에서는 이중징용 피해의 처절함을 드러내는 사할린과 교토 외곽 우토로 마을 주거권 문제가 대두되고 1965년 한일협정의 한계가 다시 드러났다. 6월에 경상북도 의회는 매년 10월을 독도의 달로 제정한다.

2013년에 인간 체세포를 이용한 배아 줄기 세포 배양에 성공했다는 논문을 《사이언스》에 발표하며 이목을 끈 황우석 서울대 교수는 여러 문제 제기를 받던 끝에 12월 기자 회견을 갖는다. '줄기 세포 없이 논문을 썼다'는 내용이었다. 생명 윤리가 참담하게 짓밟혔는데 정부 관계자들의 맹신과 태만까지 한몫 거든 셈이다. 한동안 한국 사회를 풍미했던 과학 신화는 누더기가 되어 버렸다.

《늦어도 괜찮아 막내 황조롱이야》 ⓒ 이태수, 우리교육 2005, 비룡소 2014

《늦어도 괜찮아 막내 황조롱이야》(글 그림 이태수, 우리교육 2005, 비룡소 2014)를 본다. 아파트 18층에 걸쳐진 화분 받침대를 나뭇가지로 꽉 메우고 황조롱이가 둥지를 튼다. 언니 알들보다 닷새나 늦게 나온 넷째 막내 알, 알에서 깨어 나오는 것도 겨우 한 달 쯤 만이다.

엄마 아빠가 물어다 주는 먹이를 한 달 쯤 받아먹고 커서 이제 언니들처럼 날 수 있겠는데 그저 무섭기만 하다. "조금 늦어도 괜찮아" 하는 엄마. "늦지 않았어. 너도 날 거야. 날갯짓을 해. 넓은 하늘을 봐" 하는 아빠. 떨리며 무섭고 곤두박질칠 것만 같았지만 "한 발짝 내딛었어. 순간 날았어. 나는 날았어. 넓은 하늘을 날았어."

세밀화에 자연을 담는 이태수 작가는 황조롱이 가족을 여러 달 관찰한 후 깃털을 제대로 그리고 싶어 무뎌진 펜촉을 서른 번쯤 갈아 끼우며 작업했다. 맹금류의 날카로움과 깃털의 섬세함을 생생하게 표현하는 데 일 년 걸렸단다.

얼른 사이좋게 진행되면 좋겠는 현실 관계들은 더디기만 하다. 늦더라도 확실하게 가면 좋겠는 일은 서두르다가 신뢰를 잃기 일쑤이다. 되돌아보며 한 번 더 중얼거려본다. '늦어도 괜찮아 막내야.'

2005년 1월, 한국 공룡 '천 년 부경용'이 클리블랜드 자연사박물관의 세계공룡목록에 등재된다. 우리 공룡으로는 두 번째이고 우리말 이름으로는 처음 실렸다. 2월에는 헌법재판소가 호주제에 대해 헌법 불합치를 선고한다.

3월 기적의도서관이 순천 진해에 이어 제천에 개관하면서 7개가 된다. 충남 금산, 인천 부평에도 이어서 개관되고 4월에는 '기적의도서관 전국협의회'가 발족한다. 기적의도서관들은 어린이 전용 도서관이거나 어린이 도서관을 포함한다. 2019년 12월 현재는 14개 관 운영이고 인제 도서관이 2021년 개관 예정이다.

우리 그림책들이 여러 도서전에서 진가를 발휘하며 수상 소식을 계속 알렸다. 볼로냐 국제어린이도서전에서는 올해의 일러스트레이터로 여러 작가 작품이 선정되었다. 픽션 부문에서 박철민《육촌형》백희나《구름빵》이수지《동물원》이, 논픽션 부문에서 한성옥 김서정《나의 사직동》과 최숙희 김향금의《세상을 담은 그림 지도》가 선정되었다. 브라티슬라바 일러스트레이터 비엔날레인 BIB에서는 한병호 작품인《새가 되고 싶어》가 최고상인 황금사과상을 받는다.

한국일러스트레이션학교 HILLS가 개설되고 파주 헤이리에서는 일산 동화나라가 외연을 확장해 '어린이책예술센터'로 개관한다. 독일에서는 프랑크푸르트 도서전을 한국이 주빈국으로 운영하면서 '한국 그림책 100'도 전시한다.

호주제 폐지를 생각하며《우리는 벌거숭이 화가》(문승연 글, 이수지 그림, 길벗어린이)를 본다. 그림 그리다가 환상 세계에서 놀이를 이어가는 남

《우리는 벌거숭이 화가》 ⓒ 문승연 이수지, 길벗어린이 2005

매가 귀엽다. 누나 진이는 얼룩 고양이고 동생 훈이는 인디언 추장이다. "내 배에 배가 떠 있네" 하는 훈이. 진이 배에는 빛나는 별이 가득하다. 용감한 추장과 얼룩 고양이는 뱀 많은 섬도 무섭지 않다. 이들은 파란 물감으로 바다와 배를 만들고 달님 별님 모두 만나면서 머나먼 정글 숲까지 여행을 떠난다.

목욕 하자고 부르는 엄마 소리에 달려간 이들은 "더러운 사람만 목욕"할 수 있다며 엄마까지 환상 세계로 이끈다. 수채화 풍의 가볍고 투명한 색들이 아이들 환상을 아름답게 꾸민다. 우리 그림책들이 더욱 넓은 세계에서 환상 놀이를 계속하기 바란다.

행복이란_2006

국가란 무엇인가 물으면서 시작되는 2006년이다. 유신 통치가 시작된 1972년부터 전국에서 암송된 '국기에 대한 맹세'가 나치 파시즘의 영향이라는 주장도 있으니 이를 다시 생각해 보자는 제안이 나온다. 수정 제안자로 언론에 이름이 남은 사람은 유시민 당시 보건복지부 장관이다. 결국 맹세 본문 중 일부 표현이 수정된다.[6]

5월 서울 용산 미군기지 이전 예정지인 평택 대추리에서 철조망 설치를 막던 대학생이 경찰과 충돌해 다치는 사고가 난다. 이후 경찰,

군인과 충돌한 시위대 105명이 다치고 524명이 연행되는 사태가 벌어지고 만다. '대추리를 평화촌으로' 만들자는 노력은 이제 무색해졌다. 대추리 논밭에 둘린 철조망들을 경찰이 지키고 주민들은 바람에 나부끼는 깃발을 들고 마을과 들판을 지난다.

《준치 가시》(백석 시, 김세현 그림, 창비)를 본다. 1957년에 발표된 어린이들을 위한 백석 동화 시집 《집게네 네 형제》에 실린 열두 편 시 중 하나다. 청어과에 속하고 전어와 비슷한 준치는 맛은 좋지만 가시가 너무 많아 식탁에선 꺼려지는 어종이다.

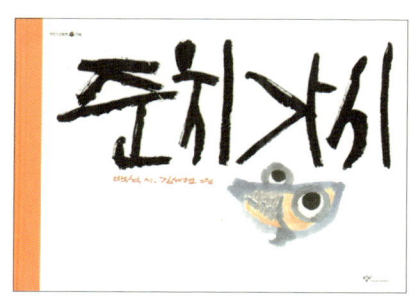

《준치 가시》ⓒ 백석 김세현, 창비 2006

애초 몸에 가시가 없던 준치는 가시 많은 다른 물고기 친구들한테 가시 하나씩만 꽂아 달라 부탁한다. 친구들이 너무 많은 가시를 주기에 이 '염치 있는 고기'는 달아나는데 그만 꼬리에까지 가시가 많이 꽂히게 된다.

"준치를 먹을 때엔 나물지 말자. 가시가 많다고 나물지 말자. 크고 작은 고기들의 아름다운 마음인 준치 가시를 나물지 말자." 시 그림책은 이렇게 끝난다. 모든 생명체들의 모양과 성질대로 받아들이자는 권유가 노래 같은 시 속에 들었다.

눈동자를 떼룩거리며 이리저리 헤엄치는 준치는 아이처럼 사랑스럽다. 책 전체를 흐르는 청보라 빛깔 바다와 물풀과 물고기들은 따뜻하면서도 시원하고 소박하면서도 세련되었다. 나눔과 놀이를 즐기는 해학이 느껴진다.

우리 서해 어종이라는 준치가 지금도 대추리 옆 바다에서 노닐고 있을까. '대추리 평화촌'을 위해 주민들이 꽂았던 깃발은 지금은 어디서 휘날리고 있을까.

2월 노무현 정부는 미국과의 자유무역협정 FTA를 본격 추진하려고 많은 반대에도 불구하고 미국 측 요구인 4대 선결 조건을 수용한다. 미국산 쇠고기 수입 재개, 배출 가스 강화 기준 2009년까지 철폐, 스크린 쿼터 축소, 약값 재평가 제도 철폐가 4대 선결 조건이었다. 그동안 국익 우선론을 앞세우던 정부 교섭단이 갑작스레 입장을 바꾸었고 국민의 이해나 동의를 얻기는 어려웠다.

5월 지방선거에서 여당인 열린우리당은 패배했고 서울시장에는 오세훈이 당선되어 학교 무상 급식 범위에 관한 논쟁을 시작한다. 10월 반기문 장관이 유엔 사무총장으로 선출되고 tvN 방송이 개국한다.

포털 사이트를 통한 인터넷 사용이 광범위해지면서 데이터베이스 확보가 더욱 중요해지고 단점들도 드러나게 된다. 이즈음 고음질 오디오 압축 기술의 하나인 MP3(Moving Picture Experts Group layer 3) 기능을 넘어서는 아이리버 제품이 나오고 이어서 전자 책 분야도 개발된다.

FTA 때문에 온 나라가 힘들었던 때를 떠올리며 《할머니 집에서》(이영득 글, 김동수 그림, 보림)를 편다. 농촌, 농사, 할머니, 어린이가 등장하는 풋풋한 그림일기 같은 책이다. 농촌 모습이 생생하다. 귀여운 그림들에 미소 짓는다.

'내 감자가 생겼어요'라며 자주색 꽃 핀 감자에 집중하는 솔이는 상구가 만드는 '또글또글 망개 목걸이'에 행복하다. 농사는 가랑비랑 이슬, 뙤약볕과 함께 짓는 거란다. 촌에서 맡은 땅 냄새는 두고두고 힘이 되니 촌뜨기라는 말은 쓰지 말아야 한단다.

할머니가 가꾸는 것들은 할머니 말을 다 알아 듣는다 하신다. 호박한테도 뽑히기 싫으

《할머니 집에서》ⓒ 이영득 김동수, 보림 2006

면 어서 암꽃을 피워 호박 맺으라고 겁을 주는 할머니는 멋지다. 이후 FTA 등으로 솔이 할머니도 농사에 타격을 입으셨을 테니 걱정이다.

이 무렵 대형 아울렛outlet 상점들이 많아지면서 소비 양태가 달라진다. 아울렛은 애초 가공품 생산 공장의 과잉 물품이나 재고품을 판매하는 직영점을 뜻했는데 점차 대형 상점 이름으로 쓰인다. 대형 매장으로 상품이 많고 백화점보다 할인율이 높은 데다 중저가품들이 많은 마트mart[7]도 일반화한다. 가족 단위 구매자들은 아울렛과 마트를 점차 많이 이용한다.

전년도에 호주제가 폐지되었고 2006년 3월《한겨레21》여론조사에서는 남성 68.7%가 여성 할당제를 찬성하는 것으로 나타난다. 남성 중심 사회 정치 구조에서 일정 인원을 여성에게 배분하는 법률 및 정부 규제가 여성 할당제이다. 여성 고용 할당제, 젠더 쿼터 시스템gender quota system이라고도 한다.

여론조사에서는 아버지처럼 살지 않겠다, 남성성의 감옥 거부, 이런 항목도 눈에 띈다. 오래 가부장제의 표상이었던 남성 아버지 이미지는 이제 퇴색하는 걸까.

《행복한 우리 가족》ⓒ 한성옥, 문학동네 2006

호주제 가부장제 마트 이런 단어들을 곱씹으며 《행복한 우리 가족》(한성옥 지음, 문학동네)을 편다. 책을 덮을 때면 부끄럽고 민망한 마음이 든다. 책 표지, 제목 정 가운데 금지 표시 그림도 그려졌다. 표지를 열면 면지에서 바로 뻥 하고 폭탄이 터진다. 책 열지 말라는 것인지 못 연다는 것인지 걱정 충만이다.

엘리베이터 잡고 있기, 쓰레기 불법 투기, 불법 유턴, 과속, 마트 계산대 얌체 짓, 운전 중 통화, 전시품 앞 사진 찍기, 전시물 만지기, 전시장에서 뛰어다니기, 출입 금지 잔디밭 안에서 음식 먹기, 장애인 칸 주차. 마지막엔 SNS에 사진 올리며 적는 말, "우리 사진 정말 잘 나왔죠?"

부끄럽고 미안하다. 제목에 있는 '행복한 우리' 단어가 새삼 곱씹힌다. 책 안에 든 장면들 중 몇몇은 누구나 했음 직한 행동들이다. 자기 행복을 생각할 때 옆 사람의 불행도 함께 상상하기는 불가능할까.

2006년 11월 국사편찬위원회가 주관하는 한국사능력검정시험이 처음 시행된다. 당락을 결정하는 선발 시험이 아니라 학습 능력을 인증하는 시험이다. 공무원이나 교사, 전문연구요원이 될 때나 공공기관에 입사할 때 한국사 등급이 필요하다.

12월에는 '동물 실험에 대한 법률 제정안'이 국회를 통과한다. 한국은 연간 실험 동물 약 4백만 마리가 과학 실험 대상으로 사용되는데 실험 안전성이나 윤리성이 적절히 이루어지지 않는다. 불필요한 동물 실험을 줄이고, 지나친 고통을 유발하는 실험을 금지하자는 법안이 제안되고 통과된다.[8]

원자력 발전과 방사능에 따른 환경 문제들도 심각해지는 때였다. 볼로냐 국제어린이도서전에서는 고경숙 작품 《마법에 걸린 병》(재미마주)이 라가치 상을 수상한다.

동물 실험 문제를 생각하며 《세밀화로 보는 호랑나비 한살이》(글 그림 권혁도, 길벗어린이)를 편다. 오랜 세월 곤충 세계를 세밀화로 그리는 권혁도 작가가 우리나라 대표 나비인 호랑나비의 변화무쌍한 한살이를 꼼꼼한 글과 그림으로 소개한다. 호랑나비가 이 정도로 치열하게 생명 유지에 애써야 하는지 놀랍고 측은하다.

《세밀화로 보는 호랑나비 한살이》 ⓒ 권혁도, 길벗어린이 2006

호랑나비는 한 번의 짝짓기로 몸 안의 알 모두를 수정시킨다. 이후 나뭇잎 이곳저곳을 옮겨 다니며 알 하나씩을 낳는다. 백여 개 알을 나무 이파리들 곳곳에 숨겨놓는데 여기서 알을 깨고 애벌레로 나오는 애들은 열 마리쯤이다. 이 애벌레들은 허물 벗고 바꾸기를 네 번이나 한 후에야 번데기가 된다.

번데기는 다시 무진 애써 해탈해야 가벼운 호랑나비가 될 수 있다. 애벌레 열 중 두셋만이 겨우 호랑나비로 힘껏 난다. 모든 곤충과 동물과 사람까지도 이렇게 험난한 과정을 거쳐 한 생명체로 존재하겠다. 치열한 살아 있음에 경이롭고 감사하다.

참 바쁜 한 해_2007

이제 끝나가는 노무현 시대는 진보 정당과 민주노총의 조직화, 북한 개방 면에서 공을 인정받는다. 개인적인 방식으로 정국을 운영했다는 점에서는 비판받는다. 노 대통령은 연초에 대통령 4년 연임제 개정을 제안하기도 했지만 이를 현실에서 진행할 동력은 갖지 못했다. 4월에 타결된 한미 FTA에 대한 계속되는 반론, 제주도 군사 요새화 의혹, 용산 미군기지 이전에서 미군 입장 우선 적용 등이 드러나면서 미국 위주 정책들이었다는 비판이 계속됐다.

대통령 선거를 앞두고 여당은 손학규, 정운찬 후보 등의 자중지란으로 정동영 혼자 약세 대통령 후보로 남고 한나라당에선 한동안 이명박 대 이회창 흐름을 보인다. BBK를 둘러싼 이명박과 김경준의 질긴 인연이 다시 드러났지만 대통령 선거는 싱겁게 진행되었고 이른바 CEO 대통령 이명박이 당선된다.

10.26 삼성 전 법무팀장 김용철 변호사는 삼성그룹이 비자금 조성, 뇌물 제공으로 검찰 관리 등 광범위한 불법을 저질렀다고 폭로하고 자신도 이에 가담했다고 양심 고백한다. 삼성 비자금 스캔들은 특검

으로 이어지고 삼성에버랜드 지분을 통해 그룹 지배권을 장악한 이재용 당시 전무의 경영권 승계가 타당한지 사회 문제로 떠오른다.

시사 주간지 《시사IN》이 창간된다. 1989년부터 지식인들에게 인정받던 《시사저널》에서는 삼성 관련 기사 부당 삭제 건으로 노동조합 기자들이 오래 파업했다. 그간 《시사저널》에서 열심히 활동해 대표 논객으로 인정받은 기자들이 동반 이직해 새로 만든 잡지가 《시사IN》이다. 이 잡지는 이후 진보 언론의 대표 중 하나로 유지된다.

삼성그룹의 불법 자금 폭로와 CEO 대통령의 공약空約 들을 되짚으며 《망태 할아버지가 온다》(박연철 글 그림, 시공주니어)를 본다. 우선은 거짓말이 주제인 이 그림책은 그림과 서사가 매우 독특하다. 아이가 하는 짓이 마음에 안 들 때마다 망태 할아버지한테 잡아가라 한다고 겁을 주던 엄마가, 거짓말을 너무 자주 한 때문인지 어느 날 밤 망태 할아버지한테 잡혀 갔다 오더니 착해진다.

《망태 할아버지가 온다》ⓒ 박연철, 시공주니어 2007

거짓말 하면 망태 할아버지한테 잡혀 간다는 단순 논리로 해석되지 않는 여러 장면들이 보인다. 엄마가 말하는 망태 할아버지는 아이들 입을 꿰매 버리고 새장 속에 가둬 버리고 올빼미로 만들어 버린다고 한다! 자유분방한 아이들은 잡혀간 후 조금씩 변모하다가 등에 O표를 찍힌 획일화된 인조 인간처럼 변하는 그림도 있다.

"이 세상 모든 나쁜 아이들을 잡아다 얌전하고 말 잘 듣는 착한 아이로 만들어 돌려보낸대." 이것이 작가의 진정한 의도라면 무서운 책이다. 내용이 오묘하고 그림도 서늘하다.《월간 열린어린이》2007년 7월호에 실린 이지호의 〈망태 할아버지는 왜 왔을까〉에서는 이 그림책을 수준 높은 환상 그림책으로 보면서 길게 논평했다.

정치와 경제 사회 영역에서 거짓말 하는 사람들을 많이 본다. 이들 모두 망태 할아버지한테 잡혀 간다면 그 잡혀갈 곳이 너무 비좁아 터지지 않을까 걱정이다.

노무현 정부는 개방 의지를 보이는 북한과 정상회담 개최 노력을 계속 기울인 결과 대통령 선거를 두 달 앞둔 시점에 평양 남북 정상회담 개최를 성사시킨다. 이 회담에서 노무현 김정일 두 정상은 서해가 평화 경제 시대의 입구이자 한반도의 미래라는 데 동의하면서, '서해평화협력특별지대'를 중요하게 거론한다. NLL 관련한 이 논의[9]가 5년 뒤인 2012년 18대 대선 정국에서 왜곡 전달되며 뜨거운 감자가 된다.

2007년 1월 이중간첩 혐의 이수근 사건이 '진실화해를 위한 과거사정리위원회'를 통해 다시 드러난다. 김일성 수행기자 출신 이수근은 북한에서 승승장구하다가 자유분방한 성격으로 남한을 선택한다. 1967년 판문점에서 UN군 대표 승용차에 뛰어들어 귀순한다. 그를 정치적으로 이용하려는 박정희 정권과 중앙정보부의 감시와 마찰 속에 2년 만인 1969년 1월 동남아시아로 탈출하려다 체포돼 한국으로 강제 압송됐다.

바로 그 해 5월 이수근은 국가보안법과 반공법 위반 혐의로 사형을 선고받고 7월에 사형이 집행됐다. 2007년 1월 과거사 정리위원회는 이수근 사건이 중앙정보부의 조작이었고 비인도적 반민주적 인권 유린 사건이었다고 정리한 보고서[10]를 낸다.

독도를 욕심내는 일본 시네마 현은 2월, 자신들이 2년 전 정한 '다케시마의 날' 행사에서 한국은 독도를 불법 점거한 현행범이라는 망언을 낸다. 한반도를 계속 침탈해 온 일본의 만행들과 일제 강점부터 심하게 꼬인 한국 현대사를 다시 떠올린다.

서해 NLL과 독도를 생각하다가 《우리 독도에서 온 편지》(윤문영 글 그림, 신용하 감수, 계수나무)를 편다. 우리 역사와 사회 문제를 그림책으로 만드는 윤문영 작가 작품이다. 독도 경비대원인 삼촌이 어린 조카에게 편지로 독도의 역사와 현재 모습들을

《우리 독도에서 온 편지》ⓒ 윤문영, 계수나무 2007

다감하게 전하는 형식이다. 가장 빠른 일출, 토종 삽살개와 봄맞이, 야생초와 새들의 천국, 멸종 동물 강치, 철새인 괭이갈매기 들이 독도를 상징한다고 삼촌은 전한다.

그림책을 감수한 신용하 선생이 설명하는 독도 역사도 귀하다. "독도는 아득한 옛날, 서기 512년부터 우리…고유 영토입니다. 그런데 일본이 해적 행동을 할 때인 1905년에…독도를 한국 사람들과 한국 정부 몰래 빼앗았다가 1946년 연합국의 결정에 의해 원주인인 한국에 돌려준 일이 있었습니다. 최근…떼를 쓰고 있습니다."

'푸른 독도 가꾸기 모임'과 푸른 비둘기 이야기도 있다. 결국 남북관계, NLL 논란, 간첩 문제, 독도 시비의 근원은 대부분 일제의 한반도 강점에 가 닿는다.

6월 유엔 인종차별 철폐위원회는 한국 사회에 다민족 성격을 인정하고 단일 민족국가 이미지를 극복할 것을 권고한다. 유엔 인종차별 철폐위원회는 '모든 형태의 인종 차별 철폐에 관한 국제 협약'[11]에 의해 창설된 유엔 산하 인권 기구이다.

한국 사회에 많이 발생하는 외국인 여성 배우자 문제와 이주 노동자 문제 관련해 27개 항의 결과 보고서를 발표했다.[12] '다민족 국가 대한민국'을 인정하라는 권고인 것이다.

2007년 일본 우토로 지역 주거권 문제가 방송 프로그램 등을 통해 크게 떠오른다. 제2차 세계대전 중 교토 우지시 우토로에 군 비행장 건설을 위해 동원되거나 모여든 1300여 명 조선인들이 집단 거주하면서 생겨난 마을이다. 주민 모르는 사이 체결된 토지 매매 계약 때문에 강제 퇴거 위기에 처해 2005년부터 한일 양국 시민 단체가 나서 모금 활동을 벌였다. 2007년 한국 정부도 토지 매입을 위해 30억 원 지원을 결정하면서 주민들은 강제 퇴거 고비를 넘긴다.

이즈음 중국 언론들이 고조선을 정식 역사로 편입한 한국에 비판 입장을 밝히며 비난하는 기사들을 쓴다. 동북공정을 지지하는 중국 언론들의 입장 표명이다. 중국 동북3성의 역사 연구 프로젝트 동북공정[13]은 1998년경부터 본격 추진되었다. 2004년 동북공정 사무처가 인터넷에 연구 내용을 공개하면서 한국-중국 간 외교문제로 비화하였다. 한국도 고구려사연구재단을 발족해 중국의 역사 왜곡에 대처한다.

창비 우리시그림책 《여우난골족》 (백석 시, 홍성찬 풀어 쓰고 그림, 창비)이 출간되었다. 1935년에 잡지 《조광》에 처음 발표된 백석의 시가 홍성찬 작가 그림을 입고 다시 태어났다. 평안북도 정주가 고향인 백석이 마음으로 만들어 낸 '여우가 난 마을'에 일가친척이 모여 명절을 보내는 정취가 듬뿍하다.

《여우난골족》 ⓒ 백석 홍성찬, 창비 2007

저녁숟가락 놓은 아이들이 밖으로 나가 노는 모습들이 기쁘고 발랄하고 자유롭고 충만하다. 쥐잡이 숨바꼭질 꼬리잡이, 가마타고 시집가는 놀이, 말 타고 장가가는 놀이로 밤이 어둡도록 떠들썩하게 논다. "무이징게국을 끓이는 맛있는 내음새가 올라오도록" 아이들이 잠자는 아침, 눈 내리는 뜨락에서는 강아지들이 뛰논다.

모두 한 가족이다. 평안도 시어들과 풍취를 실감나게 그림책에 담기 위해 기획자들이 연변에 직접 가서 작업했단다. 남쪽에선 일본 우토로 마을의 주거권 문제가, 북쪽에선 동북공정의 역사 왜곡이, 대한민국에선 결혼과 이주 노동자 인권 문제들이 마음을 때린다. 사람 사는 데 가장 중요한 건 뭘까.

제주를 군사 요새화한다는 비판이 계속 들리더니 2007년 5월 결국 서귀포시 강정마을에 해군 기지 건설이 결정된다. 제주는 아름다운 천연의 섬이자 우리 역사 속에서는 일본 군과 몽골 군에 짓밟힌 귀양지이고 4.3 등 참극이 일어난 천형의 섬이다.

제주를 아끼는 이들의 마음이 시끄러운 중에 6월에는 제주도 유네스코 세계자연유산 등재 소식이 들려온다. 이런저런 제주 개발 소식들과 그에 반대하는 보호 보존 염원들이 어떻게 자리 잡을지 염려된다. 이즈음 서울시청과 동대문운동장의 변신이 결정된다. 종교인 과세는 대체 언제쯤 실행될지 아득하면서도 필요성만 거듭 제기된다.

연초에는 이른바 석궁 사건도 있었다. 1995년 성균관대학 측의 입시 문제 오류를 지적했다가 이듬해 재임용에서 탈락한 뒤 복직을 요청하던 김명호 교수가 항소 기각에 저항하며 벌인 사건이다. 인권과 교권, 사법권 등 여러 권리들이 얽히며 충돌해 벌어진 사건으로 이후 영화 등 여러 미디어 매체들에 등장한다.

브라티슬라바 일러스트 비엔날레 BIB에서 김재홍 작가의 《영이의 비닐우산》(윤동재 시, 창비)이 어린이 심사위원상을 받는다. 5.17에는 대한민국의 아동 문학가 권정생 님이 오랜 숙환으로 애쓰시다 세상을 떠난다. 6월에는 미국 애플 사에서 아이폰 첫 모델을 출시하고 뉴스 백화점인 포털들이 점차 권위를 갖추며 성장한다.

제주 자연 유산들과 서울시청 등 오래된 건축물들을 떠올리며 《동에 번쩍》(유다정 글, 권문희 그림, 임재해 감수, 사파리)을 본다. 우리 전통 건축 양식인 기와를 만들기 위해 혼신의 노력을 기울이는 기와장이 이야기로 '꾼.장이' 시리즈 한 권이다.

병들어 누운 기와장이 아저씨를 도깨비 기와 '동에 번쩍'이 "알라미 깔라미 또깔라리!" 주문을 외며 낫게 한다. 기와 만드는 모든 과정을 재미있게 노래하듯 일러준다. "고맙고 고마운 우리 아저씨"는 "동쪽에서 해가 뜨는 걸 가장 먼저 볼 테니까 '동에번쩍'이"라고 기와 이름을 지었다.

《동에 번쩍》ⓒ 유다정 권문희, 사파리 2007

기와는 지붕을 덮어 눈과 빗물 침수를 막는다. 습기로 인한 목재 부패를 방지하면서 건물 외관도 장식한다. 기와는 내구성이 뛰어나 궁궐이나 사찰, 옛 건축물들에서 현재까지 수천 년 동안 유지된다.

'동에 번쩍'은 기와 앉히기가 끝날 때 마지막으로 악귀를 물리치기 위해 모퉁이에 얹는 귀면 기와 즉 도깨비 기와다. 이 도깨비 같은 '동에 번쩍'이 제주의 자연 유산들과 서울시청 등 오래된 건축물까지 지켜 주면 좋겠다.

연도	책 이름	그림 작가	글 작가 등	출판사
2000	동강의 아이들	김재홍	김재홍	길벗어린이
	도대체 그 동안 무슨 일이 일어났을까?	이호백	이호백	재미마주
	토끼와 늑대와 호랑이와 담이와	한병호	채인선	시공주니어
	누구 그림자일까?	최숙희	최숙희	보림
2001	메아리	김동성	이주홍	길벗어린이
	나비를 잡는 아버지	김환영	현덕	길벗어린이
	생각만해도 깜짝벌레는 정말 잘 놀라	권윤덕	권윤덕	재미마주
	사물놀이 이야기	곽영권	김동원	사계절
2002	백구	권문희	김민기 노래	사계절
	신기한 그림족자	이영경	이영경	비룡소

연도	제목	그림	글	출판사
2003	우리 엄마, 어디 있어요?	이동진	이동진	산하
	감기 걸린 날	김동수	김동수	보림
	나의 사직동	한성옥	한성옥 김서정	보림
	고향으로	김재홍	김은하	길벗어린이
	통일의 싹이 자라는 숲	박재철	전영재	마루벌
	훨훨 간다	김용철	권정생	국민서관
2004	엄마 마중	김동성	이태준	소년한길 2013 보림
	세상을 담은 그림 지도	최숙희	김향금	보림
	가로수 밑에 꽃다지가 피었어요	이태수	이태수	우리교육 2014 비룡소
	구름빵	백희나	김향수 빛그림	한솔수북
2005	사자개 삽사리	곽영권	이가을	사계절
	논고랑 기어가기	박철민	이춘희 글 임재해 감수	사파리
	늦어도 괜찮아 막내 황조롱이야	이태수	이태수	우리교육 2014 비룡소
	우리는 벌거숭이 화가	이수지	문승연	길벗어린이
2006	준치 가시	김세현	백석	창비
	할머니 집에서	김동수	이영득	보림
	행복한 우리 가족	한성옥	한성옥	문학동네
	세밀화로 보는 호랑나비 한살이	권혁도	권혁도	길벗어린이
2007	망태 할아버지가 온다	박연철	박연철	시공주니어
	우리 독도에서 온 편지	윤문영	윤문영 글 신용하 감수	계수나무
	여우난골족	홍성찬	백석 시	창비
	동에 번쩍	권문희	유다정 글 임재해 감수	사파리

주 모음

1. [부가 가치 통신] 고도의 통신 처리 기능으로 부가 가치를 높여 서비스를 제공하는 통신. 부가 가치 통신망(VAN)은 전화 또는 텔렉스 기능을 첨가한 데이터 통신망을 지칭. 정보통신용어사전 참조
2. 정연, 진실화해위 "보도연맹원 4천934명 희생 확인", SBS 20091126
3. "KBS교향악단 20일 평양서 첫 연주회" 《연합뉴스》 20020919
4. 조원경 〈처연한 갈망을 담아 갯벌로 고향으로〉 《월간 열린어린이》 200308
5. [도서정가제] 2007년 10월 20일부터 시행된 출판문화산업진흥법은 발간된 지 18개월 이내 서적을 신간으로 함. 신간 10% 할인을 오프라인 서점에서도 허용. 2014년 11월에는 모든 도서를 정가의 10%까지만 할인 가능하도록 개정. 간접 할인 5%, 최대 15% 할인으로 제한. [네이버 지식백과]
6. 1972년 제정 본문 : 나는 [자랑스런] 태극기 앞에 [조국과 민족의] 무궁한 영광을 위하여 [몸과 마음을 바쳐] 충성을 다 할 것을 굳게 다짐합니다. / 2007년 수정 : (1) [자랑스런] => [자랑스러운]으로 맞춤법 교정 (2) [조국과 민족의] => [자유롭고 정의로운 대한민국의]로 수정 (3) [몸과 마음을 바쳐] 삭제
7. [마트] 네덜란드어 마켓 markt의 옛말 다른 이름. 영국에서는 마트가 마켓보다 옛말이고 미국에서는 마트가 마켓보다 큰 상점을 가리킴
8. 발의자는 신상진 의원, 제안 이유는 "동물 실험에 기본적으로 필요한 원칙과 실험 동물의 적절한 관리에 필요한 사항 및 감독 절차 등에 관한 최소한의 규정을 마련하여 무분별한 동물 실험을 억제하고 실험 동물의 복지와 생명 과학 연구의 신뢰성 확보"
9. [2007년 NLL 관련 논의] 이승만의 북진 공격을 두려워한 UNC는 남측 해군력의 북진 한계를 내부적으로 규제할 필요성에 북방 한계선(NLL: Northern Limited Line)을 그음. Clark UNC 총사령관은 1953년 8월 30일 일방적으로 NLL을 해군에만 전달하고 북측에 정식 통고하지 않음. 즉 NLL은 무력 충돌 가능성의 방지를 위해, 한미 해공군의 초계 활동을 한정하는 선. NLL 선포를 북측에 통보 안 했다는 사실, NLL 월선은 정전 협정 위반과 무관하다는 주장이 1999년 6월 서해 교전 이후 우리 사회에 보도됨. 2007에 논의한 내용 : 한반도 평화통일 때까지 잠정적 해결책으로 NLL을 남북 공동 어로 구역으로 설정, 서해5도 해양 평화 공원, 평화의 섬, 평화 수역화 복합 공원, 중국-강화도-서해5도를 잇는 해양 경제 벨트, 국제 평화 해역 조성으로 '서해 평화협력특별지대' 구축이 최선의 방안. 이장희 교수 기고 〈NLL이란 무엇이며, 그 역사적 성립 배경은?〉 《서울의소리》 20121021
10. [2007년 이중간첩 혐의 이수근 사건] 보고서는 귀순자의 생명권을 박탈한 비인도적 반민주적 인권유린 사건"이라고 규정. 2008년 12월 서울고법은 재심에서 무죄를 선고. 법원이 40년 만에 '이수근 위장 간첩 사건'이 국가에 의한 사법 살인이었음을 인정. 장윤선 〈'중정, '이중간첩 이수근 사건' 조작' 38년 만에 드러난 진실〉 《오마이뉴스》 20070116
11. [2007년 모든 형태의 인종차별 철폐에 관한 국제협약] (International Convention on the Elimination of All Forms of Racial Discrimination) 1965년 12월 유엔 총회에서 채택, 1969년 1월 발효된 유엔 협약. 2007년 3월 현재 173개 국 가입, 한국은 1978년 12월 가입. 협약에서 인종차별이란 "인종, 피부색, 가문 또는 민족이나 종족의 기원을 둔 어떠한 구별, 배척, 제한 또는 우선권을 말하며 이는 정치, 경제, 사회, 문화 또는 기타 어떠한 공공 생활 분야에서든 평등하게 인권과 기본적 자유의 인정, 향유 또는 행사를 무효화시키거나 침해하는 목적 또는 효과를 가지고 있는 경우"를 가리킴(제1조). [위키백과]
12. 〈유엔 인종 차별 금지 위원회의 권고문〉 [국사편찬위원회] 자료
13. [동북공정] 정식 명칭은 동북변강역사여현상계열연구공정(東北邊疆歷史與現狀系列研究工程). 주로 조선, 부여, 발해, 고구려를 중심으로 하며, 가끔 백제와 신라를 포함. 1983년 중국 사회과학원 산하 변강역사지리연구중심이 설립되고 1998년 중국 지린성 통화사범대학 고구려연구소가 '고구려 학술토론회'를 개최하면서 본격 추진. [위키백과]

그림책에 담긴 세상

한국 그림책 30년사

4 희망으로 날기_

산성 넘어 행진_2008
날고 싶어_2009
봄이 올까_2010
대지진과 희망_2011
뚜벅뚜벅 생명의 땅_2012
함께 살자_2013
잊지 못할_2014
광복 70주년_2015

2008-
2015

2008-2015

산성 넘어 행진_2008

　기업 경영자 같은 새 대통령은 2008년 임기 초부터 '내게 국가는 곧 기업'이라는 신조로 경부운하와 미국산 쇠고기 수입을 밀어붙인다. '고소영'으로 지칭되는 제왕적 대통령과 고릴라 여당이 부활하고 진보 세력은 산산이 흩어진다. 3월에는 한반도 대운하 전 구간이 파헤쳐지고 환경 문제는 깡그리 무시된다.

　4월 한미 쇠고기협상이 그예 타결되고 광우병이 화두로 떠오른다. 이제 넥타이 부대뿐 아니라 하이힐과 유모차, 고등학생들까지 수십만 명이 광장에서 촛불 집회를 연다. '노무현은 조중동과 싸웠고 이명박은 초중고와 싸운다'는 풍자가 자주 들렸다. 7월부터는 컨테이너들의 바리케이드 이른바 '명박산성'이 설치되고 집회는 통제된다.

　촛불 들고 거리에 나섰던 중고생들을 떠올리며 《들꽃 아이》 글 임길택, 그림 김동성, 길벗어린이) 보선이를 생각한다. 강원도 탄광 마을과 산골 마을에서 교사로 오래 지내며 아이들 글과 교실 이야기로 작품 활동하신 임길택 님 글이 조용하고 소박하게 아름다운 그림책으로 꾸려졌다.

《들꽃 아이》ⓒ 임길택 김동성, 길벗어린이 2008

고풍스럽고 고적한 화면들 안에 소중한 모습들이 가득하다. 활짝 핀 처녀치마 얼레지 둥글레 은방울꽃 동자꽃 용담 각시취 개쑥부쟁이를 든 보선이. 식물도감 놓고 보선이 꽃을 공부하는 선생님. 보선이 책상 속 손전등. 들꽃과 나무들과 풀들 가득한 산 속 마을이 그저 먹먹하다.

겨우 겨우 보선이네 마을에 도착한 열 시 넘은 시각, 다섯 집뿐인 마을 사람들이 별빛 아래 모두 모여 선생님을 반기며 늦은 식사를 함께 하는 장면에선 눈을 뗄 수가 없다. 자연과 마을과 사랑과 교육과 아이들이 모두 다 곱게 어울린 충만한 시공간이다.

눈이 많이 내려 졸업식에 참석 못한 보선이는 어떻게 되었을까. "나무들은 혼자서만 넓은 땅을 차지하려 하지 않"고 "자기들이 서 있는 곳 말고는 풀씨 하나에까지 터를 내주어 함께 살고자" 하는데 숲 아닌 곳에서 보선이는 어찌 살았을까. FTA나 광우병, 촛불 행렬과 명박산성을 어떻게 이해했을까, 어떻게 극복했을까.

광우병 사태를 고발한 MBC PD수첩을 계기로[1] 정부와 보수 언론의 총공격이 시작되면서 악법들이 몰려오는 한편 촛불 세대는 일상의 정치를 펼친다. 삼성 비자금이 10조 원이 넘으리라는 예상 속에 삼성 특검이 급물살을 타지만 담당 판사는 재판 전부터 이건희 무죄를 확신한다. 결국 삼성 특검은 이건희에게 징역 3년 집행유예 5년과 벌금 1천100억 원을 선고하는 데 그친다.

후보 시절 이명박의 주가 조작과 BBK와 도곡동 땅, DAS 차명 소유, 상암 DMC 특혜 분양 혐의 등의 규명을 맡은 특검은 혐의 없음을 발표한다. 진보 진영은 일찌감치 지쳐버리고 소망교회 장로 통치자를 만난 개신교는 분열하는 한편 조계종은 분노한다.

《고양이 목에 방울 달기》 ⓒ 정하섭 유승하, 길벗어린이 2008

파헤쳐진 강바닥에 탐욕과 거짓말이 차곡차곡 쌓이면 그 다음엔 어찌 될까 염려하면서 《고양이 목에 방울 달기》(글 정하섭, 그림 유승하, 길벗어린이)를 편다. 오랜 속담이 귀엽고 아기자기한 그림들로 새로 꾸려졌다. 어느 시골집 곳간, 쥐들이 모여 평화롭고 따뜻하게 사는 곳에 사냥꾼인 떠돌이 고양이가 침략자로 등장한다.

고양이에게 하루 한 마리씩 가족을 잃게 된 쥐들은 마침내 고양이 목에 방울 달 방도를 찾아낸다. 옛이야기에서는 고양이 목에 방울을 달지 못하지만 여기서는 쥐들이 꾀를 모아 성공한다. 고양이 스스로 자기 목에 방울 목걸이를 단다.

그림 작가는 말한다. "쥐들이 살아가는 모습도 사람 사는 모습과 비슷할 거라고 생각했어요." 돈과 권력으로 무장한 거대 침략자들 앞에서 우리도 쥐 신세가 된 건 아닌지, 그렇다면 우리는 어떤 방울을 마련하고 또 걸지 생각한다.

일터로 내몰린 이주 노동자의 아이들, 현대판 노예가 되어 버린 전경과 의경, 무한노동에 시달리는 방송계 막내 작가의 인권 상황은 시대를 거슬러 간다. 종부세가 등장하고 임금 동결에 고환율 정책이 검토되는 중에 '한국판 지옥의 묵시록'이라고 금융 위기 심각성을 예언하던 인터넷 논객 미네르바[2]도 출현한다.

11월 미국에선 흑인 대통령이 선출되어 새로운 분위기였지만 대한민국은 지난 10년 문민정부 치적이 사라진 채 막막했다. 연말 임시국회에서 한나라당은 대기업의 방송 진출 허용 등을 담은 언론 관계법 개정을 시도했다. 이를 막기 위해 12월 26일 새벽부터 전국언론노동조합 주도 언론 총파업이 시작된다. 이 총파업[3]은 2009년 1월 8일까지 진행된다.

시사 탐사 프로그램인 PD수첩의 미국 쇠고기 광우병 관련 보도 건으로 진작부터 정부의 탄압을 받아온 MBC는 2009년에도 계속 저항한다. 결국 다음해 방송법은 개정되고 종합편성 채널들이 태어난다.

2008년 각박한 일들을 떠올리며 《천사들의 행진》(강무홍 글, 최혜영 그림, 양철북)을 편다. 폴란드 고아들의 영원한 아버지이자 어린이 인권을 중시한 야누슈 코르착 이야기다. 병원에 못 오는 거리 아이들을 찾아다니던 그는 유능한 의사였지만 가난을 '치료'할 수는 없기에 '고아들 집'을 '어린이공화국'으로 운영한다.

《천사들의 행진》 ⓒ 강무홍 최혜영, 양철북 2008

어린이들 스스로 원칙을 만들고 지키며 통치하는 공화국이었다. 인간의 존엄함을 배우는 가장 아름다운 학교이며 둥지였다. 공화국에서 벌은 화장실 청소였다. 가난과 학대와 무관심으로 버려지고 상처받은 아이들에게 필요한 것은 '존중과 믿음'이라는 교육관이 실천되는 곳이었다.

1939년 9월 독일의 폴란드 침공으로 제2차 대전이 시작되고 바르샤바에 총탄과 포탄이 빗발치듯 쏟아진다. 유태인 고아 200명과 함께 게토에 들어간 야누슈는 식량이 떨어지면 거리 구걸을 하며 2년 동안 아이들을 먹여 살린다. 1942년 8월, 그들은 깨끗한 옷을 차려 입고 고아원 상징인 '초록빛 숲 깃발'을 들고서 독가스 열차를 탄다.

"자, 지금부터 여름휴가를 가는 거야." 노래하며 가스 기차로 향한 이 '천사들의 행진'을 많은 이들이 기억한다. 마지막에 야누슈 품에 안긴 꼬마 천사는 "농부가 될 거예요. 밀을 많이 많이 기를 거예요." 모두에게 곡식을 나눠주겠다는 천사들을 그리며 2008년 대한민국 사회를 돌아본다.

2월 국보 1호 숭례문 2층 목조 건물이 방화로 전부 타 버린다. 불나고 5시간 만에 2층 문루 90%가 소실, 누각을 받치는 석반만 남긴 채 모두 타 버린다. 숭례문 관리 업체 직원은 퇴근하고 CCTV만 돌아가고 있어 초기에 발견되지 않았고 지나가던 시민의 신고로 겨우 사태가 파악되었다.

　방화 당시 쓰인 것은 니스 3통과 라이터 하나. 경북 칠곡 출생 방화범은 택지 개발에 따른 토지 보상금액에 불만을 품고 상징성을 노려 문화재를 방화했단다. 방화자는 2006년에도 같은 이유로 창경궁에 불을 질렀다. 문화재 관리가 이토록 소홀하고 재난 대책도 허술해 온 국민이 놀라며 절망했다.

　여러 해 논의된 호주제 폐지가 이제 현실이 되어 1월 1일부터 호주 관련 항목이 모든 공식 서류에서 사라진다. 4월에는 한국인 최초 우주 비행사 이소연이 탄 소유스(Soyuz) 우주선이 카자흐스탄 우주 기지에서 발사되었다. 이소연은 국제우주정거장(ISS)에 도착해 9박 10일간 머물면서 18가지 우주 임무를 수행하고 귀환하였다.[4]

　10월에는 창원시에서 람사르 총회가 열린다. 전 세계 50% 이상 습지가 소실되는 상황에 환경 자원 습지를 지키고자 1975년에 발효된 것이 람사르 협약이다. 물새 서식 습지대 보호 협약이고 일명 습지 협약이라고도 한다. 한국은 1997년에 이 협약에 가입하였고 인제군 대암산 용늪과 경남 창녕군 우포늪이 협약에 등재된 습지이다.

　《반달곰아 수달아 어디어디 숨었니?》(최열 글, 최병옥 그림, 청년사)를 본다. 인간과 동식물이 서로 영향을 끼치는 생태계는 환경 오염으로 위기 상황이다. 생태계는 사슬처럼 이어져 환경의 한 부분만 오염되어도 생물들이 하나둘

《반달곰아 수달아 어디어디 숨었니?》ⓒ 최열 최병옥, 청년사 2008

사라질 수밖에 없다.

　마음씨 좋은 산이 사라지면 어쩌나. 세상의 가장 크고 신기한 동물원이자 지구에 필요한 산소를 공급하는 열대 우림이 사라지면 어쩌나. 논에 있던 황새들은 어디로 갔나. 오염되지 않은 깨끗한 물에만 사는 날쌘 사냥꾼 수달은 어디 갔나.

　바다가 선물한 풍요로운 밭이자 많은 생물들의 집, 철새들의 쉼터, 바다를 깨끗이 치우는 청소부인 갯벌이 사라지면 어찌 되나. 이런 내용들을 이야기하는 책이다. 환경 오염과 기후 변화 문제는 더 더 더 강조해야 하지 않을까.

날고 싶어_2009

　특별하게 아팠던 2009년이다. 1.20 새벽, 서울 용산 4구역 철거민들이 농성하던 남일당 건물에 경찰이 강제 진압해 들어갔다. 진압 과정에 화재가 나 세입자와 경찰 포함 6명 사망이라는 참사가 일어났다. 구청-조폭-재벌건설사-재개발조합의 4각 동맹으로 인해 벌어진 일이었다.

　코레일은 개발사업 실패가 낳은 경영난의 책임을 철도 노동자들에게 떠넘겨 민영화 반대 파업으로 내몰았다. 대규모 구조조정에 맞선 쌍용자동차 노동자 5월 파업과 회사 쪽 압박 및 경찰의 토끼몰이 진압은 이후 꼬리를 무는 연쇄 죽음의 서막이었다.

《새가 되고 싶어》(한병호 글 그림, 시공주니어)가 새로 나왔다. BIB 황금사과상 수상작이다. 높은 건물에 매달려 페인트칠을 하는 아저씨가 '날개가 있다면' 소망하며 수없이 많은 새 그림을 그리다가 정말 새가 된다.

막상 새가 되니 좋은 점이 많으면서도 멈추어 쉴 때 조금 외롭고 비가 오면 날개가 젖어 힘들고 눈이 내리면 더 힘들다. 고양이가 제일 무서워서 다음엔 '고양이가 되면 어떨까?' 생각한다.

《새가 되고 싶어》ⓒ 한병호, 시공주니어 2009

본문은 시 같고 그림이 독특하다. 특히 사람들 얼굴 그림이 익살맞고 우스꽝스럽다. 용산 남일당 건물 철거민에게도 여러 파업 현장 노동자들에게도 날개가 있었다면 하고 아프게 생각해 본다.

박연차 정관계 로비 사건 등으로 검찰 수사를 받던 노무현 전 대통령은 5월 23일 고향 봉하 마을 부엉이 바위 아래로 스스로 몸을 던졌다. 탈 권위의 상징이던 이른바 '노통 노짱'은 이후 봉하 마을 논두렁에 상징 조형물로만 남은 듯했고 민주 세력은 단결해야 했다. 광화문에서 장례를 치른 운구 행렬은 당시 이명박 정부 반대로 청와대를 들르지 못한다.

노 대통령의 죽음 앞에 '내 몸의 반이 무너진 것 같다'며 오열하던 김대중 전 대통령이 곧이어 8.18 서거한다. 당시 '역류의 시대가 거인을 쓰러뜨리다'는 《한겨레21》 기사 제목이 눈에 띈다.

1987년 민주화 격변 이후 20년 동안 조금씩 열리며 앞으로 나아온 우리 민주주의가 이제 다시 거꾸로 흐르는 역류 속에 휘말린 듯 아득했던 시간들이다. 2009년 유독 선한 죽음이 많았다. 4월엔 김수환 추기경도 선종하셨다. 10.26은 안중근 의사 의거 100주년이었다.

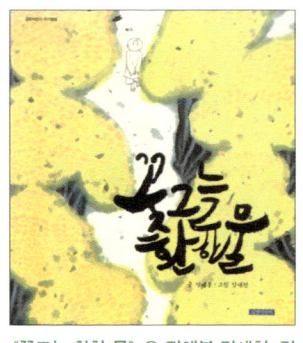

《꽃그늘 환한 물》ⓒ 정채봉 김세현, 길벗어린이 2009

《꽃그늘 환한 물》(글 정채봉, 그림 김세현, 길벗어린이)을 본다. 그림 한 면 한 면이 얼마나 맑고 투명한지 벽에 붙여놓고 보고픈 작품들이다. 흰 구름이 놀라며 살펴보는 한 스님 이야기가 매우 맑은 그림으로 펼쳐진다.

눈 오는 날 밤이면 토끼 등 산 속 동물들 먹도록 무를 마당에 꺼내 놓는 스님. 개울가 작은 돌에 낀 이끼가 겨울에 혹 얼어 죽을까 염려돼 산사로 소중히 감싸 데려 가는 스님. 개울가 마른 풀잎들과 물줄기, 작은 물고기들과 작별 인사 시켜주는 스님. 산사로 이사 온 돌멩이에게 차 끓이는 주전자와 찻잔을 소개하는 스님.

새를 '화엄이' 돌멩이를 '능엄이'라 부르며 세상 온갖 인연들을 귀히 여기는 스님 모습이 경건하다. 스님은 봄이 되자 이끼 덮인 돌덩어리를 다시 개울 속 예전 자리로 되돌려 놓는다. 2009년 생을 끝낸 여러 님들도 원래 있던 자리에 마음이나 영혼으로 거하시면 좋겠다는 바람을 살포시 품는다.

정부 출범부터 계속된 언론 탄압은 7월 한나라당의 언론법 날치기

처리로 일단락된다. 언론법 개정에 따라 기존 방송사 사장들은 물갈이되고 유력 중앙지 조선일보 중앙일보 동아일보의 방송인 종합편성 채널(종편)이 잉태된다.

1월 미네르바 박대성이 허위사실 유포 혐의로 체포 구속되었다가 5월에 무죄 판결로 석방된다. 3월 여배우 장자연이 성상납을 고발하는 메모지들을 남기고 죽는다. 조사에 따르면 연기자 5명 중 1명은 본인 또는 동료의 성상납 강요가 사실이었단다. 장자연이 접대한 이들 중 누군가 영향을 끼쳐서인지 경찰 조사는 거듭 부실하다. 죽음의 실제 원인 등을 밝혀 달라는 장자연 지인과 인권 단체 요구는 10년 넘게 이어진다.

5월에 한강 운하가 착공되고 인터넷 실명제가 실시되는데 국정원이 인터넷과 전자 우편을 실시간 감청한 것이 확인된다. 이즈음 재래시장이 현대화하고 수익을 내면 임대료가 폭등해 버리는 젠트리피케이션 현상이 사회 문제로 나타난다. 사회 기층 노동자들이 파업과 구속, 해고 이후 도시 빈민으로 전락하는 비극도 계속된다. 신종 플루도 만연했는데 11월엔 하루 9천 명까지 감염된다.

여러 사건 사고들을 짚어보며 타령이 하고 싶어져 《징금 징금 징금이》(일노래, 윤정주 그림, 창비)를 편다. 영호남 지방 특히 무주의 일노래 '징금 타령'이 윤정주 작가 그림을 만나 우리시그림책으로 나왔다. 징금이는 민물에 사는 새우 이름 징거미의 다른 말임이 유력하다고 책은 설명한다. 비장하면서도 폭소를 자아내는 노랫말과 능청스러운 그림이 조화를 이루어 색다른 맛을 전한다.

《징금 징금 징금이》 ⓒ 윤정주, 창비 2009

징금이는 그저 만나는 모든 이들한테 "헛따 여봐라 이놈아 / 내 돈 석 냥 갚아라" 한다. 그럼 만나는 이들마다 이렇게 저렇게 그렇게 해서 네 돈 석 냥 갚을 것이니 걱정 말라 답한다. 이것이 모두 노래 가사이다. 후렴은 이렇다 "징금 징금 징금이 욕심 많은 징금이 저만 아는 징금이 징금 징금 나가네 징금 징금 나가네."

내용이 꽤 아프다. 처음엔 귀엽고 순박하던 징금이가 점차 커지는 욕심 때문에 징거미로 변하는 과정이 슬픈 상징으로 다가온다. 돈 욕심 때문에 벌어지는 이즈음 우리 사회 여러 문제들에도 이 '징금 타령'을 들려주면 효과가 있을까.

2009년 고광삼 한병호 작가가 주도하는 그림책 작가 집단 꼭두가 일러스트 배움터를 연다. 서울 성수동 꼭두일러스트에서 그림책 작가가 계속 배출된다. 2003년부터 시작한 조선경 작가 주도 SI 그림책학교도 서울 마포에 재단장하면서 기능과 품을 넓힌다.

2월 피겨 스케이팅 선수 김연아가 캐나다 밴쿠버에서 열린 4대륙 선수권대회에서 당당하게 세계 최고 자리를 차지한다. 10월에는 국제빙상경기연맹 피겨 시니어 그랑프리 1차 대회에서 최고 점수를 경신하고 환호는 다음해 올림픽으로 이어진다.

6월엔 5만 원 권 지폐가 처음 발행되었다. 처음으로 역사 속 여성이 지폐에 앉았는데 우아한 신사임당이다. 가장 고액권인 이 지폐는 인기를 끌며 사용된다.

싱그러운 그림책 동네와 문화 예술 계 소식들 속에 《꿈꾸는 도자기》(김평 글, 이광익 그림, 책읽는곰)를 편다. 도자기 공방 을 하는 두리네 집에서는 할아버지부터 온 식구가 도자기 만드느라 바쁘다. 같 이 놀 사람 없어 심심한 두리에게 신비 한 초록빛 동자가 술래잡기 하며 놀자고

《꿈꾸는 도자기》 ⓒ 김평 이광익, 책읽는곰 2009

다가온다. 이 아이를 따르다가 거문고 타는 할아버지와 춤추는 학, 포 도 넝쿨 속 아이들, 커다란 물고기, 구름 뚫고 날아가는 용을 만나 모 두 같이 논다. 모두 도자기 속 친구들이다.

"흙이 물을 만나고 불을 거치면 생명을 얻게 된단다." 할아버지 얘 기다. 빚은 도기들을 넣고 사흘 밤낮 불을 활활 때야 한다. 다음엔 두 리가 도자기 친구들을 빚어 소꿉놀이 벌인다. 여러 문화 예술 활동도 두리의 도자기 놀이처럼 즐겁게 오래 유지되길 기원한다.

봄이 올까_2010

용산 참사 1주기를 맞는 2010년 1월이다. 추모 문화제가 열리고 문 학과 영화 예술 분야에서 재조명하는 작업들이 이어진다. 여러 만화

가가 동참해 용산 참사 추모일마다 만화 모음집 출간도 계속된다.[5] 정부와 보수 집단은 영화진흥위원회, 문화예술위원회, 독립영화관 등을 장악해가는 시절이었다.

2월에는 콜트와 콜텍 사에서 악기를 만들다 해고된 노동자들이 LA와 파리를 돌며 지구 노동자의 비애를 연주한다는 소식이 들려왔다. 문화 예술가는 실제 사회 문제로 작품을 만들려 한다. 만들어진 작품들은 다시 새로운 힘과 역동성을 발휘한다. 권력 집단은 그래서 사회 문제를 다루는 작품을 좋아하지 않는다.

《할아버지의 시계》 ⓒ 윤재인 홍성찬, 느림보 2010

문화 예술은 사회 사건들과 쉽게 만나진다. 용산 참사 후 출판물과 콜트 콜텍 해고 노동자들 연주회 소식을 떠올리며 《할아버지의 시계》 (윤재인 글, 홍성찬 그림, 느림보)를 본다. "할아버지가 태어난 날 처음 우리 집에 온 귀한 손님…할아버지 깊이 잠들고 시계도 깊이 잠들었어." 화자의 증조할아버지부터 자녀들까지 이야기된다. 다섯 세대가 시계를 둘러싸고 출연한다.

우리나라 1세대 대표 일러스트레이터로 꼽히는 홍성찬 작가가 한 사람의 생애 80년의 일상 풍경을 시대별로 섬세하게 묘사했다. 펜화 느낌을 최대한 살리기 위해 구겨진 종이를 사용했단다.

시대 정서가 배경에 깔리고 그 안에 다섯 세대 인생이 펜화로 표현되어 곡진하다. 벽걸이 시계 하나가 여러 대에 걸쳐 이어내려 오듯이 이 시대 출현한 그림책과 예술 작품들도 이후 오랫동안 지금의 사건들을 전하리라 기대한다.

정부는 예산 22조 원이 들어가는 4대강 운하 건설을 계속했고 이른바 명박산성은 영산강에까지 설치된다. 3월에 한명숙 전 총리 뇌물 사건이 터지면서 지방선거에 영향을 끼쳤고 초중교 무상급식 범위가 뜨거운 사회 문제가 된다.

이건희 회장이 경영 일선에 복귀하면서 삼성 재벌 구조는 다시 굳건해지고 삼성전자와 현대차 등은 경기 회복을 노래하며 친정부 입장을 유지한다. 노동자들은 계속되는 사고사들과 빈곤에 신음하며 영구 임대 아파트만을 바라본다. 이 시기 '대입 선진화 방안'으로 학원가만 미소 짓고 계층 간 사다리는 부러졌다고 한다.

《신기한 독》(홍영우 글 그림, 보리)이 출간되었다. 재일 조선인 홍영우 작가 작품이다. 부산과 평안북도에서 전해 내려오는 민담을 독특하고 푸근한 그림으로 표현했다. 복된 재물이 품에 들어왔을 때 남용하거나 욕심을 부리면 큰 화를 입는다는 내용이다. 권선징악이면서 결말이 통쾌하다.

한 가지를 넣으면 꺼낼 때 똑같은 복제품이 끝없이 나오는 신기한 독. 이 독을 욕심내는 여러 사람이 서로 차지하려고 싸우다 결국은 모두 골탕 먹는다. 마지막 장면에선 권력을 이용해 독을 차지한 마을 원님이 큰 화를 입는다. 대

《신기한 독》ⓒ 홍영우, 보리 2010

청마루 가득 복제된 늙으신 아버지 수십 명이 분노한 표정이고, 독은 깨져 버렸으니 어처구니없다.

이명박 정부의 고집스런 4대강 운하는 미래 우리 역사에서 어떻게 평가될까. 국가 재정과 환경 분야의 재앙으로 길이 회자되고 비판되지 않을까 감히 상상한다.

3.26 백령도 근처 해상에서 해군 초계함인 천안함이 폭발해 침몰하였다. 침몰 후 20일 만에 인양되고 40명 사망 6명 실종으로 마무리된다. 조사단에서는 북한 어뢰로 인한 폭발로 발표했으나 명확한 진실은 오래도록 규명되지 않는다.

정부는 남북 관계와 국방 정책에서 퇴행한다. 진보신당은 약진했지만 비틀거리는 민주당과의 협력은 힘들었다. 2010년은 안중근 의사 순국 100주년이기도 했다.

사계절 출판사에서는 한중일 3개 국 작가가 참여하는 평화그림책 12권을 2010-2016년에 출간한다. 1권은 5.17에 출간된 권윤덕 작가 《꽃할머니》 2권은 6.25에 출간된 이억배 작가 《비무장 지대에 봄이 오면》이다. 출간일도 참 야무지다.

《꽃할머니》 ⓒ 권윤덕, 사계절 2010

《꽃할머니》(권윤덕 글 그림, 사계절)는 1940년 열세 살 나이에 '위안부'로 끌려간 심달연 할머니 증언을 토대로 한다. 일본에서는 이 책의 내용 확인 불가 등으로 출간이 미뤄지다가 2018년 4월 원래 출판을 계획했던 도신샤童心社가 아니라 코로카라korocolor 출판사에서 출간된다. 작가는 2015년 개정판에 쓴다.

"증언에 의지할 수밖에 없다. 증언은 사실을 증명하는 자료이기에 앞서, 진실을 밝힘으로써 증언자 스스로가 소중한 사람으로 다시 태어나는 과정이기 때문이다." 심달연 할머니는 전쟁 후 20년 세월을 정신 줄을 놓고 살다가 30년쯤 또 지나고서야 세상 사람들과 친해진다. 꽃누르미를 하시며 웃으실 때 꽃할머니는 꼭 열세 살 같다.

2010년에 이 책이 나오고 바로 그 해 12월에 할머니는 하늘나라 꽃세상으로 가셨다. 그림이 다 흐느낀다. 울고 있는 듯한데 가만히 들여다보면 꽃잎 같다. 꽃잎들이 자꾸 운다. 작가는 이 책 시작부터 몸도 마음도 많이 아프다가, 끝낼 즈음엔 어렵고 힘들게 살아가는 이웃이 자꾸 눈에 보이더란다. 사람들을 고통으로 몰아넣는 전쟁과 폭력, 무지와 야만, 차별과 무시에 반대하고 저항할 힘이 필요하다 말한다.

2월, 김연아 선수가 캐나다 동계 올림픽에서 역대 최고점을 기록한다. 3월에는 교육부가 교원 평가제를 처음 시행한다. 전국 초중고 교사들과 교감 교장까지를 대상으로 평가해 우수 교사와 부적격 교사를 판별한다는 것이다.

2010년 1월 애플 사는 아이패드를 출시하고 3월 카카오톡이 출시된다. 4월 전년도 '광우병 보도 PD수첩' 탄압에서 촉발된 MBC 파업이 대규모 총파업으로 확대된다. '일간베스트' 저장소도 개설되고 12월엔 KT가 통신위성 올레 1호를 성공 발사한다.

이즈음 '어린이문화연대'가 모임을 시작한다. 방정환 이오덕 권정생 님의 어린이 관에 동의하는 단체와 활동가들의 모임이다. 1980년대 '한국어린이문학협의회' 어린이문화분과에서 발전된 모임이기도 하다. 어린이와 어른이 함께 자유 평등 평화 세상을 지향하는 문화를 만들고 나누며 함께 즐기고자 한다. 좋은 책을 바탕으로 놀이 노래 연극 영화를 비롯한 여러 문화 활동들을 꾸린다.[6]

《나비의 꿈》 ⓒ 이현숙 이형진, 웅진주니어 2010

몇 십 년 전에 세계에서 인정받은 대한민국의 예술가가 있다. 독일 방송사가 뽑은 20세기 백 년을 이끈 세계의 음악가 20인에 선정된 유일한 동양인 윤이상 이야기 《나비의 꿈》(이현숙 글, 이형진 그림, 웅진주니어)을 본다.

윤이상은 휘어지고 꺾어지며 굽이굽이 흐르는 곡선인 동양의 음을 서양의 현대 음악으로 표현하고 싶었다. 동양 서양 가름 없고 남과 북 다툼 없는 세상을 꿈꾸며 본인이 가장 잘 하는 음악으로 조국을 사랑한 음악가이다. 전쟁을 반대하고 평화가 샘물처럼 흐르는 하늘의 소리를 표현하려 애쓴 예술가이다.

그림이 윤이상의 음악을 담고 있는 듯 굽이치며 흐른다. 음악과 역사와 조국을 합일하며 살아낸 그가 세상에서 갈 수 없는 유일한 나라가 조국 대한민국이었다. 그는 1995년 베를린에서 별세하고 2018년에야 죽기까지 그리워한 통영 고향 바다가 내려다보이는 곳에 가루로 돌아와 묻힌다.

대지진과 희망_2011

종편으로 문을 열고 북한 김정일의 돌연 사망으로 끝나는 2011년이다. 연초 '육식 인간의 탐욕이 부른 재앙'으로 일컬어지는 구제역 확산으로 두어 달 동안 전국이 소와 돼지, 농부의 울음으로 들썩였다.

3.11 동일본 대지진이 발생하고 거대한 해일이 후쿠시마를 덮쳤다. 도쿄 전력의 후쿠시마 제1원전이 침수돼 수소 폭발과 방사능 누출 사고가 일어났다. 이후 반핵 운동이 구체화하고 그동안 계속된 삼성전자 반도체 공장의 백혈병 등 산업 재해도 들춰지고 재조명된다.

구제역은 앞으로 해마다 반복되고 3.11 후쿠시마 원전 사고도 동일본 지역과 한반도 인근 해역에 큰 위협이 된다. 한반도와 일본의 중간에서 매우 중요한 사회 지리적 가치를 지닌 독도의 멸종 동물 이야기《바다사자의 섬》(유영초 글, 오승민 그림, 느림보)을 편다.

1900년대 초까지 독도를 중심으로 2만여 마리까지 번성했던 바다사자 독립종인 가지어, 가제, 강치가 멸종되는 이야기가 처절한 그림에 담겼다. 이 바다사자들 이름인 가지어에서 독도의 옛 이름 가지도가 나왔다고 책은 일러 준다.

《바다사자의 섬》ⓒ 유영초 오승민, 느림보 2011

어부들과 친구로 지내던 바다사자들에게 독도는 천국이었다. 일본 사냥꾼들이 나타나기 전까지만. 가방과 군용 배낭에 쓸 가죽이 필요했던 일본 사냥꾼들은 달콤한 피리 소리로 바다사자를 유인한다. 새끼들부터 남획되고 다음엔 어미 애비 바다사자들, 나중엔 대왕사자까지 포획되어 바다사자는 모두 사라진다.

바다사자의 총상과 남획과 고통을 담은 그림이 처절하게 아프다. 수천 년 동안 존재해 온 생명체 한 종을 '다케시마어렵회사'는 가죽 가방과 돈으로 바꿔 버렸다. 환경 문제를 제대로 이해해야 구제역도 원전 사고도 이유를 알고 대안을 찾을 수 있지 않을까.

다음해 총선과 대선을 앞두고 정치권 지형이 출렁이던 당시 열쇳말은 노무현 후계자와 일자리였다. 몇 해 동안 약진해 온 진보신당과 민주노동당은 현실 정치에 관한 시각 차이로 결국 연합하지 못한다.

8월 서울시에서는 오세훈의 제안으로 무상 급식 범위를 묻는 주민 투표를 실시했으나 저조한 투표율로 투표함은 미개봉 파기된다.

선별 복지 정책을 주장하던 오세훈 시장은 사퇴하고 보궐 선거에서 박원순이 당선된다. 시민운동가 박원순이 정치 일선에 들어섰고 노무현의 비서실장이던 문재인도 이 여름 다시 정치 복판에 선다.

《태양의 새 삼족오》ⓒ 유다정 최용호, 창비 2011

이제 등장한 이들이 혹시 대한민국 미래에 '삼족오' 같은 존재가 되어줄지 기대하면서 《태양의 새 삼족오》(유다정 글, 최용호 그림, 창비)를 편다. 창비의 '고구려 이야기 그림책' 중 신화 편이다. 고구려 고분 벽화의 해 속에 그려진 삼족오 신화를 새롭고 흥미롭게 재구성했다.

이 땅을 밝음이 없는 암흑세계로 만들려는 부혜의 훼방으로 고전하던 하늘닭은 민초 같은 작고 여린 새들의 도움으로 하늘 가까이 닿고 해를 뜨게 한다. 하늘님이 명령한 세 다리의 쓰임은 '하나는 하늘을 하나는 땅을 하나는 사람을 맡아' 돌보는 것이었다. 삼족오로 부혜를 처단한 하늘닭은 해 안으로 들어간다.

공명정대한 사회를 그리던 고구려 사람들의 바람과 기개 넘치던 고구려 문화를 잘 소개한다. 웅장한 선과 색으로 표현된 판화 그림들이 고구려의 웅대하고 힘 있는 신화를 전한다.

6-7월에는 한국 최초의 여성 용접공 김진숙이 고공 농성 중이던 한진중공업 85호 크레인으로 달려가는 185대 희망 버스 행렬이 전국을 달궜다. 부디 희망을 품고 건강히 버티고, 무사히 내려와 다시 새 희망을 만들자고 익명의 수많은 시민이 함께한 버스 행렬이었다.

2차, 3차로 이어진 희망 버스 응원은 시민과 노동 운동의 만남이 되었고 한국 사회 운동의 새로운 장면을 만든다. 김진숙은 11월, 노사 합의에 따라 309일 간의 고공 농성을 마치고 크레인에서 내려온다.《규리 미술관》(박철민 글 그림, 키다리)을 보며 희망 버스 행렬이 떠올랐다.

《규리 미술관》© 박철민, 키다리 2011

규리는 놀이터나 마트에 가고 싶었지만 엄마 손에 이끌려 미술관엘 왔다. 재미가 없다고 생각한 규리는 혼자 미술관 구경에 나선다. 미술관에서 맨 처음 만난 '깊은 산 숲 속 반 다섯 살' 랑랑이와 함께 놀이 여행을 떠난 '유치원 풀잎 반 다섯 살' 규리는 점차 많은 동물 친구들을 만난다.

규리와 랑랑은 깊은 숲 속에서 노래 부르며 논다. 배 타고 바다로 나갔다가 바다 속에서 신나게 헤엄치며 논다. 하늘을 나는 새들과도 즐거이 논다. 작가가 동양화 기법으로 그린 민화들 속 동물들이 모두 규리 친구가 된다.

상상 미술관에서 규리와 동물들의 환상 세상이 펼쳐진다. 규리의 미술관 민화 여행에는 환상이 있다. 고적하던 크레인에서 김진숙 님이 바라보던 버스 여행에는 희망이 넘쳤다.

2011년 4월, 한국과 베트남 관계가 '전략적 협력 동반자' 관계로 격상한다. 6월에는 전년도에 반쯤 개통된 북한산 둘레길 71.8킬로미터가 완전히 개통되면서 서울의 명소가 된다. 9월 전태일 열사 어머니 이소선 여사가 소천하고 미국에서는 동성애자의 군복무가 전면 허용된다는 보도가 나온다.

10월 세계 인구가 70억 명을 돌파하고 12월, 한국이 세계 9번째로 무역수지 1조 달러 돌파에 성공한다. 미국 독일 일본 중국 프랑스 영국 네덜란드 이탈리아 다음이다. 연말로 가면서 학생 인권조례를 체벌하는 교육과학기술부, 양심적 병역거부 10년에 수감자 4185명, 고난이 중첩된 장애인 성생활, 핍박받는 성소수자들 소식이 이어진다.

시끌시끌한 한반도와 지구촌 소식들 가운데 가장 반가운 것은 북한산 둘레길 개통이다. 많은 시민이 둘레길을 걷고 땀 흘리며 식물들과 함께하리라.

지구 환경을 이야기하는 《괴물들이 사라졌다》(박우희 글 그림, 책읽는곰)를 편다. 괴물 입장에서 풀어내는 지구 이야기다. 색다른 구성과 기발한 상상력이 반짝인다. 씩씩하고 할 일 많은 괴물들이 여럿 나온다. 모두모두 유능하고 귀여운 괴물이다.

《괴물들이 사라졌다》 ⓒ 박우희, 책읽는곰 2011

히말라야 산맥의 털북숭이 거인은 기후 변화로 눈이 자꾸 녹아 내려 못 산다. 아마존의 피시맨은 밀림과 숲을 자꾸 없애며 사람 먹을 소만 키워서 못 살고, 늪의 괴물은 쓰레기만 꽉 차서 못 산다.

들판의 괴물 모스맨은 농약 때문에 못 살고 동굴의 왕 박쥐는 건물을 하도 지어대서 못 산다. 바다의 대왕 오징어는 바다가 기름으로 시커매져 못 살고, 강과 호수의 괴물 이무기는 시끄럽고 더럽고 갑갑해서 못 산다.

세계 여러 곳의 전설 속 괴물들이 이제 지구에선 못 살게 되어 다른 별을 찾아 떠나며 경고한다. "너희 인간들도 곧 새집을 찾아야 할걸. 그래도 여긴 절-대 오지 마! 너희가 오면 우리 새집이 또 망가질 테니까!" 이들을 지키지도 못하고 따라가지도 못할 인간들이니 그들을 다시 불러오기란 더더욱 어렵겠다.

2011년 4월 카이스트 학생 4명과 교수 1명의 연이은 자살이 보도

된다. 총장의 경쟁주의 정책이 만든 결과라고 전해졌다. 놀랍게도 카이스트에서는 징벌적 차등 등록금 제도를 적용하고 있었단다.

참여연대 등 시민 단체와 인권 단체들에서는 총장의 제도가 반공익적 행위라며 감사원에 감사를 청구한다. 같은 4월 고등학교 교과 과정에 한국사 과목이 필수로 들어간다. 8월에는 방송통신위원회가 한국대학총학생회연합의 홈페이지를 강제로 폐쇄하는 일이 벌어진다.

《학교 가는 날》 ⓒ 송언 김동수, 보림 2011

여러 학교 사태를 접하며《학교 가는 날》(글 송언, 그림 김동수, 보림)을 본다. 구성이 귀엽고 재미있는 그림책이다. 1960년대의 초등 신입생 구동준과 2000년대의 신입생 김지윤이 나란히 양쪽 면에서 이끈다. 두 아이가 입학을 기다리는 마음이 매우 다르다. 준비하는 내용도 다르고 입학식 풍경도 매우 다르다. 학교를 둘러싼 40년 차이 나는 사회상을 담정하고 귀엽게 보여준다.

들뜨고 기대하는 마음으로 그림일기를 쓰는 구동준과 김지윤. 맨 끝 장면을 보니 구동준이 바로 40년 후 김지윤의 할아버지 선생님이다. 지윤이 그림 중 신입생 손을 6학년 언니들이 잡고 입학식장으로 들어가는 장면은 예쁘고 감사했다.

학교에서 가장 중요한 존재는 바로 학생이다. 경쟁주의 정책의 시정 보완도, 한국사를 즐겁게 공부할 방안도, 한총련 홈페이지의 미래도 학생을 주인공으로 삼고 해결되리라 기대한다.

뚜벅뚜벅 생명의 땅_2012

대통령 선거를 다시 앞둔 2012년 초 한국 정치를 해석할 단서는 여소야대 국회, 2030 세대의 선택, 문재인의 운명, 안철수의 마음이었다. 2월에는 쌍용자동차 해고 반대 투쟁 1000일, 대구지하철 참사 9주기를 맞으면서 재난으로 상처 입은 이들을 도울 방법들이 고민되었다. 원전 문제는 계속 지적되기만 한다.

2월에 한나라당은 이름을 새누리당으로 바꾸며 약진하고 4월 총선에서 민주당은 무능한 사분오열 끝에 패배하고 만다. 진보 정당은 뜬금없이 유령 당원 수 문제가 부각되어 파국으로 치닫고 진보 진영에게 미래는 없어 보였다. 13년 만에 민주노총도 진보 정당과 결별한다.

5월 광우병 관련 거짓말이 드러나면서 다시 촛불이 밝혀지고 CEO 대통령의 비리 드라마는 종말을 향해 간다. 그저 막막할 뿐인 마음에 위로가 될 만한 그림책을 찾은 것이 《꽃섬》(정하섭 글, 김세현 그림, 웅진주니어)이다.

《꽃섬》ⓒ 정하섭 김세현, 웅진주니어, 2012

맑고 아름다운 그림들이 생명 가진 땅과 섬과 자연을 노래한다. 꽃처럼 아름다운 섬이 있었다. 지난해 짓던 농사를 올해도 계속 짓고 지난해 잡던 물고기를 올해도 계속 잡던 곳. 갈대 숲과 땅콩 밭은 언제나 넉넉했고 철새가 늘 찾던 섬.

섬은 도시 사람들이 만들어 내는 쓰레

기로 덮이면서 더러운 먼지와 고약한 냄새와 파리들만 들끓는 죽음의 땅으로 변한다. 죽을 것 같았던 쓰레기 산에 터를 잡고 뿌리 내리는 생명들이 다시 생겨나고 거대한 공원으로 변모한다. 꽃섬이 쓰레기 섬으로 변했다가 다시 하늘공원으로 바뀐다.

쓰레기 산을 생명이 숨 쉬는 땅으로 바꾼 것은 사람이 아니다. 풀과 나무, 벌레와 새와 동물, 햇빛과 비와 바람이 죽음을 이기고 생명을 되찾아 주었다. 섬 가까이 살며 변천 과정을 보았기에 특별한 그림책이다. 섬 매립 가스로 시력을 잃은 가까운 선배도 있다.

하늘 향해 활짝 열린 자연이 또 다시 뭔가로 참혹하게 바뀌는 일 없기를 빈다. 쓰레기 섬이 다시 꽃섬 되듯, 기어이 생명이 죽음을 이겨내듯, 이즈음 막막하던 우리 사회도 근본부터 변신하는 날 맞기를 기대한다.

4년 전인 2008년 광우병 파동 이후 계속된 MBC 방송의 노동조합 총파업으로 시사 교양 프로그램은 물론 이제 예능 프로그램까지 결방된다. 3월에는 주5일 근무제가 전면 시행되고, KT의 2세대 이동통신 서비스가 완전 종료된다.

4월 미국에서 한국계 미국인이 총기 난사 사건을 벌이고 7명이 사망한다. 8월 헌법재판소는 인터넷 실명제를 위헌으로 판결한다. 연말에는 한국 지상파의 아날로그 TV 방송이 종료된다.

9월 가수 싸이의 〈강남스타일〉 노래와 말춤이 9월 유튜브 역대 최고 '좋아요' 수로 기네스북에 등재되기도 한다. '힐링'이라는 표제어가 떠오르고 2010년에 생긴 '일간베스트 저장소'를 줄인 '일베'라는 단어가 이제 일반 명사처럼 쓰인다.

시끌벅적 사회가 소란해도 아이들도 우리도 뚜벅뚜벅 가야 할 길을 가겠다는 마음으로《뚜벅뚜벅 우리 신》(최재숙 글, 이광익 그림, 보림)을 편다. '전통 문화 그림책 솔거나라 시리즈' 책이다. 신발에 관한 역사가 자분자분한 이야기로, 화사한 그림으로 소개된다. "신발들 안에 얼마나 많은 이야기가 담겨 있는지 아니?" 시작부터 즐거움이 넘친다. 신발 안에는 발이 있는 게지, 이야기까지 있다고?

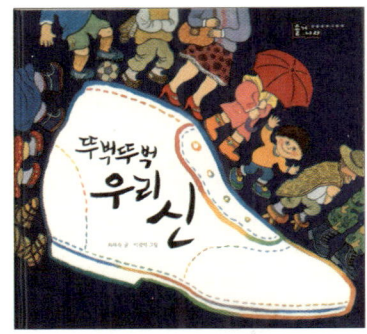

《뚜벅뚜벅 우리 신》ⓒ 최재숙 이광익, 보림 2012

신발이 시대에 따라 어떻게 변해 왔는지 아주 자세하다. 신발을 만들고 신은 사람들 이야기와 사회상, 풍습들까지 친절하고 상세하다. 신발은 발을 보호하기 위해 생겨난 이후 각 시대에 따라 모습이 달라졌다. 시대의 기술과 사회 구조, 그리고 사람들의 삶과 생각까지 신발은 담고 있다.

기록과 유물을 통해 신발 속에 담긴 이야기를 들려주는 정성 가득하고 야무진 그림책이다. 이광익 작가 그림은 단단하면서 풍성하다. 제 아무리 사회가 시끌시끌해도, 우리 아이들은 제 발에 맞는 신을 신고 뚜벅뚜벅 온 세상의 길을 찾아 나아간다.

2012년 6월 대한민국 인구가 5천만 명을 돌파한다. 오래 공사해

온 목포 대교도 드디어 개통된다. '그림책미술관시민모임' 준비모임도 첫 선을 보인다. 서울과 제주 청주 지역을 중심으로 그림책미술관을 꿈꾸는 그림책 애호가들과 활동가들이 계속하여 모임을 꾸린 결과다.

7월에는 오랜 논의와 준비 끝에 드디어 세종특별자치시가 출범한다. 국토를 균형 있게 발전시키고 과밀화된 수도 서울의 문제들을 보완 해결하기 위해 노무현 정부 시절부터 행정 중심 복합 도시로 조성되었다. 2002년 노 대통령의 대선 공약이었던 충청권 수도 이전 정책은 2004년 '서울이 수도라는 관습 헌법이 존재'한다는 헌법재판소 판단 이후 일부 행정 부처만 이전하는 것으로 축소 결정된다.

2006년 말, 국민 공모를 통해 이 행정 중심 복합 도시 명칭이 '세종'으로 확정되고 2012년 7월 1일 세종특별자치시가 출범한다. 서울과 과천에 분산되었던 9부 2처 2청이 정부 세종 청사로 이전하였다.

수도 서울의 옛 이름 한양을 구석구석 알려 주는 그림책《한양 1770년》(정승모 글, 강영지 그림, 보림)이 출간되었다. 조선 후기 문물이 화려하게 꽃피던 영조 46년, 활기 가득한 도시 한양이 그림책에 담겼다. 글에는 사전이라 할 만한 전문 정보가 가득하다. 그림에는 사람과 자연과 거리 생활책, 한양을 나타내는 많은 사실이 들었다. 이를 완성하기까지 얼마나 긴 시간이 걸렸을까. 이 책은 한양을 가로 세로로 모두 뜯어 보

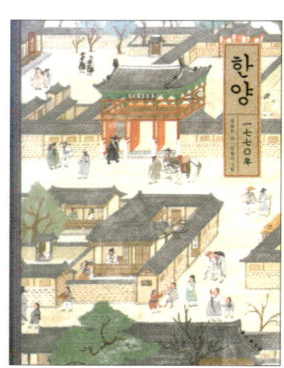

《한양 1770년》 ⓒ 정승모 강영지, 보림 2012

여주는 듯한 생활사 박물관이다. 도성의 구조뿐 아니라 생활 풍습과 일상까지 세밀하고 충실하게 소개한다. 사대문 안 북촌 남촌 중촌, 경희궁과 성균관 육조 거리, 종로 시전과 백탑 아래, 인왕산 기슭과 뒷골목, 해 질 녘 노을에 물든 한강과 송파장 산대놀이 등 볼거리가 풍성하다.

"저마다 바쁘고 저마다 한가로운 한양의 오후"라는 글귀로 넉넉하게 끝난다. 지금 서울시내 한복판, 평일 낮 느낌도 비슷하다. 모두 번잡하지만 또 많은 이들이 묵묵히 나름 자유롭다. 5천만 국민이 서울과 세종과 또 곳곳에서 생생하게 일하며 살아간다.

2012년 선거에서도 2007년 남북 정상회담에서의 NLL 논의 문제가 다시 반복해 지적되면서 문재인 후보가 공격 받는다. NLL 지적은 노무현이 아니라 김정일의 발언이었고, 회의록 초본은 원래 폐기 대상인 것으로 2015년 1심 때 선고되면서 노무현의 명예는 훗날에야 회복된다.

12.12 오전 9시 51분 북한은 평북 동창리 미사일 기지에서 장거리 로켓 은하 3호를 발사한다. 이미 발사된 광명성 3호는 지구 궤도에 진입했음을 알린다. 이전에 미국이나 러시아의 우주 로켓을 빌려 인공위성을 쏘던 한국은 2003년부터 5천억 원을 들여 나로 호를 개발했다. 나로 호는 몇 차례 실패를 거친 후 2013년 궤도 진입에 성공해 우주 관측 임무를 수행한다.

옛 선조가 만들던 로켓 병기가 있다. 《사라진 로켓 병기 신기전》남

《사라진 로켓 병기 신기전》 ⓒ 남석기 이량덕, 미래아이 2012

석기 글, 이량덕 그림, 미래아이)이다. 고려 때 화약 무기를 개발한 최무선은 고려말 조정과 대신들을 설득해 화통도감을 설치하고 주화走火를 개발한다. 신기전의 초기 모델이었던 이 주화로 최무선은 고려 말 군산 앞 진포대첩과 대마도 정벌에서 왜군을 크게 무찌른다.

조선 조 들어 여진족의 침범이 계속되자 세종은 최무선 아들 해산과 장영실 주도로 신기전을 개발한다. 발사구 앞에 폭약통을 달아 파괴력과 공격력을 크게 높인 병기 신기전은 2킬로미터 이상을 날아갔고 김종서 최윤덕 장군에게 크게 쓰였다. 세종 아들 문종 대에는 다연발 로켓 무기로 더욱 발전한다.

닥나무 한지로 만든 신기전의 약통에 신비한 힘이 있어 이순신과 권율이 임진왜란 때 왜구를 물리치는 데도 많이 사용됐다. 이후 조총에 비해 효용성이 떨어져 점차 사라지게 된다. 조선 후기 주자학 숭배로 과학 기술 천대 분위기에서 조선의 비밀 병기 신기전은 제작 설명서도 전수되지 않은 채 사라진다.

우리 인공위성 발사 소식에는 환호하고 북한의 로켓 발사 소식에는 깜짝 놀라는 현실이다. 우리 역사 속 과학 기술은 실제 어느 정도였던 걸까 잠시 상상해 본다.

10.26으로 박정희가 사망한 1979년부터 딸이 다시 등장하는 1997년 사이 사라진 세월 18년, '공주' 생계비 100억 원, 이런 비극적 결함

을 품은 박근혜. 그럼에도 그이는 아버지 사진집과 위령비, 동상 등 상징들을 앞세우고서 2012년 4월 총선에서 선방하고 12월 대선에서까지 승리한다.

11월에는 안양의 시가 3천억 원 하는 5공 비리 관련자 토지가 조용히 전두환 딸에게 이양되었다고 《한겨레21》은 밝힌다. 2012년은 결국 아무것도 개혁되지 않은 채 끝나고 희망은 잿더미가 된다.

그들과는 다른 생애를 보이는 가족이 역사에 많다. 《고만네》(문영미 글, 김진화 그림, 보림)는 2012년 6.25에 출간되었다. 북간도 소녀 고만네, 김신묵 님의 실제 이야기를 손녀 문영미가 전한다. 내가 대략 100년도 더 이전 여자아이로 태어났다면 어떻게 살았을까 생각하게 만든다.

《고만네》ⓒ 문영미 김진화, 보림 2012

1899년 겨울, 너무 산이 깊어 농사 짓기 힘든 함경도 산골짜기 회령을 떠나 고만네 가정은 두만강을 넘어 북간도로 들어가 용정 마을을 이루었다. 여자는 이름도 없고 공부는 물론 못 하던 시절, '여자는 그만'이란 뜻의 고만네는 1911년 열일곱 신부가 된다.

명동촌에 여자 학교가 생기자 시아버지가 학교에 보내주실 때 신랑 문재린은 각시에게 김신묵이라는 이름을 붙여줬단다. 공부도 하고 문익환 문동환 등 자녀도 낳은 고만네는 1946년 우리나라로 돌아와 다시 그림책 속 삼나무 실처럼 이야기를 이어 역사와 시대를 만든다.

백 년 전 사진들이 감각적인 콜라주를 거쳐 한 폭 한 폭 인상적인 장면들을 완성했다. 북간도 풍경까지 정겹게 되살려내는 특별한 색감과 오래된 흑백 사진들이 정겹다. 우리 역사에는 2012년에 대통령 된 이 가족도 있고, 고만녜 가족도 실제 있었다.

함께 살자_2013

연초 다시 구제역이 번지고 1.24 서울중앙법원은 유신 때 긴급조치 위반으로 옥중 사망한 장준하에 39년 만에 무죄 선고한다. 이 선고 후속으로 3월 헌법재판소는 긴급조치 1호 2호 4호 9호에 대해 위헌을 결정한다. 7월엔 긴급조치 9호 위반 혐의로 실형을 선고받았던 고 김대중, 문익환 목사가 36년 만에 무죄를 선고 받는다.

7월 국정원의 대통령 선거 개입과 검경의 축소 은폐에 항의 촛불시위가 재개된다. 이어서 8월에는 다목적 실용 위성 아리랑 5호가 러시아에서 발사된다. 지상과 교신에 성공하여 세계 6번째로 지상 감시 능력을 확대한다.

11월, 일제에 강제 징용되어 노동력을 제공했던 근로정신대 할머니들이 한국 법원에 제기한 미츠비시 중공업 상대 소송에서 14년 만에 원고 승소 판결을 받는다. 행정안전부는 관동대지진 학살 사건과 강제 징용, 3.1운동 피살자 명부를 최초 공개한다.

구제역 때문에 돼지들이 무자비하게 살처분되는 과정을 담은 《돼지 이야기》(유리, 이야기꽃)가 있다. 그림 장면마다 달리 표현된 돼지 시선으로 여러 감정이 전달된다. 본문은 조용하고 숙연하다. 2010년 우리나라에 살던 돼지는 1000만 마리쯤이었고, 2010년 12월부터 다음 4월까지 살처분된 돼지는 약 331만 마리였다.

《돼지 이야기》ⓒ 유리, 이야기꽃 2013

번식용으로 평생을 사는 돼지들은 흙을 밟지 못한 채 가로 60센티미터 세로 2미터 사육 틀 안에서 지내다 1년에 2회 새끼 낳을 때만 분만사로 옮겨진다. 새끼를 낳으면 분만 틀 안에 갇힌 채 3주 동안 젖을 먹이고 사육장으로 되돌아가 몇 주 뒤 다시 인공 수정에 들어간다.

새끼에게 젖을 먹이는 돼지 눈빛에 담긴 사랑과 따뜻함은 무어라 표현할 수가 없다. 새끼들은 두 달쯤 형제들과 자라다 건강한 암컷은 번식 우리로 옮겨지고 나머지는 여섯 달쯤 살찌운 뒤 도축장으로 끌려가는 생이다.

사육 틀 안에만 갇혀 지내니 질병과 전염에 취약하여 걸리는 구제역 때문에 살처분돼 묻힌 구덩이는 3년 동안 닫혀 있어야 한다. 사육 돼지들은 인간의 육식 생활을 지탱하기 위해 존재하는 생명이다. 이들의 유일한 흙 밟기 외출이 살처분 구덩이로 이동하는 잠시였음에 할 말을 잃는다.

2013년, 독서와 TV 시청으로 18년을 살아왔다는 새 대통령은 표면에선 창조 경제와 지하 경제 활성화, 새마을 운동 부활, 역사 교과서 국정화를 표방했다. 인사와 국정 실무 면에서는 불통과 오리무중 현상이 심각했다. 2월에 임명된 대변인 윤창중은 5월 워싱턴 방문 시 성추문 대형 사고를 치고 국제 망신을 산다.

민주당은 선거 패인을 두고 갈등을 벌이는 한편 진보당에 대한 국정원의 종북 몰이는 점차 수위를 높인다. 통합진보당 이석기 의원은 내란죄로 구속 수감되고 정부는 '통합진보당에 대한 위헌정당 해산 심판 청구안'을 국무회의 긴급 안건으로 올려 일사천리로 의결한다.

5월 홍준표 경남 지사가 그 지역의 오래된 대표 공립 의료 시설인 진주의료원을 운영 비효율성이 크다는 이유로 폐원시킨다. 《국민의 소리를 들어요!》(이혜란 쓰고 그림, 사계절)가 얼른 떠올랐다.

《국민의 소리를 들어요!》 ⓒ 이혜란, 사계절 2013

'일과 사람' 국회의원 편 그림책이다. 국회의원은 어떤 일을 하는지, 어떻게 뽑아야 하는지 잘 알려 준다. 국회의원이 법안을 만들고 통과시키는 입법 활동 과정도 자세히 소개한다. 풀잎당 김영희 국회의원이 밝힌 소신은 이렇다.

"국민들이 배우고 치료받는 일을 책임지는 나라! 나는 앞장서서 그 일을 하기로 마음먹었어." 그리고는 "어떤 병이든 나라에서 책임지자, 나라에서 운영하는 병원을 늘리자"는 염원으로 '온 국민 건강법' 입법에 나선다.

국회의원은 국민을 위해서 일하는 사람이라고 단단하게 설명하며 주장하는 책이다. 이런 책이 도서관이나 학교에 꼭 꽂혀있기 바란다. 우리 현실엔 기존 공공 의료원을 없애는 정치가도 있고 세우자는 정치가도 있다. 정치인 언행의 앞뒤를 잘 살펴 투표하는 것도 민주 시민의 권리이자 의무이다.

이전 정부에서 기어이 저지른 4대강 운하 사업의 민낯과 폐해가 점차 드러나고 철도 민영화 논란도 심해진다. 종편 방송의 폐단이 커지면서 국민방송을 설립하고자 모금 활동이 진행된다.

이마트 판매원들의 열악한 노동 상황과 노조 탄압이 드러나고 불매운동이 벌어진다. 연대 홍대 중앙대 등 대학 청소 노동자들의 열악한 노동 조건도 사회 문제로 떠오른다. 하나고등학교가 갑자기 자율형 사립고로 변신한 것도 화제였다.

표현의 자유가 어디까지인지 묻는 일베 파동이 계속되는 한편 12월에는 고려대 '안녕들하십니까' 대자보로부터 '안녕' 물결이 시작된다. 자본과 권력이 결합하여 빚어내는 여러 사회 현상들의 속 깊은 실상을 들여다보라는 요청 같다.

물질 만능 시대에 재개발의 서글픔을 그림으로 이야기하는 환상 그림책 《이사 가는 날》(글 그림 이수연, 리잼)을 본다. 작가가 실제 20년을 살았던 영등포 도림동 지역을 다시 찾아가 본 느낌을 생생하게 살려냈다.

《이사 가는 날》ⓒ 이수연, 리잼 2013

골목길, 집, 친구들, 귀여운 동물들로 아기자기하던 동네는 재개발 과정을 거쳐 아파트 단지로 완전히 바뀌었다. 철거로 현실에서는 사라지겠지만 "누군가의 기억 속에는 여전히 존재하는 아름다운 것들에 대해 이야기하고 싶었다"고 작가는 이야기한다.

하늘을 나는 우산을 쓰고서 강아지 랑이와 함께 이제 곧 사라져 없어질 삶터를 두루 돌아보는 소녀. 공중의 전깃줄들과 고양이 치루치루, 교회 종소리와도 작별 인사 하면서 그 너머 빛줄기를 따라 넘어간다. 저 빛 속에는 무엇이 있을까 기대하면서.

2013년 6월 이른바 전두환 추징법(공무원 범죄에 관한 몰수 특별법 일부개정안)이 국회를 통과했다. 법원에서 2205억 원의 추징금을 선고받은 전두환은 불법 형성 재산을 지키기 위해 가족 등 다른 이름으로 감춰 놓았다고 의심 받는다. 이번에 개정된 법으로 전두환의 미납 추징금 1672억 원을 가족에게 징수할 수 있고 환수 시효도 2020년까지 연장되었다.

미납 추징금을 장남이 완납하겠다고 밝혔지만 2019년 말까지 해결되지 않고 있다. 한편 노태우는 9월에 미납 추징금 230억 원을 자진 납부하였고 이로써 노태우 비자금 사건은 16년 만에 종결된다.

5월에 《오늘은 5월 18일》(서진선 지음, 보림)이 출간되었다. 광주에서 5.18을 직접 겪은 고3 학생이 이제 늦둥이 주부 작가가 되어 세상에 그림책을 내놓는다. "어느 날 선생님이 상기된 얼굴로 수업이 채 끝나기도 전에 다들 집으로 가라고 했습니다. 그 때 처음으로 죽음과 가족들의 슬픔을 목격했습니다.… 바로 내 옆에 살던 동네 친구 이야기입니다. 친구 이야기는 곧 나의 이야기이기도 합니다."

이 그림책은 전쟁놀이와 총싸움을 좋아하는 아이가 5월 18일 "나는 총이 갖고 싶다"고 말하면서 시작한다. 아이의 시선으로 광주 그 때 그 시간을 쭉 따라간다. 5월 28일 맨 끝 장면에서는 시민 항쟁단인 "누나가 너무 보고 싶다"며 기다린다.

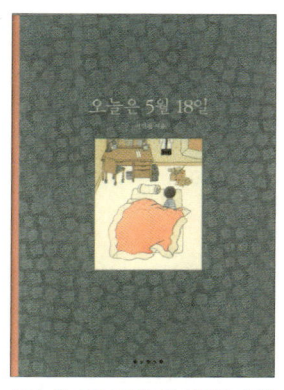

《오늘은 5월 18일》ⓒ 서진선, 보림 2013

그림들이 아주 담백하다. 장난스러운 아이 그림 같고, 맺힌 데 없이 단순하고 투명하다. 아이가 기다리는 누나와 또 수많은 광주의 형 누나들을 다시 한 번 기린다.

밀양 할머니들의 죽음과 투쟁이 계속되는 2013년이다. 76만 5천 볼트 전류가 흐르는 송전탑 설치를 반대하는 어르신들이 연이어 돌아가신다. 반대 시위도 거세지고 유한숙 어르신 추모장도 치러진다.

남북 관계는 더욱 싸늘하고 막막해진다. 4월에 북한이 폐기했던 영변 원자로 재가동을 선언한다. 이어서 개성공단 진입이 차단되고 공단 근로자 철수가 선언된다. 7월 남북 당국자는 개성공단 정상화에 합의하지만 실제 정상화는 불가능했다.

7월 백열전구의 생산과 수입을 2014년부터 금지하기로 결정한다. 7월 18일에는 충남 태안군 해병대 캠프에서 공주사대부고 학생 5명이 해상 훈련 중 실종 사망하는 사고가 발생한다.

《나무야 새야 함께 살자》 ⓒ 강문정 이광익, 사계절 2013

《나무야 새야 함께 살자》(강문정 쓰고 이광익 그림, 사계절)가 '일과 사람' 환경 운동가 편으로 나왔다. 책에서 아이들은 환경 운동가 콩 선생님과 함께 동에 번쩍 서에 번쩍 바쁘게 활동한다.

환경 운동이 뭔지 은근한 어조로 이야기한다. 환경 운동은 곧 생명을 지키는 일이다. 지구를 집으로 삼는 모든 생명을 돌보는 일이 환경 운동이고, 환경 운동가는 생명 지킴이다. 지구 온난화가 뭔지, 환경 공부도 한다. 습지와 동식물들을 만나러 답사도 떠난다.

이들은 마을에서 없어질 위기에 몰린 솔부엉이 산도 지켜냈다. 환경 운동가 콩 선생님이 밀양에 간다면 어르신들의 친구가 되어 꼭 필요한 활동들을 만들어 내지 않을까. 마을도 지키고 어르신들도 지킬 방도가 찾아지면 좋겠다.

3월 김연아가 2013 국제빙상경기연맹 세계선수권대회에서 4년 만에 다시 우승한다. 2009년 세계선수권대회에서도 여자 싱글 부문 최고점 우승이었는데 2012-13년의 점수는 또다시 최고점이었다. 김연아는 자신이 이룬 세계 최고 기록을 다시 본인이 여러 번 갱신한 은반 위 예술가다.

6월에는 아이돌그룹 BTS가 데뷔한다. 곧이어 세계의 온갖 대형 스타디움을 석권하는 그들의 데뷔 때 이름은 방탄소년단防彈少年團,

Bangtan Boys, Bulletproof Boys Scouts이었다. 어떻게 '탄환 방어'라는 이름을 생각했을지 놀랍다.

2017년에는 과거와 미래를 아우르는 개념으로 의미를 확장시키면서 Beyond The Scene도 BTS 이름 뜻에 추가됐다. '매 순간 청춘의 장면들을 뛰어 넘는다'는 의미를 이름에 부여한 듯하다. 모쪼록 이들이 아주 오래 건강하기를 소망한다.

이 시기 오디션 프로그램이 다양해졌다. 그 중 발굴된 악동뮤지션은 좀 특별히 신선했다. 제도교육권 밖에서, 몽골 초원에서, 자연으로 만든 악기를 들고 멋대로 맛대로 노래를 만들어 부르던 남매는 어느 자리에서도 당차고 맑아서 예쁘다.

《무대는 언제나 두근두근》소윤경 쓰고 그림, 사계절)은 '일과 사람' 뮤지컬 배우 편이다. 뮤지컬 배우가 직업군에 '일-노동' 안으로 들어갔다는 것부터 재밌다. 작가는 뮤지컬이 만들어지는 현장에서 오래 취재하여 작품을 구상하고 내용을 채웠다. 뮤지컬 현장이 매우 상세하고 조목조목 사실에 부합한다.

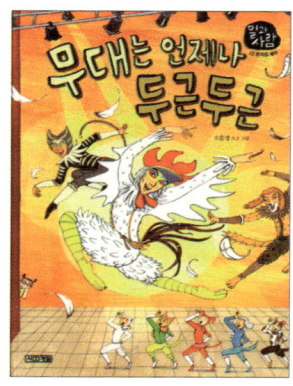

《무대는 언제나 두근두근》 ⓒ 소윤경, 사계절 2013

뮤지컬 한 편이 만들어지는 과정과 배우가 겪는 갈등, 쏟는 노력, 기쁨과 슬픔이 들었다. 배우뿐 아니라 연출가와 음향 조명 무대 등 여러 분야 감독, 디자이너가 따로 또 같이 일하고 합을 맞추는 과정도 생생하게 소개된다.

마지막에 배우들에게 묻는다. 배우는 어떤 사람인가? 그리고 답을 찾아 알려 준다. "배우는 배우고 또 배워야 해. 배우한테는 개성이 중요해. 관객이 그저 고맙지. 배우는 사람을 잘 이해해야 해. 배우는 상상력이 있어야 하고 서로 마음이 잘 맞아야 해. 그리고 배우한테는 관찰하는 버릇이 있어야 해."

잊지 못할_2014

안산 단원고 학생 325명을 포함해 476명의 승객을 태우고 제주로 향하던 세월호가 2014년 4월 16일 진도군 앞바다에서 침몰했다. 희생자 수는 304명으로 알려졌다. 2017년에야 배는 육지로 끌어올려졌고, 제때 졸업하지 못했던 단원고 학생들 250명은 2019년 2월에 고등학교를 명예 졸업한다. 당시는 차마 읽지 못한 기록들을 5년이 지나 검색하니 다음 제목들이 눈에 띈다.

"해경의 황당한 보고서, 함선 33척 항공기 6대 동원" "민간 잠수사 1명 사망" "이종인 대표, 다이빙벨 구조 실패, 죄송하다" "세월호 선박 직 15명 모두 구속" "우리는 아직 세월호에 타고 있다, 범죄 인정한 선원, 단 1명" "배상과 보상 논쟁에 부딪힌 세월호 특별법" "단식 40일째 병원으로 이송된 유민 아버지 김영오 씨" "60도 기울어도 6분 만에 탈출 가능" 그런데 우리의 세월호는 도대체 왜!

여러 해 동안 '4.16 세월호참사특별조사위원회'가 1기, 2기로 꾸려졌어도 정확한 사고 원인은 여전히 알 수 없다. 구조와 수색의 적정성은 계속 비판 받는다. 세월호 참사로 온 국민이 황망하던 8월 16일, 프란치스코 교황이 광화문 광장에서 미사를 집전하고 18일에는 명동성당에서 평화 화해를 위한 미사가 봉헌된다.

민망하고 미안한 마음으로《태풍이 온다, 긴급 출동!》(글 박경화, 그림 강전희, 창비)을 본다. 태풍이 예고되자 온갖 관련 부서들과 사람들이 예방에 나선다. 바다는 물론 들판과 산마을에서도 도시의 거리에서도 태풍 피해를 줄이려는 온갖 방비를 갖춘다. 태풍은 밤새 지나가고 이후 여러 장소와 지역에서 피해 파악과 복구 노력을 쏟는다.

《태풍이 온다, 긴급 출동!》ⓒ 박경화 강전희, 창비 2014

학교나 회관에 설치된 보호소와 진료소에서는 온 국민이 힘을 모아 사회 재난으로 입은 공동체의 피해를 돌보느라 애쓴다. 군인 소방대원 의료진 공무원 주민 자원봉사자까지 모두 힘을 모아 다치고 아프고 재산 잃은 이들을 돕는다.

자기 일에 최선을 다하면서 공동체에도 애정과 관심과 지원을 쏟는 생활인이 우리 주변에는 많다. 자연과 인간의 관계, 공동체의 의미까지 다시 생각하게 하는 '사람이 보이는 사회 그림책'이다.

2014년 1월 전북 고창군에서 고병원성 조류 인플루엔자가 발생해 오리 2만 1천 마리가 살처분된다. 이후 조류 인플루엔자는 전북 부안에 이어 부산과 충북 진천 일대까지 확산된다. 2010년 이후 계속되는 구제역과 더불어 인간의 육식 생활에 따른 재앙의 또다른 모습이다.

2월 강기훈 유서 대필 사건 재심에서 무죄가 선고되고 3월 '서울시 공무원 간첩사건'으로 알려진 유우성이 2심에서 국보법 무죄를 선고 받는다. 국정원의 증거 조작이 사실로 드러났지만 자세한 경위는 은폐된다. 10월 가수 신해철이 수술 부작용으로 사망하면서 가족의 피투성이 싸움이 시작된다.

《이빨 사냥꾼》ⓒ 조원희, 이야기꽃 2014

결국은 인간의 욕심 때문에 저리 살처분되는 동물들을 떠올리며 서늘한 그림책 《이빨 사냥꾼》(조원희, 이야기꽃)을 본다. 사냥꾼들이 코끼리이고 사냥감이 인간이 된, 입장 바꿔 보는 그림책이다.

코끼리 시각으로 바라본 상아 밀렵 이야기여서 아찔하다. 매우 강렬한 그림이다. 작가 소개 글은 이렇다.

"작고 소중한 것에 관해 그림으로 이야기하기를 좋아합니다.…자기 내면 깊은 곳의 감정과 바깥 세계가 부딪치며 뿜어내는 기운을 간결하면서도 힘 있는 형태와 독특한 색채로 표현하는 작가입니다.…말로는 표현하기 어려운, 그러나 꼭 하고 싶은 이야기를 그림에 담았습니다."

포유류의 어금니, 엄니들이 뽑혀 가 이빨 시장에서 팔린 후 조각품과 장식품, 담배 파이프가 된다. 여기까지 전개되고 맨 앞에서 '사냥'된 듯한 바로 그 아이가 나타나 속말을 전한다. 무서운 꿈을 꿨다고. 전하기 무섭지만 그래도 사람들한테 우리한테 얘기해야겠다고.

2013년 밀양에서 유한숙 어르신 추모장을 치르면서 격해진 분위기는 2014년 들어 더욱 비극적인 사태를 부른다. 지원금을 받으며 송전탑 건설에 합의하는 주민들이 생기고 이후 마을 공동체는 파괴된다. 마을 집회에서는 치고받고 성추행까지 벌어지고, 마을에서 받은 지원금은 74억, 경찰이 밀양에서 100일 간 쓴 비용은 무려 42억이었다고 당시 《한겨레21》은 전한다.

돈과 권력 가진 자들의 갑질에 온 사회가 분노하는 사건이 발생한다. 대한항공의 이른바 '땅콩 회항'이다. 이 일로 한참 시끄럽던 12월 헌법재판소는 통합진보당 해산을 결정한다.

밀양 할머니들과 우리 주변 여러 할머니들을 생각하며 고운 그림책 한 권을 떠올린다. 《천하태평 금금이의 치매 엄마 간병기》(김혜원 글, 이영경 그림, 한겨레아이들). 어찌 이렇게 아름다운 이야기를 생각해 냈을까 감탄하며 몇 번을 보고 또 본다.

쪼글 할매, 하늘에서 떨어진 박씨, 박통에서 덩더쿵 태어나는 아기, 금쪽같이 귀하다고 이름도 금금이, 바로 이들이 옛이야기처럼 구수한 이야기를 사랑스런 그림들 속에 풀어낸다. 못나고 늦되던 아이가 깜박증을 앓는 쪼그라지고 쪼그만 치매 환자 엄마를 더할 나위 없이 알차게 돌본다.

놀고 먹고 싸는 것만 으뜸인 쪼글 할매가 오줌 싸고 똥 눌 적마다 금금이는 덩실

《천하태평 금금이의 치매 엄마 간병기》 ⓒ 김혜원 이영경, 한겨레아이들 2014

덩실 춤 추며 노래한다. "둥둥둥 우리 어매 어화둥둥 우리 어매 오줌 싸서 이쁘고 똥을 싸서 이쁘고, 어매도 나 키울 제 내가 이리 이뻤던가. 똥거름이 풍년이니 올 농사는 풍년일세."

실제 노인 시설에서는 대소변 잘 보는 일이 제일 큰 과제다. 특히 대변! 우리 어머니들도 밀양 할머니들도 생각나게 하는 작품이어서 참말 고맙고 고맙다.

철도 민영화에 따른 오랜 거부감에 더해 1월 철도 노조 파업으로 갈등이 확대된다. 게다가 코레일은 경쟁 자회사인 수서고속철도 SRT를 출범시킨다. 2월 서울 마포 아현고가도로는 걷기 행사를 치른 후 철거 작업에 들어간다.

8월 서울 송파구 석촌동에 싱크홀이 발생한다. 지하철 9호선 노선 설치 관련인지, 제2 롯데 건설 때문인지 논란이 무성한 가운데 주민들의 공포심은 커졌다. 10월 경기도 판교 테크노밸리의 야외 공연장 환풍구가 붕괴하는 사고가 발생한다. 공연을 보던 관람객 16명이 사망하고 11명이 부상을 입는다. '테크노밸리'라 이름 붙은 한국 기술 발전의 메카에서 일어난 후진국형 사고여서 더 안타까웠다.

도시 개발 관련 소식들을 접하면서 《우리나라가 100명의 마을이라면》(배성호 글, 허구 그림, 푸른숲주니어)을 편다. 배성호 교사가 오랫동안 준비한 작품이다. 너와 나는 어디에서 어떻게 살고 있는지 짧은 글과 그림으로 알려준다. '통계를 시각화하기'라고 작가는 말한다.

실제 인구 5천만 명인 한 나라를 100명이 모여 사는 작은 단위 마을로 줄여서 표현한다. 50만분의 1로 줄인 수치들이 나온다. 100명 마을에서 한 명은 실제로 무려 50만 명이다. 우리 사는 세상이 아담한 한 동네 마을로 소개되어 친근하다.

2014년 당시의 실제 통계를 갖고 다음 항목들을 설명한다. 〈지역 집 나이 먹을거리 건강 종교 어린이와청소년 여자와남자 동물 정보통신 일하는사람들 빈부 세계화 에너지 역사〉.

《우리나라가 100명의 마을이라면》
ⓒ 배성호 허구, 푸른숲주니어 2014

대한민국 국민이 실제 어떤 관계와 구조, 조건 속에 사는지 세밀하고 정확하게 분석하고 해설한다. 우리 세상에 관해 함께 이야기 나누고 더 나은 세상을 꿈꾸기, 어린이와 어른이 함께하니 참 좋다.

2014년 1월 KB국민카드, NH농협카드, 롯데카드에서 고객 정보 천만 건 이상이 유출되는 대형 정보 관리 사고가 터진다. 이 피해 수습과 대책 마련에 정부까지 나서는데 처리는 오래 걸렸고 불안감은 가시지 않았다. 개인 정보 보호 문제가 사회 과제로 떠오르게 한 사건이다.

2월 한국 두 번째 남극 기지인 장보고 과학기지가 개원된다. 부산지방법원은 이즈음 '부림 사건' 재심에서 5명 피해자에게 33년 만에 무죄를 선고한다. 5월에는 포털 다음과 카카오톡이 합병한다.

12월 전북 익산시 신동성당에서 진행된 한 토크콘서트 현장에 '일베' 고등학생이 인화 물질 담긴 사제 폭탄을 투척하는 사건이 일어났다. 12.26 울산 울주군에서는 신고리 원전 3호기 현장 가스 누출로 3

명이 사망하는 사고도 발생한다.

《세상에서 제일 바쁜 마을》 ⓒ 강경수, 그림책공작소 2014

사건 사고가 많아 마음이 복잡하던 시절, 안전과 평화로운 삶을 이야기하는 《세상에서 제일 바쁜 마을》(강경수, 그림책공작소)을 편다. 강경수 작가가 호기심을 가득 담은 애정 어린 얼굴로 묻는다. '지금도 바쁘게 사는 그대, 행복한가요?'

복잡한 기계의 열쇠 구멍 같은 표지를 넘기면 누군가 세상에서 제일 바쁜 마을로 들어가서 천천히 걷는다. 그냥 사부작 사부작 걷기만 하는 이 존재는 바쁜 마을 사람들에게 충격이다. 괴물로 인식될 정도다. 바쁜 마을 사람들은 비록 화가 났지만 '괴물'을 쫓아감으로 잠시나마 바쁜 일상에서 탈출한 셈이다. 제일 바쁜 마을 상황이 끝나자 괴물 아닌 괴물이 '세상에서 두 번째로 바쁜 마을'로 향하는 데서 책은 끝난다.

작가는 이 '괴물'도, 바쁘게 일하는 이들에게 문제가 생기는 상황도, 천천히 한 땀씩 바느질 자리로 표현했다. 글과 그림을 바느질 땀으로 연결하면서 재미있는 요소가 부가된 느낌이다. 이 그림책은 복잡한 기계 부속, 증기, 태엽 등으로 바쁜 세상을 표현했는데, 이를 '스팀펑크' 스타일이라고도 부른다.

2011년 볼로냐 도서전에서 라가치 상을 수상한 강경수 작가가 한 땀 한 땀, 다양한 상상과 상징을 바느질한 그림책이다. 큰 기계 같은 세상 속에서 허덕허덕 바쁘게 살아가는 우리가 따라갈 느린 괴물은 어디 있을까.

몇 해 전 시작된 그림책미술관시민모임이 드디어 2014년 9월 제주에서 첫 그림책미술관을 연다. 제주시 이도 2동에 제라진이라는 이름으로 개관한다. 제주의 그림책 꾼들이 매일 이 관덕정 앞 '똑똑하고 야무진 제라진'에 모인다. 모여서는 그림책을 읽고 공부하며 그리고 전시하는 일들이 활기차게 시작된다.

그림책미술관시민모임은 충남 부여 송정마을을 그림책마을로 만드는 프로젝트도 시작한다. 나이 많은 어르신들만 남은 송정마을에서 본인 인생 이야기를 그림책으로 그리는 작업이 여러 해 진행되면서 마을은 활기차게 바뀌어 간다. 결과는 2017년에 우리 모두 확인하게 된다.

어르신들이 본인 삶을 그림 여러 장으로 표현하고 그림책으로까지 묶어내는 이 공동 작업은 책 동네뿐 아니라 사회 복지 분야와 농촌 지자체들에까지 좋은 모범이 되었다.

원주에서는 국내 최초 그림책 전문 도서관 건립을 위한 세미나가 열린다. 그림책이 지역 사회 운동으로 전개되는 여러 소식이 들려와 반갑다. 이즈음 우리 전통 농악이 유네스코 무형문화유산에 등재된다.[7]

2014년 11월 도서정가제가 더 강화되는 쪽으로 개정된다. 이제 신간 단행본뿐만 아니라 학습지 등 모든 도서 할인율이 최대 15%로 제한된다. 직접 할인 10%와 간접 할인 5%만 가능하다. 도서 유통을 좀 더 일관성 있게 관리하려는 개정인데 책 동네에서는 영향을 받는다.

《우리 동백꽃》 ⓒ 김향이 윤문영, 파랑새 2014

부여 송정마을 어르신들, 도서정가제, 도서 생태계 등을 생각하며 《우리 동백꽃》(김향이 글, 윤문영 그림, 파랑새)을 본다.

임진왜란 때 일본이 세계 희귀종 울산 동백을 약탈해 가 교토 춘사에 심으며 '오색팔중산춘'이라는 일본 이름까지 붙인다.

1989년 한국예술문화단체총연합회(한예총) 울산 지부장이 교토 춘사, 동백나무 절에서 이 동백을 처음 발견하고 되찾기 운동을 전개한다. 임진왜란 발발 400년 되는 해 울산 동백 세 그루가 드디어 고향으로 돌아온다.

이 아름다운 그림책에서는 동백나무가 말을 하고 울며 고향을 그린다. 엄마 동백은 늘 고향을 그리며 울다 세상을 떠난다. 어머니 고향은 눈물과 서러움과 넋두리, 한숨이었기에 딸 동백은 처음엔 어머니 고향을 떠안을 생각이 없었다.

고향의 하늘, 들녘의 보리밭, 명지바람, 목동의 풀피리 소리, 노을 등을 경험하고서야 딸 동백도 고향을 느껍게 받아들인다. 딸 동백 입을 빌려 작가는 말한다. "고향은 어머니입니다. 이제 나는 어머니 품으로 돌아갑니다."

전쟁으로 인한 질긴 인연과 아픈 흔적을 알리는 그림책이다. 그림책의 잠재력이 물씬하다.

광복 70주년_2015

광복과 분단 70주년을 맞는 2015년은 메르스와 백남기 농민 사건으로 뜨거웠다. 2월 새정치민주연합 전당대회에서 문재인 대표가 당선되고 정의당이 약진하는 한편 박 대통령의 지지율은 하락한다.

1953년에 제정되었던 간통죄를 2015년 2월 헌법재판소가 위헌으로 판결한다. 9월에는 2005년부터 사회 문제로 표면에 떠올랐던 일본 우토로 마을의 재일 한국인 거주권 문제가 완전히 해결되어 공영주택이 들어서게 되었다.

10월에는 새로운 국사과 국정 교과서에 들어가는 몇몇 단어들이 문제로 떠오른다. 10월 유신, 국민정신 개조, 새마을 운동, 새마음 운동 등이다. 역사 해석에 개입되는 정치 성향, 정권의 편향된 입맛 등이 지적되면서 논란이 인다.

분단과 한국전쟁 이후 대한민국 역사에서 가장 아프고 참혹한 사건은 광주민주화운동일 것이다. 2015년에 문제된 국사 국정 교과서가 혹시라도 계속 진행되어 5.18 광주까지 다루었다면 심하게 비틀리고 왜곡된 해석을 담았을 것이어서 한숨이 나온다.

한숨을 걷고 《나는 아직도 아픕니다》(최유정 글, 이홍원 그림, 평화를품은책)를 편다. 광주에서 나고 자란 글 작가와 현대 풍속화의 새로운 세계를 열어 보인다는 평을 듣는 그림 작가가 연대하여 만든 작품이다. '어린 아재의 오월 이야기'라는 부제가 달렸다. 아크릴 화 붓질이 생생한 오월 광주 그림책이다.

《나는 아직도 아픕니다》 ⓒ 최유정 이홍원, 평화를품은책 2015

저수지에서 멱을 감다 총탄에 사망한 중1 방광범 군과 신발을 집으려다 10여 발 총탄에 숨진 초등 1년 전재수 군 이야기인 '송암동 양민 학살'이 배경 서사다. 이들과 같이 놀던 '어린 아재'는 30년 넘게 이 일을 잊지 못한 채 말도 못 꺼내고, 숨진 벗들한테 제대로 인사 한 번 못한 것이 죄스럽다.

자기가 안 죽으려고 총을 쏠 수밖에 없었던 이는 가해자 입장에서 30년 동안 공포와 회한에 시달린다. 지금도 붉은 피 냄새 속에, 등 뒤를 덮치는 괴물 그림자 아래서 늘 떨고 있다. 무겁디 무거운 상처다.

오월 광주에서 맞서는 자리에 있던 두 남자가 서로에게 자기 이야기를 꺼내 전하는 순간 상대는 물론이고 자신까지 용납되고 이해된다. 광주의 한과 고통이 씻기는 날이 오기는 올까 문득 의문이 든다.

2월 원자력안전위원회는 설계수명이 종료된 월성 1호기 원전을 계속 운전하기로 결정한다. 경북 경주시 양남면 소재 월성 1호기는 1983년 4월에 상업운전이 개시되었고 2000년 7월부터 수명 평가 작업이 진행 중이었다. 2011년 후쿠시마 원전 사고 이후 수명 관리가 엄격해져 3년째 가동을 멈춘 월성 1호기의 계속 운전을 결정하면서 큰 걱정이 일었다. 월성 1호기는 결국 2018년 6월에 폐쇄된다.

4월에는 한미 원자력협정이 4년 6개월 만에 타결된다. 이는 대한민국 정부와 미국 연방정부가 맺은 원자력 연료 이용에 관한 상호 협정이다. 1974년 발효 후 42년 만에 개정되어 한국은 미국의 사전 동의 없이도 사용 후 핵연료를 재처리나 연구에 사용할 수 있게 되었다.[8]

6월에는 부산 기장군의 고리 원자력 1호기의 영구 정지가 결정된다. 1978년에 상업운전이 개시된 고리 1호기는 실제 2017년 6월에 완전히 가동을 멈춘다. 39년 만에 사라지는 것이다.

원자력 발전과 관련된 그림책 《밀양 큰할매》(글 그림 김규정, 추천 이계삼, 철수와영희)를 편다. 큰할매는 밀양에서 나고 자라 농사지으며 태극기를 잘 그리는 애국자시다. 신고리 핵 발전소에서 만든 전기를 도시로 실어 나르는 76만 5천 볼트 초고압 송전탑이 할매네 뒷산에 들어서면서 그만 할매는 불행해졌다.

《밀양 큰할매》 © 김규정, 철수와영희 2015

초고압 송전탑 아래서는 식물도 동물도 살 수 없고 당연히 사람도 중병에 걸려 못 산다. 땅을 포기하고 보상금을 받은 이웃들과는 등을 돌리게 되어 더욱 슬프다. 할매는 송전탑을 떠올리면 일제 시대 마을 뒷산에 박아놨던 쇠말뚝이 생각난다. 송전탑과 쇠말뚝은 생명을 짓밟는 쌍둥이란다.

송전탑을 따라가면 끝에 핵 발전소가 나온다. 할매는 한평생 호미질해서 마련한 땅을 지켜야 한다고 낮에는 포클레인 삽 아래 자리를 지키고 저녁이면 촛불을 들고 사람들을 만난다.

2015년 1월부터 사고들이 이어진다. 먼저 10일 경기도 의정부시 아파트에서 대형 화재로 5명이 사망하고 125명이 부상. 12일에는 경기도 파주시 LG디스플레이 공장에서 질소 가스 누출로 사상자 6명. 4월에는 경기 이천시 SK하이닉스 신축 공사장에서 가스 누출로 3명이 사망.

세월호 참사 1주년이 되었어도 재난의 원인이나 책임자 규명은 아직 요원하다. 5-6월엔 중증급성호흡기질환인 메르스가 발생해 186명이 감염되고 그 중 38명이 사망에 이른다. 메르스도 세월호와 마찬가지로 정부가 골든타임을 놓치면서 대형 사고가 된, 키워진 재앙이라는 비판이 컸다. 안전은 협상 대상이 아니라는 사실이 뼈저리다.

《죽음의 먼지가 내려와요》 ⓒ 김수희 이경국, 미래아이 2015

미세 먼지와 대기 오염을 드러내는 그림책 《죽음의 먼지가 내려와요》(김수희 글, 이경국 그림, 미래아이)를 본다. 1급 발암 물질인 미세 먼지 때문에 폐암에 걸린 중국의 여덟 살 아이 실화를 바탕으로 한 우리 그림책이다.

늘 함께 그림 그리며 놀던 단짝 친구가 미세 먼지 때문에 폐암에 걸려 세상을 떠난다. 친구를 잃고 마음 아파하던 주인공 소녀도 호흡기 질환에 걸린다. 세상 하늘이 모두 다 중국 장쑤 성처럼 시커먼 것은 아니라고, 맑은 하늘 푸른 하늘도 있더라고, 아이가 놀란 듯 말하는 모습이 먹먹하게 슬프다.

재앙에 가까운 환경 재해인 미세 먼지로 아이들이 죽어간다. 어른들은 이를 어떻게 해결할 수 있나. 해결 방안을 찾긴 하는 걸까.

6월, 한국 대표 작가로 손꼽히던 한 사람의 표절 사태가 발생한다. 이 사실이 알려지고 밝혀지는 과정에서 평론가와 출판인 결탁까지 드러나 소설가 본인뿐 아니라 한국 문학 전반의 문제와 위기로 지적된다.

유튜브가 사용된 지도 이제 10년, 뉴스플랫폼 들의 전쟁은 계속된다. 음원 위주로 음악이 소비 유통되는 시대이니 바른 음원 사용에 대한 고민과 실천도 늘어갔다.

우리 《동의보감》이 6월에 국보로 승격한다. 9월에는 전남 담양군에서 담양세계대나무박람회가 개막한다. 11월, 한미약품이 프랑스 제약사 사노피Sanofi와 사상 최대 5조 원 기술 수출에 성공한다.

표절 작가의 좌절을 보면서 시대를 거슬러 조선 시대 여성 유학자 그림책을 골랐다. 《임윤지당》(권문희 글 그림, 그림책도시)이다. 원주를 그림책도시로 만들겠다는 마음으로 활동하는 이들이 꾸린 출판사 그림책도시에서, 원주의 역사 인물 임윤지당을 그림책으로 꾸려 출간했다.

《임윤지당》 ⓒ 권문희, 그림책도시 2015

책을 열면 우선 면지 그림이 근사하다. 임윤지당이 달빛 별빛 아래 하얗게 빛나는 나무 밑에서 책을 보는 장면과 연결된다. '읽고 생각하고, 또 읽고 생각하다 보면 그의 마음과 생각은 작은 방을 넘고 마음을 넘고 땅과 하늘을 넘고 과거와 현재를 넘어 살피고 꿰어보았다.' 임윤지당의 이 표현이 놀랍다.

여자 일과 남자 일이 구분되던 조선 시대, 임윤지당은 상황이 요구하는 가족 관계 일을 다 치르고 느지막한 나이에 학문에 몰두하여 여성 유학자로 인정받는다. 그가 남긴 과거와 현재, 하늘 우주의 이치들을 《윤지당유고》에서 되살렸다.

'삼대가 함께 사는 가족 사이에서 퍼져 나오는 따스한 온기에 이끌려' 그린다는 권문희 작가 작품에는 독특한 부드러움과 다정함 섬세함이 있다. 이 작품은 더욱 그러하다. 늦은 나이에 학자 반열에 오른 임윤지당, 늘 다감한 그림을 선사하는 권문희 작가, 친근한 그림책도시 시민들 덕에 우울함을 달랜다.

11월 14일, 광화문에서 백남기 농민이 경찰의 과잉진압으로 사경을 헤매는 사고가 발생한다. 박 대통령의 공약인 쌀 수매가 인상 이행을 촉구하는 1차 민중 총궐기 대회에서였다. 경찰 버스에 매인 밧줄을 혼자 당기다가 물대포에 맞아 쓰러진 후 서울대병원 중환자실로 옮겨져 수술 받았으나 중태에서 깨어나지 못했다.

백남기 농민은 사고 317일 만인 2016년 9월 25일, 68세로 숨을 거둔다. 쓰러진 원인과 사인을 감추려는 병원과 경찰, 여당의 여러 공작들로 인해 공식 사망 원인 결정까지는 복잡한 과정이 있었다.

시간은 걸렸지만 결국 사실대로 인정되긴 한다. "백남기 씨의 사인은 명백히 물대포 충격에 의한 외상성 경막하출혈 등이며, 모든 법적 정황과 의료기록을 통해서 의심할 수 없는 사실." '급성경막하출혈로 인한 급성신부전'으로 사망 원인이 기재된다.

농민의 얼굴 사진을 대할라치면 빌뱅이 언덕 권정생 님 얼굴이 떠오른다. 김환영 작가가 9년 동안 그림 그리고 시를 옮겨 적어 평화그림책으로 나온 《강냉이》(권정생 시 김환영 그림, 사계절)를 본다. "전쟁과 배고픔으로 고통스럽게 죽어 간 모든 아이들에게 이 책을 바칩니다"는 헌사가 맨 앞에 있다.

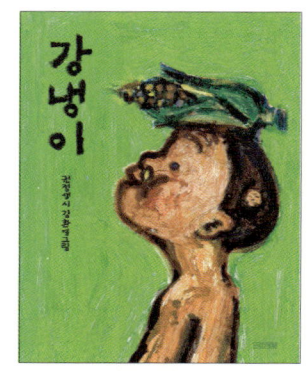

《강냉이》ⓒ 권정생 김환영, 사계절 2015

시 〈강냉이〉는 권정생 님이 실제 초등학생 때 쓴 시로, 스물일곱 살 때인 1964년에 직접 손으로 쓰고 그려서 엮은 시집 《동시 삼베치마》(문학동네 2011)에 실렸다. 권정생 님 어린 마음에 남은 전쟁 기억이 간절히 평화를 염원한다.

"멋진 그림이 아니라 진실한 그림이 늘 문제"인 김환영 작가는 오랜 시간 〈강냉이〉의 마음을 표현하고자 애썼다. 작가는 《강냉이》를 이렇게 이야기한다. "내 생애에 이렇게 힘들게 작업한 책이 없다. 그러나 이 책이 그림책을 장르로 깨닫게 했다."

"생야는 구덩이 파고 난 강낭알 뗏구고 어맨 흙 덮고 … 내 혼자 모퉁이 저꺼짐 두고 왔빈 강낭 생각 했다 '인지쯤 샘지 나고 알이 밸 낀데…'" 앞으로 만날 모든 강냉이들이 벗이자 식량이자 목숨일 듯하다.

12.28 정부는 한일 외교장관회담 공동 기자 회견문을 발표한다. 이른바 '한일 일본군위안부협상타결'이다. 박근혜 정부는 (1) 일본군 위

안부 문제를 일본과 협상, 타결하여 최종적 불가역적 종결을 약속한 것이다. 뿐만 아니라 (2) 한국 정부는 주한일본대사관 앞 소녀상을 '적절히 해결되도록 노력'하고 (3) 일본 정부와 함께 향후 유엔 등 국제 사회에서 이 문제에 대해 상호 비난 비판을 자제한다는 것이다.

100억 원짜리 '화해와 치유 재단'을 설립해 '위안부'들에게 현금 지급한다는 내용도 있었다. 이에 정신대문제대책협의회는 물론 모든 야당과 학계가 계속 비판하였다. '소녀상 철거를 전제로 돈을 받았다.' '피해자를 배제한 졸속 협상이다.' '민감한 외교 문제를 하루 빨리 털어버리려는 욕심이 부른 졸속 굴욕 합의다.' '국회의 동의를 받지 않았기에 협상 무효다.' 많은 이들이 한 해 끝자락에서 분노하며 슬퍼했다.

'전쟁 피해자를 추모하는 비석'을 수레에 싣고 행진하는 실제 이야기가 담긴 그림책 《평화의 돌》(글쓴이 강제숙, 그린이 오치근, 도토리숲)이 있다. 1톤 무게 비석 곧 평화의 돌에는 '전쟁 때 희생당한 이름 모를 사람들, 사죄와 우호 평화를 위하여'라 새겨졌다.

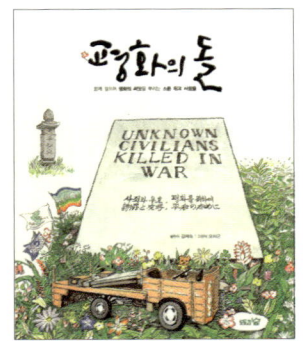

《평화의 돌》 ⓒ 강제숙 오치근, 도토리숲 2015

미국에서 1999년부터 시작된 '스톤 워크' 활동은 반전 평화를 전하기 위해 9.11 피해 지역에서부터 무게 1톤 돌을 나무 수레에 싣고 함께 걸었다. 일본에 원폭이 투하된 지 60년 되는 2005년 7월, 평화의 돌은 미국인의 사죄 마음을 나가사키에 전한다.

일본인의 사죄 마음까지 더해진 평화의

돌은 조선 징용 피해자들이 다닌 길, 치쿠호 탄광과 일본 시모노세키 항을 거쳐 2007년 4월 부산항에 도착한다. 돌은 한국인 원폭 피해자가 가장 많은 합천 원폭피해자복지회관 작은 뜰을 먼저 방문한다.

이후 거창 민간인 학살 추모공원과 지리산을 지나 5.17에 광주 땅을 거치고 부안, 천안, 서울, 금강산까지 순례한다. 6.25에 금강산 평화제로 '스톤 워크 코리아 2007'을 마무리하고 평화의 돌은 합천에서 베트남으로 갈 날을 기다린다.

행진을 꾸리고 한국에서도 함께 걸은 미국 평화운동가 돗 월슈Dot Walsh는 말한다. "무거운 돌을 한 사람이 옮기기는 어렵습니다. 평화운동도 같습니다. 여러 민족, 여러 나라 시민이 함께 손을 잡고 천천히 움직이는 것이 중요합니다."

그림은 한민족 얼과 혼이 깃든 한지에 반전 반폭력과 평화 소망을 뭉근하게 담았다. 세계 시민의 반전 평화 정신이 담긴 그림책이다.

연도	책 이름	그림 작가	글 작가 등	출판사
2008	들꽃 아이	김동성	임길택	길벗어린이
	고양이 목에 방울 달기	유승하	정하섭	길벗어린이
	천사들의 행진	최혜영	강무홍	양철북
	반달곰아 수달아 어디어디 숨었니?	최병옥	최열	청년사
2009	새가 되고 싶어	한병호	한병호	시공주니어
	꽃그늘 환한 물	김세현	정채봉	길벗어린이
	징금 징금 징금이	윤정주	일노래	창비
	꿈꾸는 도자기	이광익	김평	책읽는곰
2010	할아버지의 시계	홍성찬	윤재인	느림보
	신기한 독	홍영우	홍영우	보리
	꽃할머니	권윤덕	권윤덕	사계절
	나비의 꿈	이형진	이현숙	웅진주니어

연도	제목			
2011	바다사자의 섬	오승민	유영초	느림보
	태양의 새 삼족오	최용호	유다정	창비
	규리 미술관	박철민	박철민	키다리
	괴물들이 사라졌다	박우희	박우희	책읽는곰
	학교 가는 날	김동수	송언	보림
2012	꽃섬	김세현	정하섭	웅진주니어
	뚜벅뚜벅 우리 신	이광익	최재숙	보림
	한양 1770년	강영지	정승모	보림
	사라진 로켓 병기, 신기전	이량덕	남석기	미래아이
	고만네	김진화	문영미	보림
2013	돼지 이야기	유리	유리	이야기꽃
	국민의 소리를 들어요!	이혜란	이혜란	사계절
	이사 가는 날	이수연	이수연	리잼
	오늘은 5월 18일	서진선	서진선	보림
	나무야 새야 함께 살자	이광익	강문정	사계절
	무대는 언제나 두근두근	소윤경	소윤경	사계절
2014	태풍이 온다, 긴급 출동!	강전희	박경화	창비
	이빨 사냥꾼	조원희	조원희	이야기꽃
	천하태평 금금이의 치매 엄마 간병기	이영경	김혜원	한겨레
	우리나라가 100명의 마을이라면	허구	배성호	푸른숲주니어
	세상에서 제일 바쁜 마을	강경수	강경수	그림책공작소
	우리 동백꽃	윤문영	김향이	파랑새
2015	나는 아직도 아픕니다	이홍원	최유정	평화를품은책
	밀양 큰할매	김규정	김규정 글 이계삼 추천	철수와영희
	죽음의 먼지가 내려와요	이경국	김수희	미래아이
	임윤지당	권문희	권문희	그림책도시
	강냉이	김환영	권정생 시	사계절
	평화의 돌	오치근	강제숙	도토리숲

주 모음

1. 서지연, 〈MBC파업 : ② 2008~2017, MBC에서 생긴 일〉_《IZE》 20170905
http://m.ize.co.kr/view.html?no=2017090420317271882
2. [미네르바 사건] 인터넷 포털 다음 아고라에서 2008년 하반기 리먼 브라더스의 부실과 환율 폭등 및 금융 위기 심각성 그리고 당시 대한민국 경제 추이를 예견하는 글로 주목을 받은 인터넷 논객 박대성(1978년생)이 허위 사실 유포 혐의로 2009년 1월 체포 및 구속되었다가 5월에 무죄로 석방된 사건. 이후 박대성은 허위 사실 유포 죄에 대한 헌법 소원 심판을 청구했고 위헌 판결 받음_[위키백과]
3. [언론노조 총파업] 조합원들은 결의문에서 "재벌과 수구족벌 신문에 언론을 갖다 바칠 '7대 악법'은 일당 독재와 장기집권을 위한 술책"이라며 "법이 통과된다면 시민·학생·노동자·농민의 피땀으로 일궈온 한국의 민주주의는 한순간에 무너질 것"이라고 밝힘
4. [이소연] 귀환 후 그가 정식 우주 비행사인가 아니면 NASA 표현대로 우주 비행 참가자일 뿐인가 논란. 한국의 이공계 교육과정과 지원 체계를 발전시켜야 한다는 요구도 많아짐
5. [용산 참사] 추모 책들 : 《내가 살던 용산》(유승하 외, 보리, 201010); 《용산개 방실이》(최동인 정혜진, 책공장더불어, 201101); 《떠날 수 없는 사람들》(유승하 외, 보리, 201210); 《꽃피는 용산》(김재호, 서해문집, 201301)
6. [어린이문화연대] 2010년 모임 시작. 2019년 현재, 회장 이주영. 1988년 이오덕이 만든 한·국어린이문학협의회 안 어린이문화분과로 활동 시작. 2003년 이오덕 사후 윤구병 제안으로 (방정환의 《어린이》 같은) 잡지를 만들기 위해 어린이도서연구회, 어린이어깨동무, 공동육아공동체교육, 학교도서관문화네트워크, 백창우와 굴렁쇠, 민들레 극단, 학전 극단, 놀이하는 사람들을 비롯해 여러 단체와 활동가들이 모여서 어린이문화연대를 결성 http://cafe.daum.net/children.c.s/qXZU/1
7. [유네스코 무형문화유산] 농악의 영문 이름은 Nongak이고 'community band music, dance and rituals in the Republic of Korea'라고 설명. 2019년 11월 한국의 유네스코 등재 무형문화유산은 20종. 한산 모시짜기, 전통 레슬링 씨름, 판소리, 택견(한국의 전통 무술), 처용무, 줄타기, 줄다리기, 종묘제례 및 종묘제례악, 제주해녀문화, 제주 칠머리당 영등굿, 영산재, 아리랑, 매사냥(살아있는 인류 유산), 대목장(한국의 전통 목조건축), 농악, 남사당놀이, 김장, 강릉단오제, 강강술래, 가곡. http://heritage.unesco.or.kr/
8. [원자력의 민간이용에 관한 대한민국 정부와 미합중국 정부 간 협력을 위한 협정] 1. 3대 중점 추진 분야에서 선진적, 호혜적 협력 확대-사용 후 핵연료 관리, 원전 연료의 안정적 공급, 원전 수출 증진 2. 한국의 강화된 원자력 역량에 걸맞는 실리 확보와 선도적 역할 확인-원자력 연구 개발의 자율성 확보, 원자력 안전 및 환경 보호 협력 강화 등 3. 전략적, 미래 지향적 이행 협력 체계 구축-상설 고위급위원회(차관급) 신설 4. 주권 존중 및 상호 권한 행사 원칙 확인. 5. 유효 기간 단축-유효 기간 20년으로 단축 및 1년 전 사전 통보로 협정 종료 가능 규정_[위키백과]

그림책에 담긴 세상

한국 그림책 30년사

5 개혁
바라기_

2016-
2019

촛불 세상_2016
특별한 시작_2017
화해와 협력으로 평화_2018
그림책 삶 사회_2019

2016-2019

촛불 세상_2016

1월
　'한일 일본군위안부협상타결'이 며칠 전 발표되어 이에 놀라고 항의하며 시작되는 2016년이다. 협상을 빌미로 장차 일본은 한반도로 군사 진출까지 가능하겠다는 비판도 일었다. 이후 영화 〈귀향〉 등 일본군 '위안부' 피해 문제를 알리고 기억하며 일본의 사죄를 요구하는 사회 문화 예술계의 여러 노력이 이어진다.

　'일본인 너희가 붙인 이름 위안부 싫다, 성노예 더욱 싫다, 나는 그냥 나다!' 하시는 할머니들에게 일본은 돈 얼마로 '이 문제가 최종적 및 불가역적으로 해결'됐다고 주장한다. 일본 대사관 앞과 다른 여러 곳에 세워진 평화의 소녀상을 철거하라는 일본측 요구는 계속되고, 소녀상을 지키려는 대학생들의 노숙은 여러 계절 이어진다.

《평화의 소녀상》(윤문영 글 그림, 문다영 일문, 내인생의책) 한일 대역판이 출간되었다. 억지로 잘려 고르지 못한 머리카락. 용서할 수 없는 일본을 향해 굳세게 쥔 주먹. 고향에 돌아와서도 아직 편히 내리지 못하는 발뒤꿈치. 과거와 현재 미래를 잇는 어깨 위 작은 새.

소녀는 책에서나 종로와 부산, 전국과 세계 곳곳에서 단아하고 조용한 얼굴로 세상과 우리를 응시한다. 소녀에게 우리는 어떤 위로를 전할 수 있나.

《평화의 소녀상》ⓒ 윤문영, 내인생의책 2016

2월

북한의 미사일 발사가 계속되고 박근혜 정부는 2월 10일 개성공업지구 가동을 전면 중단한다. 공단 내 업체들과의 사전 협의나 예고도 없는 일방적인 철수 조치였고 이에 북한은 남측 인원 추방과 자산동결로 맞받았다. 이후 남북 관계 냉각은 물론이고 개성공단 입주 업체 124개와 협력 업체 5천여 곳의 손실이 어마어마했다.

2월 말에는 테러방지법 제정을 막기 위한 국회 내 무제한 토론, 필리버스터가 8일 동안 진행되었다. 정성이 물씬하던 저항 운동에 맨 마지막 가장 긴 시간 참여한 국회의원은 오래 전 가깝던 선배였다. 그가 다선 의원 되는 동안 잃은 듯했던 옛 모습이 엄숙한 시간에 다시 보였다. 낙도에서도 감옥에서도 시 한 수 지어 친구에게 편지 보내던, 한때는 젊은 시인이었다.

필리버스터 광경을 보며 일본 감옥에서 죽기까지 저항하면서도 모든 죽어가는 것들을 사랑한 윤동주 시인을 떠올렸다. 2월 16일은 윤동주 시인이 하늘의 별 된 날이다. 다음해 시인 탄생 100주년을 기리며 여러 추모 행사가 준비되는 시기였다.

《소년》ⓒ 윤동주 이성표, 보림 2016

《소년》(윤동주 시, 이성표 그림, 보림)은 푸른 물결, 파란 눈썹, 파란 손금, 온통 푸르디푸른 시 그림책이다. 시인의 청아한 감성이 시로 쓰이고 푸른 보석처럼 빛나는 그림책이 되었다. 시인이 푸른 시선으로 조용히 우리를 위로하는 듯하다. 일본 감옥에서 그렇게 떠난 젊은 시인을 우리가 위로해야 하는데.

소년이 품었던 '사랑처럼 슬픈 얼굴'은 절망 그리움 자유 해방이기도 했겠다. 시인이 노래하던 '모든 죽어 가는 것을 사랑'함의 적극성과 염결함 또한 푸른 그림들 안에 녹아들었다. 그림에 손 대면 푸름이 묻어날 것 같다. 혹시 시인의 조국 사랑까지 묻어날까.

3월

후쿠시마 쓰나미와 원전 사고가 난 지 5년이다. 죽음의 시간들을 되짚어보며 우리가 해야 할 일들을 가늠해 본다. 한국의 이세돌 9단과 인공지능 알파고의 바둑 대결이 세간의 주의를 끌었다. 이세돌은 1승 4패 기록을 남기고, 인공지능에게 1승을 거뒀다는 사실에 많은 이들이 찬사를 보냈다.

3.1절을 기념하며 시작하는 3월이다. 제주에 가면 자주 들르는 곳

이 그림책미술관 제라진이다. 이곳에선 멋진 그림책들과 즐겁게 일하는 좋은 이들을 만날 수 있어 행복하다. 제라진 바로 건너편에 관덕정이 있다. 조선 시대 군사 훈련지이던 관덕정에서 1947년 3월 1일 군경 발포 사건이 생기고 이는 1948년 4.3항쟁의 계기가 된다.

제주를 관통하는 4.3항쟁을 아프고 시리게 전하는 그림책이 《나무 도장》(권윤덕 글 그림, 평화를품은책)이다. 작가는 주인공 시리와 어머니, 처참한 4.3 서사를 얼기설기하면서도 섬세한 그림으로 풀어낸다.

《나무 도장》ⓒ 권윤덕, 평화를품은책 2016

4.3 때 죽임 당한 시리 생모 제사를 모시는 날이다. 어머니는 시리에게 4.3의 붉은 역사를 이야기로 전한다. 아가 시리가 쥐고 있던 나무 도장 주인은 누구일까. 어머니와 시리가 동굴에서 이야기 나누는 장면, 동굴에서 나오는 장면이 참 시리고 아프다.

풀과 덩굴과 나무와 꽃이 어우러진 현장이 바로 제주의 전형적인 곶자왈이다. 제주 선흘 동백동산 등 곶자왈에 가면 시리가 있었음 직한 동굴들을 만난다. '시리다'에서 따온 듯한 이름 시리가 이젠 평화로운 삶을 누리기 빈다.

4월
20대 국회의원 선거가 시행되었는데 여당인 새누리당이 참패하고 민주당이 승리, 국민의당이 약진했다. 민주당의 김부겸 김영춘 노회찬 박주민 도종환 당선자가 눈에 띄었다. 만18세 참정권 운동을 벌이며 청소년들이 이 총선 투표에 간절히 참여하기 원했으나 불가능했다. 선거법 개정안은 2019년 말 통과되어 2020년 총선부터 만18세 투표가 가능해진다.

전국경제인연합회가 어버이연합 단체에 자금을 지원했다는 의혹이 제기되고 CJ와 SK하이닉스는 어버이연합에 송금한 사실까지 드러나 물의를 빚는다. 2011년 가습기 살균제 사건 관련해 4.27 옥시 전 대표가 검찰에 소환되고 5월 4명이 구속된다.

4월은 아픈 달이다. 지워지지도 잊히지도 않는 죽음과 죽임이 많아서 그렇다. 동네마다 거리마다 봄꽃들이 찬란해 더욱 서럽다. 4.3과 4.19, 그리고 그에 더해진 4.16.《노란 달이 뜰 거야》(전주영, 이야기꽃)는 4월 16일 태어났다.

《노란 달이 뜰 거야》 ⓒ 전주영, 이야기꽃
2016

돌아오지 못하는 아빠를 그리워하며 아이가 그린 나비들은 팔랑팔랑 어둠을 딛고 날아올라 커다란 빛이 된다. 힘들어도 무서워도 외로워도, 수많은 나비가 이루어 낸 빛이 아이를 지켜 줘 아이는 두렵지 않다. 그리움에서 태어나 날개를 단 저 나비들이 혹 304마리인 걸까.

세월호가 3년 만에 바다로부터 인양되던 2017년 3월, 강원도 하늘에 떠올랐던 노란 리본 구름도 생각난다. 상실과 이별은, 그저 견뎌야만 하는 것인가… 물 풍선을 바늘로 톡

찔러 터뜨리는 듯한 그림책이다. 아이가 나비를 그리던 방 달력은 여전히 세월호의 2014년 4월이다.

이미 충분히 울고 마음 아파하는 삶을 위로하며, 마지막 눈물을 닦아 주고 슬픔을 다독이려는 작가 마음이 전해진다. 광화문이나 안산 그분들 사진 앞에 설 때마다 304가 그리도 많은 숫자임에 놀란다. 참사의 원인, 진실은 반드시 밝혀져야 한다.

5월

조선업이 위기에 처했다는 기사들이 나오고, 5월 17일에는 한강 작가의 맨부커 상 수상 소식과 함께 강남역 노래방 '묻지 마 살해 사건'도 들려왔다. 이어진 28일엔 구의역 스크린도어 사고가 일어났다. 스크린도어와 열차 사이에서 나이어린 비정규직 노동자가 사망하는 사고였다.

비정규직 노동의 열악함, 서울 메트로의 관리 부실, 또다시 안전 불감증이 사회 문제로 떠올랐다. 지하철 역 내 사고 지점, 청년의 나이, 청년의 소지품 등이 워낙 참담하여 아무 말도 꺼낼 수가 없었다.

《나는 지하철입니다》(글 그림 김효은, 문학동네)는 지하철에 탄 평범한 사람들의 일상을 보여준다. 지하철을 통해 덜컹덜커덩 우리 삶이 굴러간다. '덜컹 덜컹 덜컹 덜컹 이번 역은 구의, 구의역입니다.' 어쩌자고 구의역인가.

지하철이 관찰자 시각으로 우리 일

《나는 지하철입니다》 ⓒ 김효은, 문학동네 2016

상을 다감하고 섬세하게 표현해 신선하다. 회사원 제주 할머니 아가 엄마 학생 구직 청년 등을 지하철은 매일 태워 나르고 다음에 또 만나자고 인사하며 내려준다. 지하철 시선이 마음과 책에 그대로 남아 앞으로 일어날 이야기들이 마음속에 계속 그려지는 듯하다.

작가가 이 작품을 완성하기까지는 얼마나 긴 시간이 걸렸을까, 성실하고 집요한 그림들이 읽는 이들을 위로한다. 우리도 똑같이 '달립니다. 매일 같은 시간 매일 같은 길을.' 하루하루 덜컹 덜커덩 흔들리면서 각자의 목적지로 향한다. 끝 문장 '오늘도 우리는 달립니다.'에는 연속과 희망이 있다.

6월

2011년 일본 후쿠시마 원전 사고 후 탈핵과 원전 폐기가 주장되는 중에 2016년엔 경주에서도 5.8강도 지진이 일어났다. 인간 욕심의 끝은 어디일까, 재해와 재난에 우리는 아직 둔감하다. 6월 5일은 '세계 환경의 날'이다.

경주, 울산, 포항 쪽 흔들리는 땅 위 원전들이 염려되고, 유전자변형농산물(GMO)에 관한 법 제정이 요구된다. 경상북도 상주에는 고고도 미사일 방어체계 사드(THAAD) 도입이 결정되면서 염려와 저항의 움직임이 번진다. 어떻게 반전과 탈핵에 동참할 것인가 생각하면서 《꿈꾸는 사막》(박경진 글 그림, 미세기)을 본다.

《꿈꾸는 사막》ⓒ 박경진, 미세기 2016

아름답던 자연이 무자비하게 훼손되어 대머리 사막으로 변해버렸다. 여기 천 년 만에 겨우 사람이 모여 활기를 띠더니 그만 전쟁이 일어난다. 동쪽과 서쪽 사람들은 이유 없이 서로 죽였고 사막은 눈을 감고 외로워진다.

살아남아 사막을 떠났던 한 어린이와 당나귀 한 마리가 훗날 돌아와 다시 처음이 된다. 이들은 벗들과 함께 매일 나무를 심으며 평화 공동체를 만든다. 아이가 호호백발 할아버지 될 때까지 정성껏 가꾸자 천년 동안 꿈꿔온 푸른 들판이 된다.

사막은 전쟁터가 될 수도 있고 나무 한 그루 희망을 키워가는 곳이 되기도 한다. 과연 이 평화의 시효는 얼마일까. 한 아이가 평화와 화합을 시작함에 반갑고 감사하다. 혹 어려움이 다시 닥친다면 또 그 다음 아이가 새로 평화 세상을 꾸리면 되겠지.

7월 2015년 민중총궐기 집회를 주도한 죄목으로 민주노총 한상균 위원장이 1심에서 징역 5년을 선고받는다. 쌍용자동차 출신 노동자 한상균은 민주노총 최초 직선제 선거에서 위원장으로 선출되었다. 한상균은 2심에서 징역 3년형을 선고받고 2년 5개월여를 복역해 형기 81%를 채우고 2018년 5월 문재인 정부에서 가석방 출소한다.

7.27은 한국전쟁 휴전협정일이다. 3년에 걸친 전쟁 끝에 유엔군 사령관, 북한, 중공군 사령관이 서명한 휴전협정일이 되면 언제 평화협정과 종전 선언이 이루어질지 꼭 한 번씩 생각하게 된다.

일제 강점기 일본으로 징용 간 조선 소년들 이야기 《군함도》윤문영

《군함도》ⓒ 윤문영, 우리교육 2016

글 그림, 우리교육)를 본다. 일본은 전쟁 말기 돈 벌 기회로 속여 조선인들을 하시마 탄광으로 끌고 갔다. 열다섯 살 쇠돌이 등 조선 소년들은 지하 천 미터 아래 탄광, 섭씨 45도가 넘는 뜨겁고 캄캄하고 비좁은 곳에서 하루 열두 시간 이상을 일했다.

'지옥 섬'이라 부르던 그곳이 너무 고통스러워 탈출을 시도하면 다시 붙잡혀 심한 매질을 당해야 했다. 1945년 8월 원폭 도시 나가사키로 청소하러 간 쇠돌이는 방사능을 뒤집어쓴 채 쓰러졌고 목에는 엄마의 붉은 무명 수건이 걸려 있다.

일본은 이 군함도를 '메이지 산업혁명 유산'으로 포장해 2015년 6월에 유네스코 세계문화유산에 등재한다. 일제 침략 전쟁을 기억하는 많은 이들의 분노를 무시한 처사였다. 침략과 약탈과 압제의 역사를 은폐하고 강제 노동 현장을 기어이 문화유산으로 등재한 일본의 역사관이 사악하다. 아직도 숨은 진실이 많으리라.

8월

광복 71주년 기념일인 8.15는 박 대통령 경축사 속 '건국절' 발언으로 논란이 컸다. 이즈음 1948년 정부 수립을 건국일로 봐야 한다는 뉴라이트 계열의 주장이 있었다. 이를 일반 역사학계에서는 '헌법 정신 위배, 대한민국의 정통성 문제, 친일 비판에서 벗어나려는 시도'라고 비판한다. 8월 12일, 원로 애국지사 및 독립유공자 유족 청와대 오찬에서 92세 김영관 전 광복군동지회장도 지적한 바였다.

김 회장은 '건국절' 주장을 "헌법에 위배되고, 실증적 사실과도 부합하지 않고, 역사 왜곡이며, 역사의 단절을 초래할 뿐"이라고 비판했다. 이런 시점에 박 대통령은 광복절 경축사에서 8.15를 건국일로 여러 차례 표현하면서 왜곡된 역사 인식을 드러냈다. 이승만 전 대통령에 대한 비판을 잠재우고 그를 국부로 격상시키려는 의도였다.

정부 입장과는 반대로 안산에서는 평화의 소녀상 제막 기념 문화제가 8.15에 열렸다. 안산 시민 3992명이 기금을 모아 소녀상을 세우고 평화와 인권 행사를 펼쳤다. 이 자리에서 김복동 할머니는 호소한다. "일본이 항복할 때까지 힘 모아 주세요."

8.15에는 평화그림책 《춘희는 아기란다》 (변기자 글, 박종진 옮김, 정승각 그림, 사계절)를 봐야 한다. 십 년 넘게 기다린 책이다. 말 한 마디 못하고 걸음도 못 걷는, 마흔세 살의 '자라지 않는 아기 춘희'는 강제 징용으로 끌려와 원폭으로 사망한 아버지의 사생아요 엄마 태중에서 피폭한 원폭 장애인이고 일본에 사는 재일한국인 2세다.

《춘희는 아기란다》 ⓒ 변기자 정승각, 사계절 2016

식민지 전쟁에 기인한 춘희의 여러 겹 고통을 어떻게 치유할 수 있을까.

아프고 서늘한 내용의 그림책이지만 평화의 순간들도 있다. 할머니와 유미가 처음 마주치는 빨래 너는 날의 서정, 고향 노래와 들꽃 다발을 주고받는 할머니와 아이, 자신이 들은 슬픈 이야기를 친구들에게 전하는 소녀, 아픈 춘희에게 익숙한 노래를 들려주기 위해 열심히 피리 연습하는 아이들, 유미 머리의 빨간 리본. 이들은 마치 슬픈 평화의 사절 같다.

화려하지 않은 그림들이 먹먹하고 곱다. 수십 년 동안 여러 현장에서 아이들과 함께해 온 정승각 작가는 작품 배경지에서 여러 해 동안 바람과 꽃과 공기를 느끼며 이 작품의 속살을 채웠다고 한다. 그것들이 아마 책 속에 평화로 녹았으리라.

9월 2015년 서울 광화문에서 물대포에 맞아 쓰러진 백남기 농민이 9월 25일 임종한다. 길에서 쓰러진 후 10개월 동안 농민은 아마 세상의 폭력과 불의에 의식이 없는 채로 저항했으리라. 임종으로 끝이 아니었다. 사망진단서에 사망 원인이 병사로 적히고 경찰은 시신 부검 영장을 발부받는다. 이에 가족과 많은 시민이 경찰에 맞서 부검을 막고 사망 원인에 이의 제기하면서 한 달이 넘는 대치 시간이 또 흐른다.

경찰이 영장 재신청을 포기하고 백남기 농민이 가족 품으로 돌아가 보통의 장례 일정을 시작한 10월 29일은 그가 광화문에서 쓰러진 지 317일째였다. 이후 국정농단 사태가 터지고 최순실이 구속된 후인 11월 5일에야 병원을 떠나 광주 망월동 묘역에 안장된다.

《잘 가, 안녕》ⓒ 김동수, 보림 2016

백남기 농민이 손자와 노는 동영상을 보면서 《잘 가, 안녕》(김동수 그림책, 보림)이 떠올랐다. 흔히 경험하는 로드 킬의 기억에 무언가 더해져 이런 고요하고도 아름다운 그림책이 탄생되었다. 여러 생명을 고이 어루만지고 잠재워 저쪽 세계로 떠나보내며 할머니는 작은 소리로 말하신다. '잘 가, 안녕.'

할머니도 누군가 자신을 그렇게 만져 주기 원했을까, 외로움과 고독이 느껴진다. 표정이 없어 애잔하지만 따뜻한 손길로 죽음을 도닥여 주신다. 연약하면서도 동시에 강인한 할머니가 감사하다.

꽃상여가 된 조각배를 새들이 끄는 장면은 최고다. 혹 우리는 지금 다른 생명에 해를 끼치고 있지는 않은가. 한 생명의 죽음을 진심으로 애도한다는 것은 무얼까. 할머니가 꽃상여를 보낸 후 아침 해가 떠오르고 날은 어제처럼 맑다. 오늘은 어떤 이들에게 할머니 손길이 닿게 될까. 백남기 어르신도 이제 '잘 쉬세요, 평안히.'

10월

국정농단 사건이 드러난다. 여름부터 희한하게 중앙 일간지 지상에 청와대 민정수석실 관련 사항 기사들이 실렸다. 이어서 《한겨레》와 JTBC 방송을 통해 최태민, 최순실, 정유라 이름이 거듭 호출되었다. '최순실 국정농단 사건'의 내용이 점차 구체화되면서 국민은 '이게 나라냐!'고 탄식한다.

이즈음 세월호 특별조사위원회가 별 결론 내리지 못한 상태에서 강제 해산되고 만다. 전북 삼례 나라슈퍼 3인조 강도 사건과 익산 약촌오거리 택시 기사 피살 사건이 한 변호사의 노력으로 재심에서 무죄 선고 받는 속 시원한 소식도 들려온다.

위로와 용기가 필요한 순간이다. 《감기 걸린 물고기》(박정섭 그림책, 사

《감기 걸린 물고기》 ⓒ 박정섭, 사계절 2016

계절)를 보면 '가짜뉴스' '민주주의' 이런 단어들이 생각난다. 그림책 속 욕심 많고 끔찍한 포식자 아귀를 볼라치면 비슷한 분위기의 그 사람이 바로 떠오른다.

주제와 교훈성이 강하고 설정과 플롯이 익숙한데도 통쾌하다. 약자를 분열시켜 기득권을 유지 확장하려는 강자 모습이 잘 보인다. 누군가를 의심하는 순간 우리는 분열되고 이용당한다. 서로 다름을 인정하고 존중하며 힘을 모아야겠다.

우리를 분열시키려는 비열한 세력과 집단의 힘에 대해 토론하기 좋을 작품이다. 우리가 살면서 용기를 내야 하는 순간에 필요한 것들은 뭘까 생각해 본다. 강인함과 의로움, 솔직함, 다정함, 그리고 원칙!

11월 국정을 농단한 박근혜 퇴진을 주장하며 시작된 촛불 시위는 전국으로 쉼 없이 번져갔다. 온 국민의 열망이 담긴 촛불 하나하나가 모아지고 계속 발전해 앞에 부딪치는 일들을 해결하려면 지혜가 필요했다. 《지혜로운 멧돼지가 되기 위한 지침서》(권정민 지음, 보림)에 나오는 멧돼지의 지혜는 어떤가.

모름지기 문화란, 예술이란, 이야기란 이렇게 기발해야 한다. 살 곳 잃은 멧돼지 가족이 아파트를 차지하기까지 지혜의 촉을 세우는 지침서라니! 환상성이 가득하고 매력적인 제목에, 표지도 신비롭다. 고층

아파트 앞에서 이상을 갈구하는 눈빛으로 위를 올려다보는 멧돼지가 귀엽다.

개발을 빙자하여 생태계를 깨트리는 인간들에게 던지는 경고 메시지 이상이다. 적당한 집을 찾은 지혜로운 멧돼지들이 다 같이 오래 즐

《지혜로운 멧돼지가 되기 위한 지침서》ⓒ 권정민, 보림 2016

기기를, 못된 인간들을 더 경악하게 만들고 혼비백산하게 만들기 바란다면, 너무 지나친가?

보금자리를 찾는 멧돼지들에서 새로운 광장을 누리게 된 우리를 본다. 지혜롭게 보금자리를 쟁취한 멧돼지들을 축하하며 광장에서 민주주의를 쟁취한 우리를 칭찬하자.

12월

대통령 탄핵소추안이 12월 9일 국회에서 가 234표, 부 56표, 기권 2표, 무효 7표로 통과된다. 바로 이 시각인 오후 7시 3분부터 대통령 직무는 정지되고, 박근혜 김기춘 우병우 등은 특검조사를 받게 된다.

박근혜의 지난 4년을 표현하는 단어는 국가폭력과 혐오, 반생명, 반노동이었다. 이 날의 감동으로 놀라운 그림책 《알》(이기훈 지음, 비룡소)을 본다.

묵직하면서도 정교하고 서늘한

《알》ⓒ 이기훈, 비룡소 2016

그림들 속에 아이 표정만은 밝고 정겹다. 생명체를 그리워하며 기다리고, 자유와 해방을 갈구하며 실천하는 아이가 근사하다. 앞표지엔 계란 판의 계란 한 알, 그리고 면지엔 눈동자 수십 쌍, 뒷면지엔 눈동자 한 쌍만 남았고 뒤표지엔 깃털만 표표하다.

처음 볼 땐 그저 뭉근하고 서늘한데 볼수록 내용이 중의적이다. 강에서 오리 배를 타고 시작된 아이와 친구들의 나들이는 폭풍우로 침몰하지만 고래 뱃속에서 부활하고 하늘로 승천한다. 그리고 실의에 빠진 엄마에게 날아와 알을 낳아 선물해 주는 오리의 표정에는 희망이 있다.

글 없이 그림만으로 작가는 충분하게 주제를 설명하고 감동을 전한다. 2016년 12월 그날, 국회 주변 온 도로를 메웠던 인파가 '이제 되었다!' 소리쳤듯이 '이제 때가 되었다, 알아, 깨어나자!'

연도	책 이름	그림 작가	글 작가 등	출판사
2016	평화의 소녀상	윤문영	윤문영	내인생의책
	소년	이성표	윤동주 시	보림
	나무 도장	권윤덕	권윤덕	평화를품은책
	노란 달이 뜰 거야	전주영	전주영	이야기꽃
	나는 지하철입니다	김효은	김효은	문학동네
	꿈꾸는 사막	박경진	박경진	미세기
	군함도	윤문영	윤문영	우리교육
	춘희는 아기란다	정승각	변기자 글 박종진 옮김	사계절
	잘 가, 안녕	김동수	김동수	보림
	감기 걸린 물고기	박정섭	박정섭	사계절
	지혜로운 멧돼지가 되기 위한 지침서	권정민	권정민	보림
	알	이기훈	이기훈	비룡소

특별한 시작_2017

1월 촛불 잔치 속에 한 해를 보내고 새로 맞는 2017년이다. 이상한 대통령과 정부가 반공과 국가주의를 표방하며 사리사욕으로 운영한 국가에 쌓인 폐단을 청산하고 정의 국가로 개조하려는 노력들이 시작된다. 세월호 1천 일이던 1월 9일 가습기살균제 특별법과 제2의 특조위 출범을 위한 세월호 특별법이 신속처리 안건으로 지정된다.

김영한 전 정무수석의 업무 수첩이 드러나면서 김기춘 비서실장 때의 청와대 민낯이 드러나고, 김기춘은 이미 구속된 상태에서 조윤선 문화체육관광부 장관과 함께 블랙리스트 작성 주도 혐의 특검 조사를 받는다. 대통령 비서실장과 정무수석 시절 두 사람이 공모하여 정부에 비판적인 문화계 인사 명단을 만들어 체계적으로 정부 지원에서 배제시켰다. 규모도 방대하여 거의 1만여 명에 이른다.

특검은 블랙리스트를 "고위 공무원들의 문화계 지원 배제 시행 행위가 국민의 사상 및 표현의 자유를 심각하게 훼손한 것"이라 한다.[1] 블랙리스트 문제를 보며 떠오르는 그림책이 《제무시》(임경섭 글 그림, 평화를품은책)다.

《제무시》는 '국민보도연맹 사건'[2]을 다루는 최초의 그림책이다. 전쟁 포화가 채 미치지 않은 경상남도 김해에서 1950년 6월 말부터 9월경까지 일어난 실제 학살 사건을 소재로 삼았다. 낮에는 나무가, 밤에는 달이 유일한 목격자라고 불리던 이 학살 사건을 단순한 선과 간결

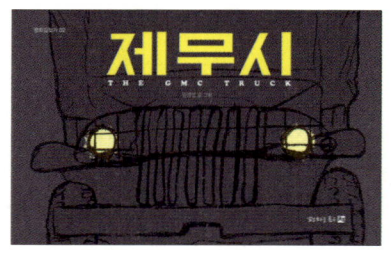

《제무시》 ⓒ 임경섭, 평화를품은책 2017

한 글로 풀어내는 새로운 형식의 그림책이다.

연합군의 수송 트럭 제무시 GMC들이 첫날은 뒤로 손목 결박한 사람들을 태워 제일 꼭대기 숯골까지 나른다.

다음날은 '재판 받으러 간다'는 사람들을 나르고 그 다음엔 길에 고무신을 내던지는 민간인들을 태워 나른다. 닷새째 해가 뜨지 않는 날 아침 제무시 625호는 산을 오르지 않는다. 참상으로부터 해방되고자 스스로 결말을 낸다.

다른 동료 제무시들이 단체 행동에서 이탈한 625호를 혼내주려 돌진해 오자 그들을 피하면서 용감하게 땅에 처박힌다. 처박힌 채 고무신을 신고 마을로 달리는 자기 모습을 바라보며 제무시 625호는 행복하다.

국가의 명령이나 집단의 판단 앞에 개인 도덕성과 의지는 어떤 의미를 갖는지 다시 생각하게 하는 책이다.

2월

국정농단에 대한 특검 수사는 당시 대통령 권한 대행 황교안의 연장 거부로 2.28에 종료된다. 삼성 이재용 부회장이 삼성그룹 총수로는 처음 구속된다. 국정 교과서 문제, 메갈 논쟁, 18세 선거권 이슈 등으로 사회 전체가 매우 불안했던 2017년 1-2월이었다. 김조광수와 김승환의 동성결혼 신청은 법원에서 다시 불인정 판결된다.

국민들은 계속 촛불로 광장을 지켰다. 간혹 계엄령 발포 준비 소식도 들려와 시민들은 천막 노숙으로 촛불 열망을 지켰다. 설마 했던 계엄령 논의는 실제 매우 체계적으로 준비되었음이 2019년에 확실하게 드러난다.

5개월 동안 촛불 집회를 주도한 '퇴진행동' 단체의 빚 소식에 촛불 시민은 5일 만에 성금 12억 원을 모으기도 한다. 나라가 커다란 혼란에 빠진 상황에 국민들은 오히려 민주주의의 힘을 보여 준다.

새로운 나라를 꿈꾸며 촛불을 들었던 이들의 이야기를 담은 《촛불을 들었어》(유현미 지음, 보리)가 출간되었다. 촛불 광장을 기억하는 사람이라면 누구나 이 책을 보며 자신의 이야기라고 느낄 것이다.

아기자기한 그림과 종이 팻말 글귀들이 걸작이다. '7세도 안다'는 팻말

《촛불을 들었어》ⓒ 유현미, 보리 2017

든 어린이, '중고생도 분노했다!'는 전국중고생연대, 종이 팻말 쓰는 할아버지, 휠체어 탄 장애인들, 세월호가족협의회 등 모두가 주인공인 이야기를 담았다. "그럼 나도 주인공이야?" "그럼!"

불의와 차별에 함께 맞선 국민 모습이 그림에 따뜻하게 담겼다. 너와 내가 모여 우리가 되는 나라를 함께 만들어 가자는 뜻이 담긴 고마운 책이다.

3월

헌법재판소는 3월 10일 재판관 8명 전원 일치로 "국민신임 배반, 헌법수호 의지 없는" 박근혜 파면을 결정한다. 김이수 이진성 두 재판관은 세월호 관련 업무 태만도 유죄라는 소수 의견을 첨부한다. 박근혜는 3.31에 구속된다.

박정희와 윤이상 음악가는 3월에 나란히 탄생 100년을 맞는다. 두 사람의 악연은 현재까지 진행형인 듯 보인다. 윤이상은 조국에 돌아오지 못한 채 독일에서 사망했다. 윤이상 탄생 100주년을 맞아 여러 음악제들이 기획되고 그를 정죄했던 사람은 이제 혈육을 통해 비판의 칼날 위에 있다.

3월 11일은 2011년에 일본 동북 지방을 휩쓴 대지진과 쓰나미, 후쿠시마 원전 사고 6주년이다. 후쿠시마 재난을 보여주는 그림책 《후쿠시마의 눈물》(김정희 글, 오승민 그림, 최열 감수, 사계절)이 있다.

《후쿠시마의 눈물》 ⓒ 김정희 오승민, 사계절 2017

후쿠시마 사고를 당한 한 가족 이야기다. 후쿠시마 현의 작은 도시 미나미소마에 사는 요시코 네는 대지진 해일로 집과 마을 그리고 가족까지 잃는다. 후쿠시마 제1 원자력 발전소의 원자로 폭발 후엔 도쿄에 사는 삼촌도 고모도 요시코 모녀를 집에 들이지 않는다.

가는 곳마다 늘 방사능 측정기를 대고 방사능 수치를 검사해야 하는 생활 끝에, 아빠는 그래도 고향을 살리기 위해 먼저 고향으로 돌아가 방사능 제거 일을 맡는다. "히로시마의 저주가 또 우리한테 닥쳐온 거야. 히로시마의 고통을 그렇게 겪고도 핵이 무서운 줄 모르니…. 다 사람 욕심 때문에 벌어진 건 마찬가지야."

"우리의 원자력 기술은 세계 제일이야. 관리도 철저해. 우리 원자로는 대지진이 일어나도 끄떡없어! 절대 안전해." 늘 이렇게 큰소리 치던 정부와 도쿄 전력도 원자로 폭발 뒤엔 할 수 있는 일이 아무것도 없다며 발뺌한다.

원전이 꼭 필요한지, 인류에게 필요한 진짜 대안 에너지는 무엇인지 생각해야 한다. 원전은 경제 효율성이 아니라 지구와 인류의 생존 여부와 연결된 문제임을 잊지 말아야 한다.

4월 세월호가 수장된 지 3년 만에 뭍으로 인양된다. 3.31엔 스텔라 데이지 호가 한국인 8명과 필리핀인 16명을 태운 채 남대서양에서 침몰하는 사고가 났다. 선박의 국적은 마셜 제도였으나 일정 기간이 지나면 대한민국 국적을 취득할 예정으로 폴라리스 쉬핑이 운항하던 상태였다.

세월호 참사 3년 만에 다시 겪는 해난 사고로 국민들 마음도 함께 가라앉았다. 4월 초엔 말도 많고 탈도 많던 서울 롯데월드타워가 마침내 개장하면서 주의를 끈다. 4.3과 4.19 4.16을 품고 있는 4월에《풍선고래》(하종오 동화, 전명진 그림, 현북스)를 편다.

《풍선고래》는 2014년 4월 16일 세월호 사건에서 출발해 2016년 촛불 집회를 연결한다. 시인 필자가 상상으로 창조한 풍선고래는 아이들을 구원하고 국민의 촛불 염원을 성사시켜 주는 존재로 떠오른다.

《풍선고래》ⓒ 하종오 전명진, 현북스 2017

민주주의 국가 국민에게는 표현의 자유와 집회의 자유가 있음을 강력히 전한다.

아기가 바다에서 숨 쉴 수 있도록 지켜 주는 전설의 풍선고래가 2016년 촛불 바다에 나타난다. 풍선고래 전설은 아이들만 말할 수 있고 들을 수 있다. 촛불 바다 위에 풍선고래는 세월호처럼 생긴 배를 등에 지고 떠올랐고 배는 대통령 관저를 무너뜨린 후 다시 하늘로 사라진다.

"우리가 인간일 수 있음을 아이들과 함께 세상에 보여준…걸 동화로 남겨놓고 싶었습니다." 글을 쓴 하종오 시인의 말이다. 위기에 처한 국가 상황을 극복하기 위해 국민은 무엇에서 힘을 얻고 어떻게 행동해야 할지 생각하게 하는 그림책이다.

5월

마침내 문재인 대통령이 당선된다. 박원순 반기문부터 남경필 문재인 심상정 안철수 안희정 유승민 이재명 정운찬, 그리고 홍준표까지 대통령 후보로 토론하고 평가된 이후 결과였다. 대한민국의 19대 촛불 대통령은 5월 9일에 당선되고 5월 10일 아침 8시 9분부터 임기를 시작했다.

우리 손으로 쟁취한 민주주의를 더욱 공고히 할 새 대통령과 정부에 거는 기대가 크다. 이런 중에 새 대통령은 5.18 광주민주화운동 37주년 기념식에서 광주의 원혼을 곡진하게 달래며 개혁에 시동을 건다. 마침 이즈음 출간된 《운동화 비행기》(홍성담 글 그림, 평화를품은책)를 보며 광주 민주화운동을 돌아본다.

80년 오월 광주를 온몸으로 겪은 저자가 판화와 벽화같이 선 굵고 강렬한 그림 열여섯 마당으로 광주를 되살려낸다. 민주주의를 간절히 원하며 피 흘렸던 광주 사람들의 희생 이야기다.

80년 '송암동 학살'의 피해자 고 방광범 군과 고 전재수 군이 친구들과 놀다가 계엄군에 죽임을 당한 실제 사건을 배경으로 한다.

《운동화 비행기》 ⓒ 홍성담, 평화를품은책 2017

'저기 암소가 앉아 있는 언덕 아랫집' 아이 새날이가 엄마가 사 준 새 운동화 한 짝을 집으려다가 "타앙!" 총을 맞는다. 아빠가 품에 넣어 준 새 운동화를 비행기 삼아 하늘로 오른다. 엄마 울음소리에 답하고자 고향에서 무슨 일이 일어나는지 살핀다.

엄마 잃은 아이도 만나고, 무기에 맞서 버티는 평화 시민들도 만난다. 시민들은 위험을 알고도 물러서지 않고 서로를 지키다가 쓰러진다. 사람들이 흘린 눈물이 하얀 꽃비로 변해 한없이 내린다. 처음엔 눈물 흘리던 새날이가 나중엔 환하게 웃는다. "사람들이 지켜 낸 이 세상을 보세요. 엄마도 울지 말아요."

눈부시게 흰 꽃잎에 민주와 평화의 정신이 깃들어 있을까. "민주주의는 아마도 자신에게 가장 귀중했던 것을 내놓아 사람들과 서로 나눔으로써 지켜지는 것"이라고 작가는 말한다.

6월

민주항쟁 30주년을 맞는 6월 10일 여러 기념 집회들이 열린다. 많은 이들의 희생 끝에 벅차게 품어안은 1987년 6월이었지만 민주 세력의 분열로 연장된 군부 정권, 지난 보수 정부 10년 세월도 결코 잊을 수 없다. 6.15에 서울대병원은 백남기 농민 사인을 병사에서 외인사로 바로잡음을 밝힌다. CJ E&M은 tvN 이한빛 피디의 2016년 10월 과로사에 대해 공식 사과한다.

이즈음 군포 그림책박물관 공원이 추진된다. 원주는 온 나라 통틀어 그림책 전문 도서관 건립을 처음 발의하고 세미나까지 열었으나 다른 지역 여기저기에 관련 공간이 먼저 세워지는 시점에도 구현되지 않고 있다.

《빼떼기》 ⓒ 김환영 권정생, 창비 2017

1950년 6월의 생명을 그린 《빼떼기》(김환영 그림, 권정생 글, 창비)를 본다. 표현하기 어렵게 슬픈 그림책인데 이상하게 따뜻하다. 권정생 님 글을 김환영 작가가 이렇게 그리는 데 12년 걸렸다고 한다.

아기 병아리일 때 아궁이 불에 데여 머리며 주둥이며 발가락까지 타서 오그라든 빼떼기. 제 엄마와 형제들에게도 버림받고 구석에 처박혀 외톨이로 지내는 빼떼기. 건넛집 개한테 물려 한쪽 날개가 처져 날지도 못하고 발가락이 없어 홰에 올라앉지도 못하는 빼떼기.

이런 빼떼기가 전쟁을 만나 피난 떠나야 하는 순진네에게 마침내

제 목숨으로 숨을 보태 준다. 순진 엄마 손길에 사람처럼 옷을 입고 조롱박 모이 그릇과 깡통 물그릇을 따로 가지고 순진이네 가족이 된 빼떼기. 빼떼기의 일생이 생명과 평화의 의미를 곰곰 되새기게 한다. 눈물겨운 빼떼기 목숨 하나가 마치 권정생 님 같고 백남기 님 같고, 이한빛 님 같다.

7월 독일에서 열린 G20 정상회의에 참석한 문 대통령은 베를린에서 북한의 '붕괴나 흡수는 없다'는 내용을 선언하면서 북한에 대화 요청 신호를 보낸다. 2000년 김대중 대통령 베를린 선언의 맥을 잇는 내용이었다.[3]

촛불 정부가 들어선 이후 문화계에도 새로운 분위기가 나타난다. 위암을 이겨내고 광대로 살아난 임진택 명창이 판소리 〈다산 정약용〉을 공연한다. 적폐 청산 이야기를 담은 창작 판소리였다. 문화체육관광부 장관인 도종환 시인과 노론 출신 유학자들의 역사 논쟁도 이즈음 기삿거리였다.

한참 논란이었던 역사 교과서 국정화 문제도 있었기에 새 정부 문체부 장관의 역사관 언급이 더 주목 받았다. 식민사학과 사이비역사학의 논쟁이라고 평가받기도 했지만 가야 역사와 동북아 역사에 대해 문체부 장관인 시인이 역사학자들과 논쟁을 벌일 수 있다는 것 자체가 흥미롭고 뿌듯했다.

7월엔 물난리가 크게 났다. 특히 충북 지역에서 피해가 컸다. 역사 문화계 소식들과 수해까지 접하며《막동아, 한강에 배 띄워라》박수현

《막동아, 한강에 배 띄워라》 ⓒ 박수현, 키다리, 2017

글 그림, 키다리)를 본다. 우리 강산의 모습을 있는 그대로 그려내는 진경산수화의 창시자 겸재 정선과 함께 한강을 유람한다. 정선이 양천 현감 시절 한강의 명소를 그림으로 남긴 〈경교명승첩〉을 아이들 유람기로 다시 꾸민 그림책이다.

작가는 정선의 그림으로만 볼 수 있는 풍경들을 재해석해 우리에게 보여준다. 수염이 멋진 선장 아저씨는 물놀이 하고 싶은 아이들을 조선 시대 한강으로 데려간다.

1741년의 잠실 섬을 시작으로 막동이와 친구들은 선장 아저씨 정선을 따라 한강 여행을 시작한다. 송파나루에서 남한산성과 인조의 삼전도비 얘기로 시작한 이들 여행은 임진왜란 때 수만 왜군을 물리친 행주산성과 덕양산에서 마친다. 한강 여행이자 역사 여행이다.

한강의 동쪽부터 서쪽까지 두루 둘러보고 현대로 돌아온 막동이가 묻는다. "아저씨가 그린 한강은 모두 어디로 갔을까요?" 300년 전 한강과 4대강으로 파헤쳐진 지금의 한강 그리고 앞으로 보전해야 할 우리 한강을 생각한다.

8월

'위안부 피해자 기림일'인 8월 14일 평화와 통일을 위해 적극 활동하는 국내 여성 활동가를 발굴 지원하기 위한 '길원옥 여성평화상'[4] 1회 수상자가 발표되었다. 지난 18년 동안 한국과 베트남의 평화롭고 건강한 관계 회복을 위해 헌신해 온 구수정 한베평화재단 상임이사이다.

문재인 정부는 검찰과 국정원, 재벌 개혁과 외교 안보 정책 골격을 잡으면서 노무현 참여 정부 때의 한계를 넘고자 한다. 정치 공작을 벌이던 국정원 재수사가 진행되어 전 국정원장 원세훈은 파기 환송된 항소심에서 징역 4년 선고로 법정 구속된다.

EBS 다큐프라임 담당 PD 박환성, 김광일이 8월 아프리카 사막에서 사고로 세상을 떠난다. 대중음악의 거목이자 은둔 시인 조동진이 8.28 별세한다. 본인 노랫말처럼 자신도 영원히 '행복한 사람'으로 쉬기 바란다.

대통령 취임 100일 공개 기자 회견을 보면서 《책이 된 선비 이덕무》(이상희 글, 김세현 그림, 보림)를 편다. 새 대통령도 매우 좋아한다는 '책만 보는 바보' 이덕무는 정조 때 규장각 대표 학자이자 최고 비평가이고 편집자였다. 박지원 박제가 홍대용 유득공 이서구 등 북학파 실학자들과 긴밀하게 교류했고 고증학도 깊이 연구했다.

《책이 된 선비 이덕무》 ⓒ 이상희 김세현, 보림 2017

책으로 병풍 치고 이불 삼기도 한 이덕무는 누가 '책만 읽는 바보'라 하면 그저 좋아했다. 책을 통해 얻은 지식을 올바른 곳에 쓰고자 무던히 노력했단다. 책의 끝 장면에서 "선비가 세상을 떠나자, 선비는 귀한 책이 되었다."

이상희 시인 본문은 아주 간결하다. 시처럼 운율이 살아 있고 여운이 길다. 짧아서 천천히 음미하며 읽기 좋다. 조금 친절하게 시대를 설명할까도 고민했다지만 짧아서 여러 번 읽을수록 더 맛있는 그림책으로 품어지길 원했나보다.

김세현 작가는 제목 글씨도 직접 쓰고, 나무 그림들에 책冊 글자를 무늬처럼 써넣었다. 온갖 종류 冊 자가 나뭇가지와 책과 책갈피처럼 여기저기 나무들 안에 들었다. 면지에는 이덕무의 시가 씌었다.

책을 펼치는 순간 두 작가 고유의 풍취가 물씬하다. 볼수록 상큼하고도 묵직하달까. 그러고 보니 이 '책만 보는 바보' 같다는 특징은 이덕무 이상희 김세현 세 사람에 공통되는 것도 같다.

9월

판사 블랙리스트, 국정원 댓글, 쌍용차, 징용 피해자 판결 번복 등 양승태 대법원장 시절 허다한 사법 적폐 처벌 요구는 커지고, 검찰의 조사는 과연 어디까지 가능할지 주목받는다. 특히 문화계 블랙리스트 공작에서 나타나는 문화 통치 폐단을 청산하고 문화예술계의 민주주의를 복구하는 것이 큰 과제였다.

"문학은 창조적 불복종"이라던 마광수 작가가 생을 마친다. 연세대 교수였던 그는 윤동주 시 연구로 박사 학위를 받고 〈즐거운 사라〉로 외설 작가라 낙인찍힌 후 사회로부터 유폐된 삶을 살다 빈곤으로 사망해 놀라웠다.

"성에 대한 알레르기를 깨부수고 싶었다"던 그를 한국 사회는 이해 못했다. 정신의학자 정혜신은 "20세기 대한민국의 문화적 후진성과 야만성을 대표하는 역사적 사건"이라고 평한다.[5]

2017년 가을 특히 가뭄이 심했다. 보통은 태풍이 연이을 때인 8월경부터 태풍도 없고 비도 없는 가뭄이 추석까지 이어졌다. 가뭄에 앓는 농촌 공동체를 다루는 작품 《물싸움》(전미화 그림책, 사계절)이 있다. 작가 특유의 얼굴과 고개를 90도로 꺾은 인물 그림이 가뭄을 더욱 아프게 전한다. 이글거리는 태양을 바라보는 농부의 밀짚모자에 농촌이 생생하게 살아 있다.

《물싸움》ⓒ 전미화, 사계절 2017

모내기 이후 비는 한 차례도 오지 않는다. 잡초마저 힘이 없을 만큼 가물고 보는 바닥을 보이기 시작한다. 서로 자기 논에 물을 대려는 물싸움이 벌어지려 한다. "그 때 늙은 농부 단호히 외친다. 팻물!"

물을 담는 보에서 가장 먼 논부터 물을 대야 하는 '팻물'이 전하는 농촌의 지혜가 귀하다. 이 불문율을 지키느라 공동체는 최선을 다하고, 드디어 비가 쏟아진다. "농부 기어이 울고 만다. 쌀 한 톨의 무게를 하늘도 땅도 농부도 안다."

작가 특유의 막힘없는 붓선 위 과감한 색채가 농촌 감성을 잘 전한다. 비가 오지 않는 절박한 상황 속 군더더기 없는 짧은 글들은 담담하고도 단호하다.

10월

우리 주목을 끈 사진이 있다. 장애아를 둔 부모들이 주민들 앞에 무릎 꿇고서 서울 강서구 내 특수학교 설립을 허가해 달라고 호소하는 장면이다. 그럼에도 이날 주민투표에서 반대자가 더 많아 특수학교 설립 안건은 부결됐다는 소식에 부끄럽다.

핵과 핵 쓰레기, 재생 에너지 사업도 중요한 문제였다. 6월 고리 1호기 영구 중단 기념식이 있었고 신고리 5-6호기 건설 중단 여부가 공론화위원회에 넘겨졌다. 위원회는 숙의 3개월과 500명의 합숙 논의를 거친 후 공사 재개를 권고한다. 공론화위원회 활동으로 음악인 장필순 이상은 최고은 권진원 박기영은 가정집과 작은 책방들과 주민센터를 돌며 반전과 탈핵 음악회를 열었다. 원자력 발전과 핵 에너지에 대해 진지하게 고민하자고 음악으로 사분사분 이야기를 전했다.

공론화 위원회에서 공사 재개를 선택한 이들도 '장기적 탈핵'에는 대부분 동의했다. 완전한 탈핵에는 60년 걸린다는 사실을 되새긴다. 탈핵과 에너지 자립을 꿈꾸며 태양광 발전, 수소전기차 등 재생 에너지 사업들이 주목받는 중에 11.15 포항에서 대형 지진이 발생한다. 규모는 2016년 경주 지진에 이어 두 번째이고 피해는 역대 최대다.

작은 장소를 돌며 반전 탈핵 음악회를 연 여성 음악인들과 특수학교를 설립해 달라고 무릎 꿇은 엄마들을 떠올리며 《밥.춤》(정인하 글 그림, 고래뱃속)을 본다. 자기 자리에서 최선을 다해 살아가는 평범한 여성들이 주인공이다. 이들은 물론 여성의 일도 하고 이른바 '남성의 일'도 한다. 세탁소며 시장, 건설 현장, 목욕탕 같은 장

《밥.춤》ⓒ 정인하, 고래뱃속 2017

소에서 이들은 모두 맡은 일을 능숙하게 춤추듯 해 낸다.

사람들은 살기 위해 밥을 먹어야 하고 밥을 벌기 위해 일을 한다. 밥벌이 노동이 그림책에서처럼 운율 있고 리듬 있는 춤추기 같다면 얼마나 근사할까. 발레 같기도 하고 칼춤 같기도 하고 때론 에어로빅이나 막춤을 떠올리게 하는 움직임에서 일상과 노동의 리듬이 보인다. 그림책 맨 끝 장면에 쓰인 본문은 이렇다. "우리 동네는 오늘도 / 움직이고 있어요." 근사하다.

이들 춤에 녹아든 삶의 리듬은 탈핵을 알리고자 작은 공간들을 찾아다닌 음악인 노래와 무릎 꿇고 특수학교 설립을 희원한 이들 기도 속에도 공존하겠다. 그림책을 대하는 이들도 마음으로 춤추며 각자 삶의 리듬을 살린다.

11월 MBC 장기 파업이 끝나고 이제 정상화를 기대한다. MBC 파업은 여러 해 동안 문화계 탄압과 저항의 상징이었다. 2012년 파업 참여 이유로 해고됐던 사람들이 12월 초 공식 복귀하고 최승호 사장 시대를 연다.

KBS와 YTN에서도 방송 정상화를 꿈꾸었는데, 공영방송 정상화는 좀 더 어려운 숙제였다. 여러 방송사들이 프리랜서 스태프들 임금을 상품권으로 주는 실정이었으니 구조적인 착취까지 해결되는 방송 정상화는 얼마나 더 어려울지.

콜트 콜텍 해고 노동자들의 파업장에서 작업해 태어난 그림책 《빈 공장의 기타 소리》(전진경 글 그림, 창비)를 본다. 그림 그리는 예술가와

《빈 공장의 기타 소리》 ⓒ 전진경, 창비 2017

일자리를 되찾기 위해 투쟁하는 노동자들이 만나 서로 아끼며 이해하고 존중하는 이웃이 된다. 파업에 관한 묵직한 느낌을 전한다.

폐허가 된 공장에서 놀기 좋아하는 엉뚱한 그림 작가가 작업한다. 공장 뒤꼍 마당엔 수십 년 동안 기타 만들다 해고되고 명예를 되찾고자 이곳을 지키는 아저씨들이 있다. 마당에는 늘 활기가 돌고 작가도 이 공간을 좋아한다. 이곳이 철거되면서 아저씨들은 길거리에 일곱 번째 천막을 또 짓는다. 스스로를 지키는 아저씨들과 이들을 응원하는 작가는 웃으며 서로를 배웅하면서 꾸준히 견디고 버틴다.

작가는 인천 부평의 콜트 악기 공장에 이른바 '스쾃' 활동[6]으로 작업실을 차리고 열 달을 노동자들과 함께 지낸다. 세상 속 개인의 의미, 이웃과 사회에 대한 이해와 공감이 시시콜콜 감동을 준다. 이들이 함께 희망을 회복해 나가는 과정이 다감하다. 그림들은 간혹 휘몰아치고 또 더러 장난치듯 귀엽다. 2019년 4월엔 이 콜텍 해고 노동자들이 회사와 최종 합의를 이룬다.

12월 대법원에서 삼성 LCD 공장 노동자 희귀병을 10년 만에 산재로 인정하는 첫 판결이 나온다. 안산시 강제수용소 선감학원의 비극, 박정희판 군함도인 서산개척단 사건 등 오랫동안 국가가 저지른 폭력 사건들의 진상 조사도 요구되는 시절이다.

광화문 촛불 시위는 이제 1년을 기념한다. 2016-17 촛불 시민들은 12.5에 독일 에버트 인권상을 받기도 한다. 촛불의 점화자는 누구였나. 연인원 1700만 명 촛불 집회 기록자이자 기획 진행자였던 박진 다산인권센터 상임 활동가, 최순실 관련 자료 모으며 폭로 준비한 노승일 K-스포츠재단 이사, 최순실의 실체를 처음 보도한《한겨레》김의겸 선임 기자 등이 반추된다.[7]

우병우 전 청와대 민정수석은 검찰의 세 번째 영장 청구에 12.15 드디어 구속된다. 다음날엔 이대 목동병원에서 81분 사이에 미숙 신생아 4명이 잇따라 사망하는 사고가 나 먹먹해진다.

기록적인 한파가 시작됐다. 지구 온난화로 인해 극지방 빙하가 적어지고 이 영향으로 여름에는 폭염이, 겨울에는 한파가 계속될 것이란다. 한파를 걱정하며 유약한 연탄 몇 장으로 겨울 나기를 그린《연탄집》(임정진 글, 지경애 그림, 키다리)을 본다.

연탄의 온기와 이웃 사랑으로 추위를 이겨 낸다. 대보름날 연탄불에 고기와 생선을 굽는 소박한 잔치에 우리 마음도 따뜻하다. 찬바람 휘몰아치는 겨울 이글대며 타오르는 연탄불 풍경, 밤에 자다 일어나 불 갈러 보일러 실 가던 새록스런 기억이 내게도 있다.

탄광에서 연탄을 캐던 영순 아빠는 사고로 다리를 다쳐 일을 할 수 없게 되자 서울로 이사 와 연탄집을 연다. 영순이는

《연탄집》© 임정진 지경애, 키다리 2017

연탄도 동생처럼 돌봐야 했다. 서울서는 빨래를 밖에 널어도 검댕이 묻지 않고 깨끗해 다행이었지만 서울 아이들은 영순네랑 잘 놀아 주지 않아 서글프다.

영순은 연탄 배달 가는 아빠를 돕기도 한다. 영순은 탄값 아쉬워 냉방서 주무시는 할머니도 안타깝고, 연탄이 필요 없을 여름도 걱정이고, 무엇보다 연탄가스 사고가 날까 그것도 걱정이다. 염려 투성이인 영순 표정은 애잔하지만 추운 겨울날 연탄불에 고기와 생선을 굽는 잔치 풍경은 훈훈하다. 그림이 보들보들 곱다.

연 도	책 이름	그림 작가	글 작가 등	출판사
2017	제무시	임경섭	임경섭	평화를품은책
	촛불을 들었어	유현미	유현미	보리
	후쿠시마의 눈물	오승민	김정희 글 최열 감수	사계절
	풍선고래	전명진	하종오	현북스
	운동화 비행기	홍성담	홍성담	평화를품은책
	빼떼기	김환영	권정생	창비
	막동아, 한강에 배 띄워라	박수현	박수현	키다리
	책이 된 선비 이덕무	김세현	이상희	보림
	물싸움	전미화	전미화	사계절
	밥.춤	정인하	정인하	고래뱃속
	빈 공장의 기타 소리	전진경	전진경	창비
	연탄집	지경애	임정진	키다리

화해와 협력으로 평화_2018

1월   한반도 '평화의 문'을 여는 기대감으로 2018년을 시작한다. 북한 김정은의 화해 분위기 신년사에 이어 남북 교류가 다시 시작되고 평창 동계올림픽에서 여자아이스하키 남북한 단일팀은 평화와 화합을 선물한다. 3월 패럴림픽 대회에서도 남북 아이스하키 단일팀이 평화로운 경주를 이었다.

정성스런 준비와 진행, 단일팀으로 찬사를 받으며 국격을 높인 올림픽이었지만 잡음도 있었다. 갑작스런 단일팀 추진으로 출전권을 잃은 한국 선수들의 상실감과 대처 문제, 일반인 출입 불가 경기장에 정치인 진입, 빙상연맹 집단 추문이 아쉬웠다.

이즈음 영화 〈1987〉의 반응이 뜨거웠고 tvN의 고 이한빛 PD 동생이 주도한 '한빛미디어노동인권센터'가 1.24에 출범한다. 방송 노동자들의 인권을 보호하고 키우려는 조직이다. 1.29에는 아스콘 공장에서 배출되는 유해 물질, 벤조피렌으로 신음하는 안양 연현 마을이 언론에서 주목 받는다.

1월 31일, 반 성폭력 운동에 큰 획을 긋는 서지현 검사 생방송 인터뷰가 진행된다. 8년 전 본인이 당한 성추행 피해 증언은 '당신 잘못이 아니다', '나도 당했다'는 고백과 증언 고발로 이어지며 미투Me Too 운동을 연다.

검찰 조직 내 성폭력 실태에 이어 정치권 문단 학교 문화 예술계 성폭력 피해 증언이 계속됐다. 피해자가 2차 공격받지 않고 역고소로 인해 피해자가 가해자로 바뀌지 않도록, 피해 고백자가 무고로 두 번

울지 않도록 위드 유With You 운동으로 이어졌다. 증언들을 아프게 접하며 《숨》(노인경 그림책, 문학동네)을 본다.

《숨》ⓒ 노인경, 문학동네 2018

숨은 생명이자 존재의 시초이다. 이 숨들이 모여 아기, 사람이 되고 이 숨 덩어리를 잉태하는 존재가 여성이다. 숨 쉬면서 사는 이 생명은 옆과 앞 존재와 이어져 집단이 된다. 함께 더불어 숨 쉬어 우리가 되기도 한다.

꿈꾸듯 환상 세계인 듯 그림이 아련하고 보드랍다. 작가는 바탕을 색연필로 채색한 후 트레이싱페이퍼로 덮고 그 위에 숨들과 아기를 그렸다 한다. 부드러움을 방해할 요소들을 진즉 막은 것이다.

엄마 뱃속 혹은 아기 씨들의 바다에서 아기가 만들어지는 과정이 꿈꾸듯 펼쳐진다. 새 생명 아기가 환하게 웃는다. 바닷가 그 많은 모래사장에서 모래 한 알을 찾아내듯이 모래사장에서 아기와 엄마 아빠가 만난다.

모든 생명이 경험했을 경이로운 숨들을 넉넉히 그려 보여준다. 면지 속 말풍선 글들이 귀엽다. "엄마, 내일은 빨간 바지 입을래.…빨간 바지 입으면 더 빨리 가잖아." "엄마가 마시는 숨이 너한테 갔어.…뭐긴 뭐야. 우리가 함께 숨 쉬었다는 얘기잖아."

2월 KBS는 오랜 파업 끝에 재단과 노조가 합의하여 새 사장 선임과 방송 복귀를 이루고 YTN 노조는 사장 선임의 공정한 진행을 요구하며 다시 파업에 돌입한다. 블랙리스트 진상 조사위는 이전 정부의 금지목록에 올랐던 영화 17편[8]을 밝힌다. 한두 편 빼고는 제목도 처음 대하는 영화들이어서 놀랍다.

2.21 서울아산병원 중환자실 간호사가 직장 내 괴롭힘으로 사망하면서 '태움(재가 될 때까지 태운다)'이 사회 문제로 부각된다. 병원 측은 조사 결과 태움은 없었다고 발표하지만 3월에 근로복지공단은 업무상 질병으로 인정한다. 7월에는 같은 병원 신규 간호사 면접에서 태움을 거론하며 초임 생활 각오를 요구한 것이 알려지며 다시 문제된다. 사람의 생명을 다루는 일터에서도 종사자 인권은 존중되지 못하는 현실이다.

2.27에는 유해로 귀향한 작곡가 윤이상을 위한 음악제 〈귀향〉이 통영에서 열린다. 고국 떠난 지 49년, 베를린에 묻힌 지 23년 만의 귀향이다. 간첩으로 몰아 온갖 고문을 가한 조국을 선생은 오래도록 그리워했다. '교묘한 형태의 현대식 고층건물' 같은 서양 현대 음악에 동양 음악 기법을 도입해 환상 세계를 그려낸 선생의 음악은 모두 고향 통영에서 출발했다 한다.

베를린에서 막막하고 고독했을 선생 무덤을 지킨 동백나무들과 통영 무덤의 잔디밭을 떠올리며 《하늘정원》(김영미 글, 박정완 그

《하늘정원》 ⓒ 김영미 박정완, 뜨인돌어린이 2018

림, 뜨인돌어린이) 꽃밭을 잇대어 본다. 여기도 할아버지가 한 분 계시다. 파산과 가족 해체를 겪는 소현이 가족을 다정하게 보듬으며 옥상 정원을 꾸미시는 할아버지다.

함지박이며 바구니, 항아리, 버려지고 쓸모없던 것들이 생명을 담고 키우는 아름다운 보금자리로 변한다. 정원 꽃밭에서는 차차 꽃과 기쁨, 소망이 피어난다. 함박눈 내리던 날 도착한 옥상이 꽃들로 울창한 하늘정원이 되니 마음 앓던 엄마도 나와서 웃고 집 나간 아빠도 엽서 소식으로 함께한다.

박정완 작가는 동판화 특유의 세밀함으로 꽃과 자연이 어우러지는 환상 장면들을 만들어냈다. 밑그림을 바늘로 먼저 새기고 부식시키는 과정을 거쳤단다. 다양한 패턴의 색종이 전사 방식을 써 옷과 화분의 문양, 눈송이와 빗줄기가 소박하면서도 화사하다. 특별한 동판화 하늘정원도 통영 바닷가 잔디밭도 오래 생생하길 소망한다.

3월

정부는 3월 1일 서대문형무소에서 3.1운동 99주년 기념식을 가진다. 문재인 대통령은 기념사에서 각별한 명문들을 전한다.[9] 촛불 대통령과 함께 서대문형무소에서 치르는 기념식이자 다음해 맞을 3.1운동 100주년 기대감 등으로 감동이 컸다.

이명박은 110억 원대 뇌물 수수, 340억 원대 비자금 조성 혐의로 구속된다. 국정원 댓글 공작 지시와 공영방송 장악에 대한 혐의는 빠졌으나 그를 '정치와 행정을 사익 추구의 비즈니스로 삼았던 희대의 탐욕범'으로 여겼던 대중의 이해는 옳았다.

3월에 삼성웰스토리 사의 컴퓨터 사찰이 드러나 삼성 추문이 추가

된다. 2013년에 삼성에버랜드에서 분사한 삼성웰스토리는 단체급식과 식자재 공급 등을 주 업무로 하는 대기업이다. 회사와 소송 중인 직원의 컴퓨터를 원격으로 들여다본 정황이 드러나면서 뿌리 깊은 삼성의 직원 사찰을 입증한다. 제주에서는 제주의료원 간호사들이 산재를 인정받고자 근로복지공단과 8년째 분쟁하는 사실도 드러난다.[10]

2018년은 제주 4.3항쟁 70주년이다. 1947년 3.1절 관덕정에서의 경찰 발포가 다음해 4.3항쟁을 촉발했다. 1947년부터 1954년까지 7년 7개월 동안 제주 도민 3만여 명이 학살되었는데 절반이 노인과 어린이 여성이었다.

4.3 때 아영은 집에 남겨둔 곡식 항아리가 아까워 밤에 갖고 나오다 턱에 총을 맞았다. 너덜거리는 턱을 가위로 자르고 말 못하는 모로기(제주 말로 벙어리)로 산 진아영 할머니 이야기가 《무명천 할머니》(글 정란희, 그림 양상용, 스콜라)로 나왔다.

할머니는 약 없이 못 견디는 고통 속에 평생 제대로 말하지도 못하고 죽이나 물밥 외에는 먹지도 못했다. 턱이 으스러져 날아간 자리를 무명천으로 가린 할머니는 늘 침으로 젖어버리는 천을 바꿔 대면서 공포 속에 목숨을 겨우 부지했다.

《무명천 할머니》 ⓒ 정란희 양상용, 스콜라 2018

그림도 아프고 아영이도 아프고 제주가 아프다. 숱한 사람들의 비명과 울음을 감춘 채 제주는 아름다운 섬으로 다시 피어났다. 4.3 70

주년 제주는 비극의 뿌리를 기억하면서 원인과 책임자 규명을 숙제로 안은 채 평화와 화해를 기다린다.

4월 박근혜는 1심에서 징역 24년과 벌금 180억을 선고받는다. 2014년 대한항공 '땅콩 회항' 사건에 이어 조현민 전무가 회의 중 광고업체 팀장에게 유리컵을 던지고 음료를 뿌린 일이 한진그룹 총수 일가 갑질 사건으로 확대된다.

4.27 역사적인 남북 정상회담이 판문점에서 진행되고, 두 정상은 '한반도의 평화와 번영, 통일을 위한 판문점 선언'을 발표한다. 촛불 대통령과 평창 올림픽 덕에 평화의 꽃씨가 한반도에 싹을 틔우는 듯했다. 북한판 개혁 개방의 소리가 들려오는 가운데 5.26엔 통일각에서 다시 남북 정상회담이 열리고 6.13엔 싱가포르에서 북미 정상회담이 열린다. 70년 냉전을 녹이는 만남들이다. 한숨 속에서 전쟁을 잠재우는 기쁜 만남들을 주목하며 통일의 현실 모습을 상상해 본다.

특히 4.27 남북 정상회담 때 두 정상이 함께 손잡고, 금지된 선을 넘나들며, 사이좋게 산책하는 모습은 전 세계에 평화의 상징으로 타전됐다. 세계 유일 분단국 꼬리표가 이제는 떨어질까 기대하는 날들이었다.

아버지와 딸이 함께 만든 그림책 《너희는 꼭 서로 만났으면 좋갔다》(유춘하 유현미 지음, 낮은산)가 있다. 구순 넘은 실향민 유춘하 할아버지는 한국 전쟁 때 거제 포로 수용소에 있다가 전쟁이 멈춘 뒤 남쪽에 남았다.

할아버지가 한 장 한 장 그린 가족 얼굴은 따뜻하고 정겨운 사랑 고백이다. 돌쟁이 때 전쟁으로 헤어진 북녘의 딸 '숙녀', 살아 있으면 일흔 살 가까이 되었을 그리운 딸의 얼굴 그림은 간절한 편지다.

《너희는 꼭 서로 만났으면 좋갔다》ⓒ 유춘하 유현미, 낮은산 2018

북에 있을 딸과 후손을 생각하며 가족들에게 소망을 전한다. 남과 북의 형제 자식들이 책처럼 평양-목포 간 기차를 타고 '서로 왕래하며 살면 좋갔다'는 할아버지의 바람과 기도는 지금도 이어진다.

5월

스웨덴 한림원에서 반 성폭력 미투Me Too 운동이 벌어져 종신위원들이 대거 사직하고 노벨문학상이 취소되는 사태가 벌어진다. '민주사회를 위한 변호사모임'에서는 2016년 북한 종업원 집단 탈북은 국정원 기획이라면서 전 국정원장 이병호 등을 고발한다. 이즈음 한국 전쟁 전후 민간인 학살을 다룬 다큐멘터리 영화 〈해원〉이 구자환 감독 작품으로 세상에 나온다.

방탄소년단 BTS의 각별한 성공이 여러 측면에서 분석된다. 탈공장 방식 아이돌, 새로운 수준의 케이팝, 진정성, 밑바닥에서 끈끈히 다져 올라간 인기, 부족함을 드러내며 팬과 함께 성장하는 솔직함 등이 BTS 성공 요인으로 꼽힌다. 이들이 여느 스타들처럼 추문에 들지 말고 오래 건재하기 바란다.

2차 남북 정상회담 소식과 6월 북미 회담 기대 속에 5.18 광주항쟁을 다시 생각한다. 80년 5월을 함께 견뎌온 이들에게 광주는 한숨과 불안과 죄책감 덩어리 아닐까. 마음에 커다란 한숨 덩어리를 품은 아이 이야기가 5.18에 출간되었다.

《한숨 구멍》ⓒ 최은영 박보미, 창비 2018

《한숨 구멍》(최은영 글, 박보미 그림, 창비)이다. 송이는 제 인생에서 가장 큰 걱정거리를 만나 아침에 눈 뜨면서부터 계속 한숨이다. 후유 후유. 가슴속에도 뱃속에도 까만 구름이 가득 차 후유 후유. 아무리 한숨을 쉬어도 까만 구름은 조금도 작아지지 않고 자꾸만 커지더니 송이 머릿속까지 차올라 얼굴이 까맣게 되고는 마침내 뻥!

한숨 구멍이 뚫리고 구멍 속에서 까만 구름이 뭉게뭉게 나오더니 머리 위에서 비를 뿌리기 시작한다. 송이 눈에서는 눈물 퐁퐁이다. 불안 걱정 두려움은 결국 구름처럼 흩어진다. 송이 한숨이 해결되었으니 내일부터 송이는 괜찮을 거란다.

한숨 구멍이 터지기 전후는 색감과 등장 동물 표정에서 큰 대조를 보인다. 처음엔 무겁고 무서운 분위기가 나중엔 밝고 화사하고 다정다감한 분위기로 바뀐다. 송이가 괜찮아졌으니 이제 우리도 괜찮다. 1980년 5월 광주와 우리 사회 전체의 거대한 한숨들도 송이의 한숨 구멍처럼 풍선처럼 터져버려 해결되면 좋겠다.

6월

전국 지방선거 결과는 보수 야당의 완패였다. 민주당이 국민의 신뢰와 기대에 부응하길 응원하면서, "민주주의는 다양한 얼굴을 갖고 있어 조금만 소홀하면 시들어" 버린다는 문 대통령의 6.10 민주항쟁 31주년 기념사를 다시 떠올린다.

대한항공의 한 승무원은 우주 방사선 피폭으로 인한 백혈병을 산재로 신청하고, 항공사 노동자의 백혈병 확률이 4배 이상으로 드러나면서 '산재 미투'들이 이어진다. 한국의 광주 5.18 같은 '방콕 5.22'의 피해 난민 차노끄난이 민주주의를 배우고자 한국에 들어왔다는 소식도 접한다.

6.28에는 헌법재판소에서 대체 복무제를 규정하지 않은 병역법은 헌법에 불합치하니 대체 복무제를 마련하라고 판시, 양심적 병역거부는 17년 만에 1만 9700개 사연이 쌓이고서야 빛을 본다. 연말에 대체안으로 교정시설 36개월 합숙근무가 확정된다.

2018년 들어 활발해진 남북 교류와 북미 비핵화 논의를 접하며 종전과 평화 선언이 얼른 오기를 고대한다. 마침 6.25 날짜로 발간된 《숨바꼭질》(김정선 그림책, 사계절)로 우리 역사와 한국 전쟁, 평화의 소중함을 한 번 더 마음에 새긴다.

순득이와 또 순득이, 둘이는 늘 함께한다. 해가 나고 달이 오를 때까지 온종일 내내 함께 지낸다. 두 순득이가 전쟁으로 어느 날 새벽 헤어지게 되자 다시 만날 날까지 숨바꼭질을

《숨바꼭질》 ⓒ 김정선, 사계절 2018

벌인다. 양조장집 파랑 순득이와 자전거포 남색치마 순득이가 '꼭꼭 숨어라 머리카락 보인다'며 번갈아 술래가 되어 숨바꼭질을 한다. 두 순득이 얼굴 표정이 매우 사랑스러워 볼을 잡고 토닥여 주고 싶다.

양조장 순득이는 짝꿍과 헤어지는 순간, 속표지에서 한쪽 신발을 흘린다. 자전거포 순득이는 피난 후 돌아와 친구를 찾아다닐 때 한쪽 신발을 흘린다. 한쪽씩 흘리는 신발이 꼭 짝 잃은 순득이들 마음 같다. 점박이 강아지도 버텨 낸 전쟁이니 양조장 순득이도 어딘가에 살아는 있으려나.

짧은 그림책 이야기 안에 낙동강, 왜관 철교, 부산 피난촌, 국군과 연합군의 서울 수복 등이 배경으로 담겼다. 치열했던 전쟁 시간들이 이야기 안에 들었다. 폭격으로 무너진 건물들은 다시 세워졌지만 우리 마음의 상처와 순득이들의 헤어짐은 그대로다. '못 찾겠다, 꾀꼬리!' 내 할머니이자 이웃인 두 순득이는 언제야 만날까.

7월 국군기무사령부가 촛불시위 때 무력 진압과 계엄령을 준비했음이 드러나면서 충격을 준다. 군 인권센터는 기무사가 2017년 3월 헌법재판소 탄핵 심판 때 서울 및 대한민국 전역에 계엄령을 선포하고 쿠데타 음모를 꾸몄다고 발표한다. 2012년 12월 대선 때는 군 사이버사령부가 누리꾼 블랙리스트를 관리하는 '레드펜' 작전을 경찰청과 공유, 경찰이 7만7천 명의 대규모 댓글 부대를 운용했음도 드러났다.

이즈음 태국에서는 유소년 축구팀 선수와 코치 등 13명이 동굴 안에 갇혔다가 18일 만에 전원 무사히 구조되었다. 다행이라 환호하면서도 세월호 참사를 다시 생각할 수밖에 없다. 배우 정우성은 부천영화제 특별전에서 '왜 사회적 목소리를 내느냐'는 질문에 '세월호가 준 숙제'라 답하여 뭉클함을 전한다.

7.27 육군 기준 복무 기간이 21개월에서 18개월로 단축된다. 이 여름 서울 기온이 38도 이상을 넘는 중에 독일 차량 비엠더블유BMW에서 연이은 화재가 발생하여 사회를 긴장시킨다. 이즈음 정치계가 주목한 '네이버 댓글 추천수 조작 사건' 주범인 드루킹 김동원이 구속되었다. 이 드루킹은 사이비 종교 집단에 가까운 '경제적 공진화 모임경공모' 운영으로 더 주목받았다.

드루킹 때문에 또 한 가지 비극이 벌어진다. 드루킹에게서 받은 후원금을 고백하며 정의당 노회찬 국회의원이 7.23 현실 세계를 떠난다. 늘 사회 약자를 위해 살던 그가 남긴 것은 삼성 직업병 노동자와 KTX 승무원 복직을 향한 축하 인사였다. 그가 마지막까지 매달린 두 가지 정치 현안은 연동형 비례대표제 도입과 공직자 특활비 폐지였다.

정의로운 정치인의 염결한 죽음은 우리 옷깃을 여미게 했다. 소외되고 차별받고 외로운 이들 곁이 그분 일터였다. 허허 웃는 얼굴로 국회나 온갖 현장에서 동료들을 토닥이던 그분 손을 생각하며 부여 송정마을 어르신들의 이야기 그림책《손이 들려준 이야기들》최승훈 그림, 김혜원 글,

《손이 들려준 이야기들》ⓒ 최승훈 김혜원, 이야기꽃 2018

이야기꽃)을 펼친다.

평생 농사 지은 손, 가족 먹여 살린 손, 돌 만지던 손, 남의 밭 일만 하던 손, 성치 않은 다리로 지팡이 짚고 다니며 담배 밭 매는 손, 미끄러지는 연탄 차 바퀴 막다가 물려 망가진 손 들이 얘기한다. "손이 움적거리믄 맘이 가라앉는당게. 평생 그렸어."

가족을 위해 평생 내어주고 희생하신 어르신들의 절절한 손 이야기들이다. 그분들의 투박한 주름 손엔 살아온 곡절과 흔적들이 그대로 들어 있다.

그림책 앞 장엔 이 글이 있다. "사람은 말여, 뭣보다도 손이 곧 그 사람이여. 사람을 지대루 알려믄 손을 봐야 혀.…얼굴은 그짓말을 혀도 손은 그짓말을 못 허는 겨."

여기 노회찬 의원 손이 겹쳐진다. 청소 노동자에게 장미꽃을 건네던 손, 새벽에 6411번 버스 손잡이를 잡던 손, 첼로를 연주하던 손, 끝내 아파트 십몇 층 계단 창문을 잡았을 그의 손. 그보다 더 청렴결백한 정치인을 우리는 만날 수 있을까.

8월

안희정 전 지사는 8월 14일 1심 판결에서 무죄를 선고받고 박근혜는 항소심에서 1심보다 많은 징역 25년, 벌금 200억 원을 선고받는다. 박근혜의 비서실장 김기춘은 562일 간의 수감 생활 끝에 석방된다.

제주에서는 자국의 분단과 내전을 피해 무비자 입국으로 들어온 난민 문제가 자주 거론된다. 예멘 난민 549명이 전쟁을 피해 들어와 난민 심사를 기다렸다.

예멘 반군은 한국산 무기를 사용하는데, 한국은 예멘 난민의 인도적 체류조차 허용 못하는 실정에 극단적 찬반 논의가 이어지고 10월에 단 2명만 난민으로 인정받는다.

일제 식민통치와 전쟁과 분단을 겪으면서 우리도 한때 난민이었다. 이제는 꽤 안정된 우리나라에 난민이 들어오는 상황이다. 점차 늘어나는 다문화 가정 아이들 그리고 전쟁 난민들을 지금 우리는 어떻게 대하는지 돌아보게 된다.

환상 그림책 《호텔 파라다이스》(소윤경 그림책, 문학동네)를 보며 엉뚱하게 우리 곁 난민을 떠올린다. '연필 끝처럼 뾰족하고 반짝이는 순간'이기도 하고 '커다란 선물 상자 같은' 여행은 우선은 잠시도 지루할 틈이 없는 천국이다. 천국에서 잠시 다른 이들의 불행 같은 간접 경험을 게임으로 연습한 후 문득 나를 부르는 소리를 따라 어딘가 낯선 세계로 빠져 들어간다.

《호텔 파라다이스》ⓒ 소윤경, 문학동네 2018

천국의 뒷면은 숲과 정글과 물고기, 원주민, 동물들이 모두 사라진 폐허에 송유관들만 쭉쭉 뻗어가 이상하고 낯설다. 미래가 사라진 곳이다. 이 낯선 곳으로 안내한 누군가이거나 혹은 작가가 말한다. "너는 어디에 있니? 너의 낙원에 나를 위한 자리는 없어. 다시 만날 수 있을까? 너의 길은 나에게 닿지 않아."

여기가 어딜까 고민하는 이에게 답이 온다. "여기는 신들의 무덤,

호텔 파라다이스." 대체로 안전하고 매끈한 우리 세계 뒷면에는 낯설고 다양한, 때로는 위험하고 혼란스런 것들이 있다. 그리고 그 구석구석에는 열심히 살아가는 생명들이 가득하다. 과연 우리 생명체들이 서로 잘 어울려 평등한 파라다이스를 만들 수 있을까.

9월 세 번째 남북 정상회담이 평양에서 열린다. 9.19에는 사실상의 종전선언인 '평양 공동선언'이 발표되고 저녁에는 문 대통령이 평양 능라도 5.1경기장, 15만 평양 시민 앞에서 우리는 한 민족임을 연설한다. 다음날은 두 지도자가 함께 백두산 천지를 방문하고, 김정은은 방남을 약속한다.

전쟁과 핵무기 대신 평화와 화합의 한반도를 이루려는 문 대통령의 노력은 10월 유럽과 교황청 방문으로 이어진다. 프란치스코 교황은 북한 방문과 한반도의 평화 노력 지지를 약속한다.

9월 헌법재판소 내 위대한 반대자 김이수 재판관이 퇴임한다. 2014년 12월 통진당 해산 때 그가 낸 소수 의견은 '정치 사상과 국제 관계를 망라한 역작'이었다고 평가받는다. 헌법이 헌법다웠던 김이수 판결은 세월호 참사 때 박근혜의 책임 등, 소수의견 9건을 남겼다. 김이수 재판관은 8.30 양승태 대법원의 과거사 역주행 판결, 양심적 병역 거부, 장애인 이동권 등을 바로잡고 퇴임해 존경을 받는다.

2006년에 부당 해고된 후 복직 소송을 진행해온 KTX 승무원들 중 180명이 9.10 특별 채용을 통해 복직한다. 쌍용자동차 해고 노동자 119명도 9년 만의 원상 복직으로 대한문 분향소를 철거하고 공장으로 돌아간다.

평양의 3차 남북 정상회담과 백두산 천지를 찾은 두 정상을 보며 《장군님과 농부》(이성표 그림, 권정생 글, 창비)를 떠올린다. 이성표 작가 특유의 푸른 붓질로 권정생 님 글을 담담하면서도 뭉클한 그림에 담았다.

《장군님과 농부》 ⓒ 이성표 권정생, 창비 2018

장군은 위험한 전장에서 백성과 군대를 다 버려둔 채 혼자만 허겁지겁 도망쳐 나온다. 자신이 의지할 데라곤 농부 할아버지 한 사람뿐인데 초지일관 농부에게 장군 행세를 한다. 한편 농부 할아버지는 장군과 반대로 끝까지 그를 섬기고 보살핀다.

자기만 살겠다는 장군이야 세상에 많겠지만 남을 섬기기만 하는 농부가 실제 있을까. 농부가 이런 모습이어서 위대한 인물인가. 자신은 장군이 될 수도 없지만 되고 싶지도 않다며 거절하는 농부를 백성들은 기어이 참 지도자로 모신다. 곡진한 줄거리와 이성표 작가 특유의 서정 깊은 그림으로 인간성을 생각하게 한다. 진짜와 가짜를 잘 가려내는 백성들한테 배울 것이 많다.

10월 여순 사건 70주년이 인문주간 행사 등으로 풍성하게 기념된다. '여순사건 특별법' 제정과 재심을 위한 노력도 기울여진다.[11] 이명박 1심 재판부는 도곡동 땅 자금이 다스로 들어가고 다시 BBK로 흘러간 것으로 11년 만에 결론 내린다. 징역 15년과 벌금 130억 원, 추징금 82억7천여만 원이 선고된다. 김기춘도 보수 단체 불법

지원 혐의로 징역 1년 6개월을 선고받고 61일 만에 다시 구속된다.

더불어민주당 박용진 의원은 '비리 유치원 명단'을 공개하고 이 파장은 다음해까지 이어진다. 부산 '그림자영화제'[12]에서는 엘시티, 풍산마이크로텍 노동자, 발달장애인 문제 등 '그림자처럼' 소외된 이웃과 부산의 현실을 담은 다양한 영화들이 상영된다.

화사한 날들도 펼쳐졌다. 문 대통령은 평화와 통일을 앞당기기 위한 유럽 순방 중 교황과 친근히 만났고, 교황청에서는 우리말 미사가 열렸다. 멀고 성스러운 장소에서 낯선 이들이 우리말로 인사하고 축복하니 얼마나 훈훈한가.

방탄소년단은 런던 베를린 파리 등을 순회하며 2018 월드콘서트를 연다. 아메리칸 뮤직 어워드에서 페이보릿 소셜 아티스트 상을 수상하고 11.4 스페인 빌바오에서 열린 유럽 최대 음악 시상식 MTV EMA에서는 2관왕을 차지하기도 한다. 이들 공연장에서 울려 퍼지는 우리 말 노래는 세계 속 한인들 마음을 뜨겁게 만든다.

《한글 꽃이 피었습니다》 ⓒ 강병인, 미래아이 2018

멋글씨 캘리그래피를 소개하는 그림책 《한글 꽃이 피었습니다》(강병인 글 글씨, 미래아이)가 있다. 강병인 작가는 서예와 디자인을 접목한 멋글씨 분야를 개척하여 한글 꼴의 다양성과 아름다움을 알리는 예술가다. 손으로 쓴 멋글씨는 들리지 않는 소리, 보이지 않는 감정을 들리고 보이게 하면서 한글이 가진 아름다움을 적극적으로 표현한다고 작가는 말한다.

'봄 꽃 바람 해 솔 밭 뿔 비 밥 칼 똥 숲 책 춤 웃자 꿈.' 붓으로 써 내려간 이 글자마다 갖고 있는 뜻이 그 글자 형태 안에 그대로 들었음을 작가는 잘 드러낸다. 한글의 아름다움을 보여주려고 쓰고 또 쓰다 보면 "글씨는 나에게 말을 걸어오고 화도 내고 또 같이 놀자" 한단다.

한글이 이렇게 신비로운 글자인지 놀랍다. 마음과 자연이 하나 된다는 말은 또 무얼까. 한글이 자연과 인간의 모습을 그대로 담고서 웃고 울고 노래하고 춤추는 것이 이 그림책에 잘 들었다. 한글의 끝없는 변화와 아름다움이 물씬하다.

11월

'9.19 군사 분야 남북합의서'에 따라 남북이 GP 철거를 시작한다. 11월 10일 남북의 시범 철수 GP 11개소의 모든 화기와 장비, 병력 철수가 완료된다. 11월 말까지는 보존을 합의한 1개소를 제외하고 나머지 모든 GP 시설물을 완전 파괴하는 조치가 진행된다. 남북 통틀어 20개의 GP가 철거되는 것이다. 이후 12월 12일에는 남북 현장 검증단이 모든 시설의 매몰 파괴를 확인하기에 이른다. 남북의 65년 분단사에 확실하고 새로운 획이 그어졌다.

이즈음 반 성폭력 운동 주도자 서지현은 미투 후 피해자들에 가해지는 2차 가해를 비판하면서, 성폭력 가해자였던 안태근 전 검사장에 손해배상 소송을 제기한다. 검찰과 국회, 학계뿐 아니라 군대와 종교계 성폭행 사례도 연이어 드러났는데 친족 성폭력을 닮은 종교계 성폭력 실상이 특히 참담했다.

만민중앙교회 이재록 목사가 이 시기 상습 준강간 혐의로 1심에서 징역 15년을 선고받는다. 2016년 성폭력 범죄 발생 건수 약 3만 건 중 3분의 1이 종교인 자행 사건이었다. 그 중 기독교 성폭력 범죄가 가장 많은 4131건이고 성범죄 전문직 1위는 목회자라고 한다. "사랑 중독과 성 중독의 결합으로, 창세기를 들려주며 성폭력을 정당화한다"는 것이 기독교여성상담소 채수지 상담소장의 설명[13]이다. 우리 사회의 마지막 적폐는 종교계에 있는 것 아닐까.

《어디로 가게》 ⓒ 모예진, 문학동네 2018

《어디로 가게》(모예진 그림책, 문학동네)를 본다. 책 제목도 내용도 특이하다. 뭉툭하면서도 날렵한 그림들은 기발하면서 격조 있다. 현실은 무채색이고 여행지는 원색 그림인데 사랑스럽다. '어디로 가게?' 하며 버스표를 파는 가게 주인 묘묘 씨 자신은 어디로도 가 보지 못했다. 어디로 갈지 몰라서. 어두워질 때까지 어느 한 사람도 가게를 찾지 않던 어느 날 묘묘 씨는 각별한 첫 여행을 시작한다.

묘묘 씨 가게는 마치 '엘 까미노 데 산티아고' 안내 사무실 혹은 까미노 알베르게와 분위기가 비슷하다. 묘묘 씨가 처음 떠난 여행에서 점점이 멀어져 가는 이들의 그림자만 따르는 광경도 까미노 길 같다. 언덕 아래로 미끄러져서는 산 언덕과 모래밭, 바닷가를 지나 조각배로 우주로까지 나아가 우주 여행가가 된다.

카메라 렌즈로 보이는 아름다운 풍경을 찍는 '셔터' 소리에 묘묘 씨는 눈을 뜬다. 가게 '셔터'를 닫고 전등도 끈다. 잠시 후 다시 전등을 켜고는 버스표에 '여기에서 어디로든'이라고 적는다. 묘묘 씨는 이제 어디로든 언제든 갈 수 있음을 알아서 두렵지 않고 당당하다. 우리도 묘묘 씨처럼 우주까지 여행하면 좋겠다.

12월 태안 화력발전소에서 12월 11일 스물네 살 하청 노동자 김용균이 석탄 운송 설비에 끼어 머리가 분리돼 사망하는 참극이 일어났다. 또다시 벌어진 젊디젊은 죽음에 온 나라가 비통했다. 공기업 민영화 이후 24년, 여러 김용균들이 안전장치 미비로 희생되었다. 2년 전 5월 구의역 사고 때부터 논의되던 산업안전보건법 개정안은 연말에야 가까스로 국회를 통과한다.[14] 김용균 군은 사고 후 62일 만인 2019년 2월 9일에야 마석 모란공원 전태일 열사 옆에 묻힌다.

이즈음 성소수자를 옹호하는 기독교장로회 임보라 목사를 보수교단은 이단으로 지정하고 이를 들은 임 목사는 '차라리 잘 됐다' 한다. 성소수자 문제는 이제 사회 전반의 문제로 떠오르는 듯하다.

수학능력 시험 후 여행 간 고등학생 3명이 강릉 펜션에서 유독가스 사고로 사망하는 사고가 난다. 12.31 강북삼성병원 정신과 외래 진료 중 환자 흉기에 임세원 의사가 사망했다. 고인은 정신 질환자의 '낙인 없는 치료'를 주장, 정신 장애인을 잠재 범죄자로 간주하지 말 것을 요청해 왔다. 그 뜻을 전하고 이어갈 방법이 필요해진다.

이 땅의 많은 김용균들과 불행히 사고 당한 이들을 생각하며 《선아》(문인혜, 이야기꽃)를 편다. 불안한 시대, 안전모가 필요한 이 땅의 청년들을 본다. 스물아홉 취업 준비생 선아가 살아가는 하루하루가 그

《선아》ⓒ 문인혜, 이야기꽃 2018

림으로 표현됐다.

이력서를 들고 찾아가는 세상 곳곳은 선아에게 많은 것을 요구하고 여러 가지를 묻지만 선아는 가진 게 없고 정답을 몰라 아득하다. 삶과 현실에 그어진 선을 넘어 본 적 없는 선아인데 날마다 낭떠러지를 밟는 것 같다. 잘못도 없이 늘 불안한 선아가 살아남고 싶어 안전모를 쓰고 집을 나선다.

바로 우리 집에도 옆집에도 있을 듯한 어여쁘나 행복하지 못한 스물아홉 청춘 이야기다. 우리 딸이고 누이며 친구인 선아 들이 바라는 최소한의 희망에 귀 기울여 달라 한다. 선아가 품은 최소한의 희망은 아마도 안전일까. 청년들이 아프다.

연도	책 이름	그림 작가	글 작가 등	출판사
2018	숨	노인경	노인경	문학동네
	하늘정원	박정완	김영미	뜨인돌어린이
	무명천 할머니	양상용	정란희	스콜라
	너희는 꼭 서로 만났으면 좋겠다	유춘하 유현미	유춘하 유현미	낮은산
	한숨 구멍	박보미	최은영	창비
	숨바꼭질	김정선	김정선	사계절
	손이 들려준 이야기들	최승훈	김혜원	이야기꽃
	호텔 파라다이스	소윤경	소윤경	문학동네
	장군님과 농부	이성표	권정생	창비
	한글 꽃이 피었습니다	강병인	강병인	미래아이
	어디로 가게	모예진	모예진	문학동네
	선아	문인혜	문인혜	이야기꽃

그림책 삶 사회_2019

1월 전 정부에서 사법부 최고 책임자였던 양승태 전 대법원장이 사법농단 피의자 신분으로 검찰 조사를 받고 구속된다. 이후 사법 개혁 및 권력 기관 개혁이 이어질 것을 많은 국민이 기대한다. 1월 말에는 드루킹 1심 선고에서 김동원 징역 3년 6월, 김경수 경남도지사가 징역 2년 형을 받아 법정 구속되면서 전국이 놀란다.

제주 성산의 제2공항을 반대하는 농성이 연초 기습 진압된다. 이후 후원과 지지가 늘어나 다시 꾸려진 천막촌은 입주자 회의를 할 정도의 마을이 된다. 1.10에는 서울 목동 열병합발전소 굴뚝에서 세계 최장 기록인 426일 간 농성해 온 파인텍 해고 노동자들이 단식을 풀고 땅으로 내려온다.

2018년 10월 민주당 박용진 의원이 발표한 '비리 유치원 명단'의 충격 이후 한유총은 새해 원아모집 전에 정부의 회계처리 시스템 도입을 거부하고 '사유재산 인정'을 요구하며 교육부에 맞선다. 이후 이 '유치원 3법'은 이른바 패스트트랙 법안에 오르고 해를 넘겨 완벽한 처리는 2020년으로 넘어간다.

빙상 코치 조재범의 오랜 성폭력 범죄가 드러나고 이를 은폐하고 방조해 온 한국체대 지도자의 범죄 사항까지 밝혀지면서 폭력 서사에 기댄 한국 스포츠계 처벌 요구가 빗발친다. 이어진 2.1 안희정은 항소심에서 징역 3년 6월 유죄를 선고 받고 이 재판 결과는 많은 사회단체들에게 환호 받으며 '미투 1년, 최고의 판결'이라 불린다.

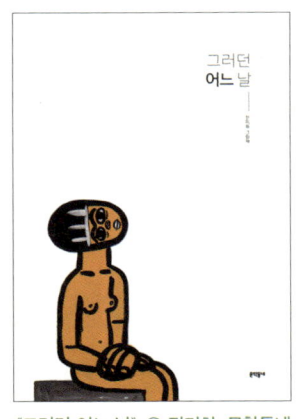

《그러던 어느 날》 ⓒ 전미화, 문학동네
2019

《그러던 어느 날》(전미화 그림책, 문학동네)을 편다. 전미화 작가 그림은 워낙 굵은 붓질과 강한 색감으로 독특해 한 번 보면 분위기가 안 잊힌다. 글 없는 그림책으로 그림만으로도 주제가 충분히 전달된다.

주인공은 일단 여자에 재미없고 무덤덤하게 사는 직장인이고 눈 아래 주름살 혹은 다크서클을 달고 사는 독립 여성이다. 세상만사 번거로운 것 질색이고 불면증까지 있다. 옛 애인으로부터 반갑지 않은 화분을 선물 받고 처음엔 주먹질하며 노여워한다. 이후 그 화분을 시작으로 어찌어찌 거대한 정원을 꾸리고는 그 안에서 자유를 누린다. 초록 세상에서 자유롭게 해방춤 추는 모습이 생기 있고 멋지다.

빙상계에서 성폭행 당해 온 아름다운 이들이 정당하게 위로받기 원한다. 여러 부당한 일들을 겪는 이 땅의 해고 노동자들과 힘없는 약자들이 올바른 처우와 지원을 받기 원한다. 모든 외로운 이들이 어느 날엔가 문득 작고 소박한 화초 같은 자유와 해방을 만나길 기원한다.

2월 부산시는 형제복지원 전담팀 조사를 발표한다. 형제복지원은 1975년부터 1987년까지 운영된 부랑인 수용소다. 이 형제복지원에서 1987년 직원 구타로 원생 1명이 숨지고 35명이 탈출하면서 인권유린 사실이 세상에 알려졌다.[15] 2018년 9월 부산시는 30년 만에 공식 사과하고 11월에 검찰총장은 대법원에 비상 상고했다.[16]

수십 년 동안 규명되지 않는 국가 폭력이 또 있다. 서산의 대한청소년개척단과 경기도 안산시 단원구 부랑아 수용소 선감학원. 국가가 어떤 의도에선지 국민을 '수거'하고 '수집'해서 강제 노역 시킨 수십 년 동안의 폭력사가 합당하게 규명되어야 한다.

2월 26-27일 베트남 하노이에서 제2차 북미 정상회담이 진행되었는데 별다른 합의를 이끌어내지 못한 채 끝났다. 한반도의 완전한 비핵화와 평화 체제 구축 소망이 어그러지던 순간이었다. 아직 대화의 장이 완전히 깨진 것은 아니리라 기대한다.

형제복지원, 서산개척단, 선감학원 등 국가가 수십 년 동안 자행한 폭력을 떠올리며 《다른 사람들》(미안 글 그림, 고래뱃속)을 본다. 아픈 책이다. 거대한 크기로 태어나서 무지막지한 거인 괴물로 커간 한 사람은 자신보다 작은 틀에 갇힌 채 이름도 서글프고 잔인한 '치유의 섬'으로 보내진다.

《다른 사람들》ⓒ 미안, 고래뱃속 2019

막막한 그 섬에서 본인보다 작은 쇠틀에 가둬진 채 억지 조절 과정을 거친 후 기어이 보통 사람처럼 작아진다. 환호 속에 세상으로 돌아와 다른 이들처럼 맵시 좋은 옷을 차려입고 가족에 둘러싸여 먹고 마신다. '정상'적으로 출근해 일하다가 그만 이전 자신처럼 큰 괴물 인간을 맞닥뜨린다. 놀라서 공격한다. 이전에 괴물이었던 그는 다른 이들보다 더 심하게 이전의 자신 같은 괴물을 공격한다.

생김새가 다르거나 생각이 달라서 겪어야 하는 차별은 상당하다. 다름을 대하는 시선을 단순하지만 아프게 지적하는 책이다. 다른 것을 억지로 같게 만들고 똑같이 맞춰놓고 보려는 집단의 속성을 고발하는 듯하다. 나와 조금은 다른 주변인들을 나는 어떻게 대해 왔던가. 조금씩은 다 다른 우리 중 일부에게 부랑인이라는 꼬리표를 붙여 국가의 힘으로 가한 폭력, 실제 당한 이들은 얼마나 힘들고 무서웠을까.

3월

문 대통령은 3.1절을 대한민국의 출발점으로 선포한다. 3.1 운동 100주년 기념사에서 '새로운 한반도 체제로 통일을 준비하자, 우리가 주도하는 100년의 질서를 만들자'고 제안한다.

3월 9일 문동환 목사가 98세로 별세. 한국 근현대사의 살아있는 박물관이라 불리는 분이다. 북간도 명동촌에서 태어나 해방 직후 월남, 형 문익환 목사와 함께 민주화운동으로 투옥과 망명 생활도 했다. 대한민국 현대사 100년을 겪어낸 개혁가이자 공동체 운동가였다.

3월 8일은 여성의 날 111주년이다. 1908년 3월 8일, 미국 여성 노동자들의 근로 여건 개선과 참정권 보장 시위를 계기로 유엔에서 정한 기념일이다. 한국에서는 1985년부터 관련 행사를 해왔으며, 2018년에야 법정 기념일로 지정했다.

불법 성매매가 일상적으로 벌어진 강남의 클럽 사건, 성범죄 불법 촬영 건으로 구속되는 연예인들, 이전 정부에서 검사장과 법무부 차관까지 지낸 이의 성접대 사건들로 시끄러운 중에 맞는 '여성의 날'이다. 한편에선 반 성폭력 운동을 용기 있게 제안한 서지현의 꿈에 희망 불어넣은 고 김복동 할머니 추모 소식이 퍼지고 있다. 이 시절 대한민국에서 짚어 봐야 할 여성 인권 문제는 무엇일까 가늠해 본다.

씩씩한 여성들, 미자 씨 다섯 명이 멋진 그림책에 담겼다. 《오, 미자!》(박숲 글 그림, 노란상상)이다. 제목을 접하며 어라! 하며 산뜻함에 놀랐는데, 책 내용에서는 제목대로 다섯 가지 맛이 다 느껴진다.

건물 청소를 하는 '활기찬 미자'는 투명 인간 취급을 받을 때면 사는 게 참 쓰다. 전기 기사인 '피하지 않는 미자'는 여자가 저런 일을

《오, 미자!》ⓒ 박숲, 노란상상 2019

하냐고 놀라는 이들에게 매운맛을 보여줄 수 있다. 스턴트우먼인 '용감한 미자'는 사람을 구하느라 바닷물 맛을 볼라치면 좀 짜긴 하다. 이삿짐센터 '힘센 미자'는 이웃의 새로운 시작을 도우며 새콤달콤하다. 택배 일을 하는 '오늘도 미자'는 작은 보람들로 뿌듯하다.

"산다는 건 맵거나 쓸 때도 있고, 시거나 짤 때도 있습니다. 달콤한 때도 있고요. 우리는 늘 당신 가까이에 함께 있습니다." 여기 다섯 맛 미자 씨처럼 상큼하고 좋은 표정으로 일하는 이들을 만나고프다. 나도 이런 표정을 지어야겠다.

4월

여러 일로 아픈 달이다. 제주 4.3항쟁 71주년을 맞아 4.3특별법 제정을 가능케 한 김대중 노무현 전 대통령이 다시 조명된다. 4.3 당일에는 국회의원 보궐선거가 있었다. 지난 해 노회찬 전 의원 별세로 궐석이 된 창원성산에서는 노 의원 동료인 정의당 여

영국 후보가 당선되어 유지를 잇게 되었다.

4월 11일은 임시정부 수립일로 국호가 제정되고 임시헌장 반포와 국무원 선임이 이루어진 날이다.[17] 1919년 3.1운동을 거치고 4월 11일 수립된 대한민국은 이제 100살이다. 1948년은 분단을 고착시킨 해이고, 대한민국 정부 수립은 1919년 4월 11일임을 분명히 한다.

4월 22일 국내 최장기 정리해고 투쟁 사업장인 콜텍 노동자들이 해고된 지 13년 만에 회사와 협상을 타결한다. 타결 내용은 '정리 해고에 대한 회사의 유감 표명, 끝까지 복직을 요구한 세 사람의 명예복직, 노조원 25명에 대한 보상금 지급' 등이었다. 끝까지 남은 세 사람은 5월 2일 입사해 그달 30일 퇴사 예정이어서 '명예복직'이다. 13년을 거리에서 보낸 그들은 이제 60살 정년에 임박했다.

4월 말에는 국회에서 신속처리 대상 안건, 이른바 패스트트랙에 정치 및 검찰 관계 4법의 여야 4당 합의안[18]을 회부하는 건으로 아수라 동물국회가 벌어졌다. 정당별 입장이 달라 격렬한 몸싸움을 벌이며 대치하다 4.30 0시경 지정되었다. 지켜보는 국민들은 혐오감을 느낄 만한 상황이었다. 신속처리 안건으로 회부된 선거법 개정과 공수처 설치안은 다시 우여곡절 끝에 2019년 말 국회를 통과한다.

《나의 독산동》(유은실 글, 오승민 그림, 문학과지성사)을 편다. 책 속 은이의 사회 시험 문제와 답 얘기는 서늘하다. 학교에서 처음 대한 '사회과 고사' 시험지를 오래 보관하도록 작가 부모님이 도와주셨다니 참 감사하다. 내가 이런 시험지를 받았다면 무엇을 답으로 고를까. 이 시험 문제를 낸 교사는 어떤 생각이었을까.

은이는 공장 많은 독산동에 사는 것을 좋아한다. 놀기 좋고 먹기 쉽고 혼자 잠자도 안 무섭다. 문 열면 공장이고 엄마 아빠가 그곳에 있으니까. '이웃에 공장이 많으면 시끄러워 살기가 나쁘다'는 판정을 듣고서 "처음 알았다. 우리 동네가 시끄러워 살기

《나의 독산동》 ⓒ 유은실 오승민, 문학과지성사 2019

나쁘다는 걸. 선생님이 가르쳐 주기 전에는 몰랐다. 내가 나쁜 동네에 산다는 걸."

공장이 많아서 시끄럽고 살기 나쁘다는 표현에는 노동과 노동자에 대한 천시가 들었다. 알게 모르게 계급 차별 정서가 흐른다. 학교나 역사 교육에서는 어느 한 가치관이 걸러지지 않은 채 주입될 수도 있어 염려된다. 제주 4.3항쟁이나 대한민국 수립일을 초중고 교과서들에서는 어찌 설명하고 있는지 문득 궁금해지고 걱정 된다.

5월

광주 민주화운동 때 전두환이 '발포' 윗 수준인 '사살 명령'을 내렸다는 증언들이 연이어 나온다. 계엄군 사격 목격자들의 증언이다. 2017년에 출간된 《전두환 회고록》에는 5.18 당시 헬기 사격을 목격했다고 증언한 고 조비오 신부에 대해 '성직자라는 말이 무색한 파렴치한 거짓말쟁이'라는 기술이 있다. 전두환은 사자명예훼손 혐의로 2018년 기소되고 재판에 비협조적인 피고 때문에 2019년에야 재판이 진행된다.

80년 당시에 소문으로 들렸던 참혹한 이야기들이 이젠 공식 연구

글들로 밝혀진다. "3일 굶기고 광주 투입 직전 공수부대원에 소주 먹여." "공산주의자들의 폭동을 진압하기 위해 광주에 투입되는 것으로 알고 있었다."[19] 유족과 피해자들은 역사의 심판을 기대하며 지켜보고, 전두환 본인은 골프장을 드나들며 모르쇠 하는 2019년이다.

노무현 대통령 10주기인 5월 23일 봉하마을 추도식에서 참석자들은 이제 새로운 시대로 나아갈 것을 천명한다. 5.26에 봉준호 감독 영화 〈기생충〉이 칸 영화제 황금종려상 수상작으로 결정된다. 세계 영화제 중 가장 권위 높은 칸에서의 최고 상 소식이다. 자본주의 사회의 계급 문제를 다루어 다분히 어둡고 아픈 영화다. 우리 사회의 진짜 기생충은 누구인지, 그 신분은 과연 바뀔 수 있는지 영화는 묻는다.

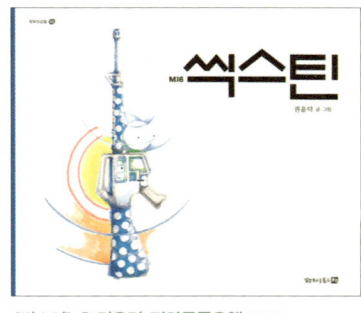

《씩스틴》 ⓒ 권윤덕, 평화를품은책 2019

5.18 광주를 조금 달리 표현한 그림책 《씩스틴》(권윤덕 글 그림, 평화를품은책)을 본다. M16 기관총 시각에서 광주항쟁을 따라간다. 물론 계엄군 총이다. 주인공은 용맹스러운 총으로 용감히 싸우려는데 맨손의 폭도를 해치우는 시시한 싸움이어 놀란다. 시간이 갈수록 폭도들이 점차 늘어나고 광장을 메우는 것도 참 이상하다.

처음으로 사람을 쏘았는데 사람들이 흔들거리더니 일제히 총 안으로 빨려 들어온다. 하얀 씨앗망울 하나는 씩스틴에게 날아와 말을 건다. 넌 누구니, 뭐 하니, 어디 갈 거니, 여기 같이 있자, 이렇게. 씩스틴은 떠나지 못하고 씨앗망울과 함께 광장을 지킨다. 시민이 씩스틴을 지키고, 씩스틴은 시민을 지킨다.

그림이 각별하다. 한 장 한 장 특별한 구도를 갖는다. 책 전체는 광주 민주항쟁 전 과정을 해석하며 포용한다. 씨앗망울은 뭘까. 양심의 소리, 시민의 시선, 내 안의 바람, 역사 정신, 정의로운 깃발, 공동체 정신, 광장 자체, 그리고 민족과 민중이 희구하는 평화, 그런 걸까.

6월

1987년 민주대항쟁 기념일인 6월 10일은 이한열 열사 공식 추모일이기도 하다. 이제 당당하게 이한열 군 모교에서 공식 추모식이 열리고 이 군 어머님은 사고 당시 현장에서 탄압과 폭력이 얼마나 심했는지 아프게 증언한다.[20]

1949년 6월 6일은 반민족행위특별조사위원회(반민특위)가 친일파 이승만에 의해 해체된 날이다. 해방 후 자주적인 통일정부를 수립하기 위해 필요했던 친일파 청산은 불가능해졌다. 오히려 친일파들에게 면죄부를 부여하는 결과를 낳았고, 결국 그들이 한국의 오랜 지배세력으로 군림하게 된다.[21]

여성 운동가이자 김대중 대통령 아내인 이희호 여사가 6.10, 97세로 별세한다. 바로 며칠 후인 6.15는 2000년에 김대중 김정일 두 정상이 남북 공동선언을 발표한 날이다. 남북이 만나서 한반도 평화 체제 구축을 선언한 지 이제 19주년이다.

북미 정상은 6월 30일, 판문점에서 3차 회담을 갖는다. 우리 대통령의 주선으로, 약식으로나마 북미 정상이 우리 땅에서 다시 만났다. 북한 핵문제 해결과 정식 회담을 위해 다시 협의할 것을 결정한다. 3국

정상이 판문점에서 만나는 장면들에는 한반도 평화가 담겼다.

《봄이의 여행》 ⓒ 이억배, 이야기꽃 2019

통일을 꿈꾸는 그림책 《봄이의 여행》(이억배, 이야기꽃)을 펼친다. 할아버지는 봄이와 함께 여행 갈 때면 장터에 꼭 들른다. 장터에 가면 사는 맛이 난다 하신다. 가끔은 길게 떠나는 여행길에서 태인 장, 공주 장, 안성 장에 들른다. 어느 날엔 친지가 있는 함경북도 경흥군 바닷가 마을을 찾는다.

대학생쯤 된 봄이는 배낭을 메고 여행을 떠난다. 두만강 역에서 파리 하얼빈 블라디보스토크 베를린까지 가는 기차를 기다린다. 나도 저 자리에 서서 같이 기차를 타면 얼마나 좋을까. 이억배 작가 특유의 선한 그림들이 매 장면 펼쳐진다. 할아버지는 장터에서 만나는 아주머니 얼굴을 그려 주신다. 우리 광화문과 서초동, 여의도에서 촛불집회가 열릴 때마다 그림판을 여시는 그림책 작가님들 모습 같다.

7월

일본 정부는 외국환관리법상 우대 제도인 '백색 국가'에서 한국을 제외한다. 이를 최초 보도한 산케이 신문은 '일본 강제 징용 피해자에 대한 한국 대법원의 첫 배상 판결'에 따른 보복 조치라 추측했다. 정치권에서는 지지율 상승을 꾀하는 아베의 결정이라는 추측이 많았다.

당장은 이 규제로 한국이 어려움을 겪더라도 길게는 일본이 더 큰

악영향을 입을 것으로 보인다. 국내에서는 일본 제품 불매 운동이 전개된다. 이 새로운 항일운동은 8월 한일 군사정보보호협정GSOMIA 파기 논의로까지 이어진다.

문화 예술계의 반일 분위기도 점차 커졌다. 영화 〈김복동〉〈주전장〉〈봉오동전투〉가 마침 이 때 개봉한다. 그간 민족문제연구소와 여러 학자들에 의해 연구 발표되어온 친일 음악가 노래들도 다시 환기되며 주의를 끌었다. 음악가 김동진 조두남 김성태 이흥렬 홍난파 현제명 등이 소환되었다. 이 가곡들이 우리 육군훈련소에서 울려 퍼지고, 3.1운동 100주년 기념음악회에서 불리면서 부끄럽기도 했다.[22]

일본을 떠올릴 때면 마음이 복잡하다. 일본 정부 정책을 어떻게 어디까지 비판할지, 민간 부문과는 어떻게 교류해야 할까. 착잡한 심정으로 장중한 역사 그림책 《나는 안중근이다》김향금 글, 오승민 그림, 위즈덤하우스)를 본다.

《나는 안중근이다》 ⓒ 김향금 오승민, 위즈덤하우스 2019

1909년 10월 26일, 마음을 무겁게 다스리라는 뜻의 '중근'은 명성 황후를 죽인 죄, 고종 황제를 강제로 물러나게 한 죄, 을사5조약과 정미7조약을 강제로 맺게 한 죄를 물어 총탄 세 발로 이토 히로부미를 벌한다. 직후 '코레아 우라! 대한국 만세'를 외친 그는 1910년 3월 26일 사형 때까지 당당함을 잃지 않는다.

정의와 용기로 충만한 열사가 거사한 지 110년, 일제가 수습한 그의 시신은 아직 찾지 못했다. 밀도 있는 그림이 강렬한 색감과 현대적

감각으로 울창하게 펼쳐진다. 마치 시퍼런 칼날 같고 총탄 흔적 같기도 한 그림들이다. 열사가 결기 높게 주장한 조선의 독립과 동양 평화를 다시금 절실하게 새긴다.

8월 일본 아이치(愛知) 현 나고야(名古屋) 시 문화예술센터에서 8월 1일 시작된 트리엔날레 전시회에서 한국 김운성 작가의 평화의 소녀상이 사흘 만에 전시 중단된다. 일본 공공 미술관의 최대 국제예술제에 전시되는 평화의 소녀상이었는데 잇따른 일본 보수 우파들의 협박이 있어 실행위원회가 전시를 중단한 것이다.

일본 최대 검열 사건이라는 항의가 한국과 일본 국내, 다른 나라들에서도 계속되지만 이 전시는 두 달여 동안 열리지 못한다. 9월 말 나고야 지방법원에서 화해가 성립, 소녀상 전시는 10월 6일 재개되어 10월 14일 폐막일까지 잠깐 전시된다.

일본 전시회 취소 직후인 8.19에는 독일 전시회도 취소되지만 평화의 소녀상은 국내와 세계 여러 지역에 자리를 잡는다. 인권 평화 운동가로 거듭나신 할머니들은 당당한 태도로 세계 성폭력 피해 여성들과 나비 연대를 이룬다.[23]

8월에는 영화를 통해 평화의 씨앗이 뿌려진다. 2018년 평창 동계 올림픽 감동을 잇는 2019 제1회 평창 남북 평화영화제가 16-20일 평창에서 개최되었다. 주제는 '선을 넘어 하나로 힘을 모아 평화로'였고 개막작은 이산 아픔을 다룬 북한 영화 〈새〉였다. 2019년 남북 교류가 원활하지 못해 영화제에도 장애가 많았고 북한은 참가하지 않았다. 강원도 북측 지역에서 열 예정인 제2회 남북 평화영화제를 기대한다.

일본군 성노예 이야기를 그린 《박꽃이 피었습니다》(글 문영숙, 그림 이영경, 위즈덤하우스)가 출간되었다. 남태평양에 있는 예쁜 산호초 섬 미크로네시아 추크에는 해마다 박꽃이 피었다 진다고 한다. 추크 섬을 지도로 보니 한국과 일본의 거리보다 약 15배 정도 더 먼 곳이다.

《박꽃이 피었습니다》 ⓒ 문영숙 이영경, 위즈덤하우스 2019

순이에게 엄마는 지붕 위에 핀 박꽃 같았다. 예쁜 복주머니에 박씨를 넣고 배를 탄 순이는 엄마를 만나고픈 간절함으로 우물가 옆 귀퉁이에 박씨를 심는다. 보름달이 환하게 뜬 밤, 박꽃이 피겠다 싶어 우물가로 나간 순이 발 앞에 펑! 펑! 번쩍! 시뻘건 불덩이가 떨어진다. 순이 몸이 허공으로 날아오르는 순간 눈앞에 엄마 얼굴처럼 환한 박꽃이 다가왔다. 그날 밤 추크 섬의 일본군은 항복했고 그 후 70여 년이 흐른 지금도 섬 우물터에는 순이 넋인 양 박꽃이 피고 진단다.

그림이 작가의 이전 작품들과는 좀 다른 분위기이다. 이번엔 주인공 여자 아이 얼굴만 보면 딱 하고 작가를 맞출 수 있을 그림이 아니다. 어둡고 우울하고 애잔하고 환상 풍으로 간접 묘사한 듯한 장면들이다. 이제 인권 평화 운동가로 사시는 일본군 '위안부' 피해자 어르신들께 힘과 용기를 보태드릴 방안은 무엇이 있을까.

9월 서울 세종로 공원에서는 9월 27일 환경운동 단체인 청소년 기후행동 주관으로 '기후위기를 위한 결석 시위'가 열렸다.

"봄, 가을 날씨를 찾습니다!" "저희 지구에 불이 났어요." "2050년 지구가 멸망한다!" "정부 기후위기 대응점수 빵점!"

청소년기후행동의 요구는 '첫째 신규 석탄 발전소의 백지화, 둘째 2050년까지 재생 에너지 100% 전환, 셋째 2050년까지 탄소 실질 배출량 제로화 추진'이었다.[24] 이 모든 근간에는 '정의로운 전환'이 있어야 한다고 강조한다. "기후변화를 해결하기 위해선 지금 배제돼 있는 사회적 약자, 경제적 약자들과 함께 가는 전환이 필수이기 때문이다." 17세 청소녀의 발언이고 주장이 근사하다.

결석 시위는 스웨덴 14세 청소녀 환경운동가 그레타 툰베리의 1인 시위를 계기로 시작됐다. 툰베리가 2018년부터 매주 금요일 학교에 가지 않고 스웨덴 의회 앞에서 진행한 시위는 전 세계로 확산되는 중이다. 유엔 기후 주간에 참석하기 위해 태양광 보트를 타고 보름 걸려 덴마크에서 뉴욕으로 간 툰베리는 유엔에서 기후변화 대응에 소극적인 전 세계 정상들을 향해 행동하지 않는다고 질책했다. 기후 주간 마지막 날에 한국과 세계 청소년들이 등교를 거부하고 행동 촉구 시위를 벌인 것이다.

어른들이 부족해 청소년들이 결석 시위까지 진행한다는 데 놀랍고 미안한 마음으로 《반쪽 섬》(이새미 그림책, 소원나무)을 편다. 지구 환경 오염이 대체 얼마나 심한가. 지구를 이렇게 만든 인간이 앞으론 무엇을 할 수 있을까. 명확한 색상의 판화와 포토 몽타쥬 방식 그림들로 고발하듯 강하게 표현하는 그림책이다.

바다를 떠돌며 안전하고 따뜻한 곳을 찾던 다섯 형제는 평화로운 작은 섬을 발견하고 정착한다. 행복했지만 편리함을 원하면서 쓰레기가 많아졌고 사람들은 아픈 섬을 모른 척한다. 섬은 점차 쓰레기로 덮이고 공기 주머니 없이는 숨 쉴 수 없자 형제는 섬을 버리고 도망친다. 배고픔과 추위에 지쳐 다시 섬을 찾아 쓰레기 더미에서 살아남은 씨앗과 동물들을 발견하고 희망을 키운다. 그 후 겨우 섬의 반쪽만 간신히 아름다움을 되찾으며 '반쪽 섬'이 된다.

《반쪽 섬》 ⓒ 이새미, 소원나무 2019

작은 섬은 지구이고 다섯 형제는 인간들인가. 몇 해 전부터 지구에서는 1.7초마다 약 5톤 트럭 한 대 분량 쓰레기가 생긴다니 지구가 '반쪽 섬'이 된 지는 이미 오래인 건가. 지금 작은 섬 지구의 우리는 과연 남은 반쪽이나마 지킬 수 있을까.

10월

검찰 개혁이 가장 큰 화두였다. 조국이 법무부 장관으로 8월 지명되고 사퇴까지 석 달은 힘든 날들이었다. 검찰은 이전에 볼 수 없었던 대대적이고 엄혹한 수사를 자행했고 이에 국민 반감이 커지면서 검찰 개혁 필요성이 제기됐다. 대규모 촛불 문화제가 주말마다 검찰청과 국회 앞에서 열렸고 6천여 명의 교수 연구자 검찰 개혁 시국선언도 발표되었다. 조국 장관 사퇴 이후는 공수처 설치 등 제도적 검찰 개혁 요구가 커졌고 검찰 권력의 근거와 역사에 대한 탐구도 연이었다.[25]

10월 25일 교육부는 '자사고 외고 국제고의 2025년 일반고 일괄 전환'을 발표한다. 여러 해 논의된 끝에 공정하고 평등한 사회 제도를 중시하는 방향으로 결정되었다.

10월은 역사상 굵직한 사건이 여럿 벌어진 달이다. 10월 16일은 부마민주항쟁 기념일이다. 1979년 10.26의 촉발제가 된 이 부마민주항쟁은 40년 만인 2019년에 국가기념일로 지정된다.[26] 10.26은 묘한 날이다. 1979년 10.26엔 박정희가 사살됐고 2019년 그 날엔 검찰 개혁 촉구 촛불집회가 열렸다. 110년 전인 1909년 10.26엔 안중근 의사가 이토 히로부미를 사살했다.

10.29에는 방탄소년단 BTS가 서울 잠실 올림픽 주경기장에서 2018년 8월 서울에서 시작한 스타디움 월드투어를 끝내는 공연을 가졌다. 이들은 전 세계를 돌며 총 62회 공연을 치렀고 누적 관객 수는 206만 명을 기록한다.

《손 없는 색시》 ⓒ 경민선 류지연, 고래뱃속 2019

스산하고 어지럽던 10월을 돌아보며 《손 없는 색시》(예술무대산 기획 경민선 글 류지연 그림, 고래뱃속)를 본다. 끝없이 이어지는 고난 속 상처와 회복을 말하는 그림책이다. 아주 나쁜 일이 겹쳐서 닥쳐올 때 어떻게 대처해야 하나. 어느 날 내 손이 더 이상 나의 아픈 가슴을 만지기 싫다며 떠나 버리면 나는 어쩔까.

고운 호칭 '색시'에게 말로 다 옮기기

도 힘든 여러 불행들이 연이어 덮친다. 도망가 버린 손을 찾아 떠난 여행에서 색시와 할아범 아기는 전쟁으로 고통 받고 있는 이들을 차례로 만나면서 자신의 모습을 본다. 서로의 아픔과 슬픔을 공감하고 위로하면서 색시 마음은 치유된다.

색시는 자신의 슬픔과 아픔을 마주하고 인정하면서 마음을 회복한다. 한국과 세계 곳곳에 널리 퍼져 있는 옛이야기를 그림책으로 다시 꾸렸다. 이미 닥친 불행을 어떻게 받아들이고 인정하는가에 비중을 둔 점이 이해되면서도 아프고 힘들다. 검찰 개혁을 이야기하면서 거론된 여러 고난 받는 이들도, 이미 닥친 명예와 권력과 자유와 세월의 박탈을 그저 인정하면 과연 그 언젠가는 치유될까.

11월 검찰 개혁 요구가 계속 제기되는 중에 검찰은 세월호 특별 조사를 시작한다. 군 인권센터에서 연이어 밝히는 2016-7년 계엄령 시도 수사도 촉구된다. 지소미아 GSOMIA 종료 여부, 미국의 과도한 방위비 청구로 한미일 관계가 관심사였고 홍콩 민주화 운동 탄압이 심각했다.

홍콩 시위 중 민간인 조준 사격과 청년들 죽음, 경찰의 홍콩 이공대 진입 수색이 알려지며 세계가 긴장한다. 홍콩 시민들은 한국에서 민주주의를 배웠다고, 지금 홍콩은 2019년판 광주라 말한다.

11월 3일은 1929년 광주 항일 학생독립운동 기념 '학생의 날'이다. 독립운동하던 학생들, 홍콩 대학생들을 떠올린다. 학생들을 학교 아닌 거리로 나오게 하니 참 안타깝다.

《책冊》ⓒ 지현경, 책고래 2019

《책冊》(글 그림 지현경, 책고래)의 화사한 그림들 속 꼬마 아가씨들이 예쁘다. 연이와 순이, 요 아가씨들이 이야기를 짓고 종이에 써 책으로 직접 묶고는 동네 친구들에게 그 이야기를 읽어 들려주기까지 한다. 작가, 편집자, 그림책방 노릇까지 꼬마 아가씨들이 다 한다.

한국화를 전공한 작가가 민화를 공부하면서부터 오래 품어온 이야기를 손이 많이 가는 정성스런 그림들에 담았다. 주로 집안에서 책을 많이 보던 연이, 동네 길을 오가면서 여러 자연을 대하며 할 이야기 많은 순이가 친해진다. 연이네는 책이 많아 좋고 순이네는 동무들이 많아서 좋다. 만들어지는 이야기도 끝없다.

"민화 풍 그림에서 책의 독자로 어린이 여성들을 등장시킨 것에 새로움이 컸어요."라고 김지은 평론가는 이야기한다. 책 한 권만 손에 잡으면 여러 시간 푸근하고 행복한 그 경험을, 많은 어리고 젊은 동무들과 공유할 수 있어 뿌듯하다. 연이와 순이처럼 우리도 그렇다.

12월

선거법개정안과 고위공직자비리수사처(공수처) 설치 법안이 여러 어려움 끝에 12.30 국회에서 통과된다. 1987년 이후 32년 만의 이번 선거법 개정으로 기득권 정치가 조금이라도 바뀔 것을 기대한다. 선거권도 만 18세로 낮아져 이제 젊은 50만 명이 투표할 수 있게 된 것도 크고 중요한 변화이다.

공수처 설치법은 문 대통령의 공약 1호이자 김대중 노무현 대통령의 숙원 사업이기도 했다. 오랜 세월 험난한 과정을 거쳐 숙성되고 통과된 이 법이 제대로 운용되어 대한민국 민주주의 발전에 크게 기여하기를 기원한다.

40년 넘게 평등 평화를 노래하는 아일랜드 록그룹 U2의 내한 공연도 눈길을 끌었다. 핀란드에서는 34세 여성이 차기 총리로 선출되어 세상이 놀란다. 스텔라데이지호 실종자 가족은 침몰 1천 일에 광화문광장에서 성탄연합예배를 드린다. 주간지 《시사IN》은 2019년의 인물로 '세상을 바꾸는 엄마들'을 선정하여 사회 참사로 아이를 잃은 엄마들이 '남은 아이들은 죽지 않게' 하려는 선한 연대를 소개한다.

겨울이 많이 추울지 걱정이다. 김환영 작가가 '나의 첫 그림책'이라 말하는 《따뜻해》(김환영 그림책, 낮은산)를 편다. 오랫동안 숱한 그림책과 어린이 책에 그림 그려온 김환영 작가는 이 책을 만들고서야 자신을 그림책 작가라 말한다.

《따뜻해》 ⓒ 김환영, 낮은산 2019

화가, 민중 미술 운동가, 그림 작가, 시인에 이어 그림책 작가가 된 저자의 《따뜻해》로 2019년을 마무리해 기쁘고 마음 따뜻하다. 귀여운 꼬마 '감자'와 씩씩한 검은 엄마 닭 그리고 여러 병아리들이 함께 따뜻하게 사랑을 키우고 나눈다.

엄마 닭 품에서 떼구르르 흘러나온 달걀을 감자는 놓고 싶지 않다. 엄마 닭은 감자까지 품에 안고 감자 손에서 병아리가 깨어난다. 깨어난 병아리는 한 눈을 찡긋 웃으며 한쪽 날개를 들고 안녕 인사하는 듯하다. 감자와 병아리들과 어미 닭까지 모두모두 하늘로 날아오른다. "자라나는 아이들에게 따뜻한 말을 건네고 싶었어요.…성장과 분리와 환영幻影에 대해서도 말해 보고 싶었어요."

작가가 말하는 '성장과 분리와 환영'은 어린이와 어른 모두에게 적용되고 그림책 포함 모든 예술 작품에 적용할 만하다. 이제까지 한국 사회 변화를 살피며 그 속에서 함께 성장해온 우리 그림책들을 살펴보았다. 30년 넘게 다채롭게 성장하고 여러 분야로 전문화한 한국 그림책은 이제 또 남다른 꿈을 현실에서 그려나갈 것이다. 현재를 이으며 새로운 앞날을 다시 그리고 만드는 그림책 세상을 기대한다.

연도	책 이름	그림 작가	글 작가 등	출판사
2019	그러던 어느 날	전미화	전미화	문학동네
	다른 사람들	미안	미안	고래뱃속
	오, 미자!	박숲	박숲	노란상상
	나의 독산동	오승민	유은실	문학과지성사
	씩스틴	권윤덕	권윤덕	평화를품은책
	봄이의 여행	이억배	이억배	이야기꽃
	나는 안중근이다	오승민	김향금	위즈덤하우스
	박꽃이 피었습니다	이영경	문영숙	위즈덤하우스
	반쪽 섬	이새미	이새미	소원나무
	손 없는 색시	류지연	예술무대산 기획 경민선 글	고래뱃속
	책冊	지현경	지현경	책고래
	따뜻해	김환영	김환영	낮은산

주 모음

1. [블랙리스트] 민주주의 권력은 투명해야 정당성을 확보하는데, 블랙리스트는 바로 이 투명성을 파괴. '블랙리스트'는 받아들일 수 없는 자들, 신뢰할 수 없는 자들, 그래서 피해야만 하는 자들의 이름을 법이 승인하지 않은 방식으로 '은밀하게' 작성한 것. 블랙리스트는 공적인 권력을 밀실을 통해 사유화하려는 의도된 욕망의 산물. 이런 욕망은 정치를 몰상식하고 단순한 '적'과 '동지'의 구분으로 몰아감. 이 사유화의 욕망에는 보수와 진보의 구분도 없고 내게 어떻게든 해롭다면 '적'일 뿐_김만권,〈한 정치철학자가 바라본 블랙리스트 사태〉《오마이뉴스》 20170124
2. [국민보도연맹] 처음에는 좌익 전향자를 계몽 지도하기 위해 1949년 4월 조직된 관변 단체. 한국전쟁 때 반공 극우단체 등이 국민보도연맹원이나 양심수 민간인을 수만 명 학살했다고 추정_[한국민족문화대백과사전]
3. 김대중의 베를린 선언과 문재인의 신 베를린 선언 요하성 기자 글
http://cafe.daum.net/unfica./eVT2/2360?q=%EB%B2%A0%EB%A5%BC%EB%A6%B0%20%EC%84%A0%EC%96%B8
4. [길원옥 여성평화상] 이화기독여성평화상 초대 수상자 길원옥 할머니가 받은 상금을 씨앗기금으로 하여 2017년 5월 17일 제정. 2018년 2회 수상자는 조진경 10대여성인권센터 대표, 3회는 광주민주화운동 당시 가두방송자이자 2018년 기자회견을 통해 5.18 인권 유린 피해 사실을 고발한 차명숙 씨_일본군성노예제문제해결을위한 정의기억연대 홈페이지 20190502
5. 《한겨레21》 20171030호
6. [스쾃 Squat] 빈 공장이나 공간을 점거해서 사회적 공유를 시도하고 상징하는 행위
7. "촛불 1년, 변화는 이제부터"《한겨레21》 20171106호
8. [공동정범-두개의 문2] [자백-유우성 사건] [구럼비 바람이 분다] [그림자들의 섬-한중] [명령불복종 교사-일제고사 거부] [밀양아리랑-신고리 3-4호 송전탑] [불안한 외출-학생운동] [불온한 당신-성소수자] [빚] [산다-KT] [소년, 달리다-성미산] [언더그라운드-부산 지하철노동자] [위로공단-여성노동자] [트윅스-박원순캠프] [할매꽃2-재일조선인] [22트웬티투-재중 위안부 22인] [엄마가 팽목항-세월호]
9. [3.1절 기념사] "빈부, 학벌, 성별, 지역의 격차와 차별에서 해방된 나라, 공정하고 정의로는 나라는 이미 99년 전부터 자라나고 있었다." "독도는 일본의 한반도 침탈 과정에서 가장 먼저 강점당한 우리 땅이다, 우리 고유의 영토이다."
10. [제주의료원 간호사] 2009-2010년 9명 유산, 4명 선천성 심장질환아 출산. 업무상 독성물질 취급_《한겨레21》 20180409호
11. [여순 사건] 1948년 10월 19일 국군 14연대가 제주 4.3을 진압하기 위해 출동하라는 명령을 거부한 뒤 토벌군의 진압 과정에서 1만여 명이 희생된 사건. 유족이 2013년 법원에 재심을 청구, 대법원 전원 합의체는 7년여 만인 2019년 3월에 재심 개시를 결정_[한국민족문화대백과사전] ; 박사라 〈여순 사건 재심 본격화, 검찰 "공소사실 특정"〉《노컷뉴스》 20191028
12. [부산 그림자영화제] 국가폭력 다룬 〈최후변론〉-형제복지원, 〈소성리〉-사드 배치, 〈스물다섯 번째 시간〉-제주강정
13. 채수지 상담소장 인터뷰 〈교회내 성폭력 끊이지 않는 이유와 대책〉《한겨레21》 20181210호
14. 서보미 "구의역 김군법 김용균법 되어 살았다"《한겨레21》 20181228호 기획 기사
15. [형제복지원] 인권유린의 근거는 1975년 제정된 내무부 훈령 410령. 정부는 거리를 배회하는 부랑인들을 영장 없이 구금하도록 이 훈령을 제정. 1988년 서울올림픽 이전 사회 정화가 목적. 1975년부터 12년 동안 513명이 숨짐. 2012년부터 시작된 공론화 요구, 형제복지원 특별법 제정은 2019년 10월 국회 행정안전위원회를 통과._[다음백과]
16. 2019년 11월 미국 AP통신이 형제복지원 기사 게재. "19명 해외입양 확인. 51명 해외입양 정황도" : 형제복

지원은 1979년부터 1986년 사이. 어린이들과 장애인들을 납치하고 학대한 '한국의 수치'인 시설, 12년 운영 기간 확인된 사망자만 551명_권민철《노컷뉴스》20191109

17. [임시정부 수립일] 2018년까지는 임시정부를 대외적으로 선포한 날인 4월 13일을 임정 수립일로 기념. 이 날짜에 이견이 있어 연구와 학계 의견 수렴을 거쳐 4월 11일을 임시정부 수립일로 변경하고 2019년부터 기념

18. [신속처리 대상 안건] 국회에서 중요성과 긴급성이 있는 특별한 안건을 신속하게 처리하도록 2012년 5월 개정된 '국회법'에 반영된 '국회선진화법'의 주요 내용 중 하나. 이 날 권역별 연동형 비례대표제를 도입하는 공직선거법 개정안 및 고위공직자비리수사처 설치 및 검경수사권 조정 관련 3개 법률안(고위공직자비리수사처 설치법, 검찰청법 개정안, 형사소송법 개정안)으로 이루어진 정치 및 검찰 관계 4법의 여야 4당 합의안을 패스트트랙에 회부_[위키백과]

19. 김삼웅〈5.18 광주혈사〉《오마이뉴스》연재 2019년 9-12월

20. 〈이젠 학교 눈치 안 봐도 돼_32년 만에 이한열 공식 추모식〉《오마이뉴스》20190607

21. [반민족행위처벌법] 1948년 9월 22일 공포, 10월 22일 조사위원회 설치. 1949년 1월 7천여 명의 친일파 일람표가 작성되고 친일파 체포 준비에 들어가는데, 친일파 처벌에 부정적이던 이승만 대통령이 여러 제재를 가함. 결국 6월 6일 내무부 주도로 경찰은 반민특위 사무실을 습격, 조사관 무기를 압수, 특경대는 무장해제. 반민특위, 특별검찰부, 특별재판부는 1949년 10월에 해체되고 반민족행위처벌법은 1951년 2월에 폐지되어 친일파를 처벌할 수 있는 법적 장치는 완전히 사라짐_[다음백과]

22. 김종성〈육군훈련소에 울려 퍼지는 친일파의 노래, 이럴 수가〉《오마이뉴스》20190710

23. 윤미향〈일본군 위안부는 한일의 문제가 아니다〉《오마이뉴스》20191011 ; 이윤옥〈타임스퀘어 앞에 우뚝 선 평화의 소녀상에 담긴 의미〉《오마이뉴스》20191010

24. 강연주, 청소년기후행동 김유진 학생 인터뷰〈500명 학생 시위 이끈 17살 소녀 "대한민국은 0점"〉《오마이뉴스》20190928

25. 소중한 봉주영〈불쏘시개로서 36일, 장관 조국이 남긴 것_검찰개혁, 전례 없이 중심에 서다. 두 가지 파생 화두, 공정과 언론〉《오마이뉴스》20191015

26. [부마민주항쟁] 경상남도와 부산의회에서는 '부마민주항쟁 기념조례'를 제정하고 기념식. 경남대는 국제 학술대회를 진행하고 부마항쟁과 10.26 박정희 피살이 갖는 연관성 연구 발제

참고 자료

《그림책에 담긴 세상》에 들어간 그림책 165권

《시사IN》《OhmyNews 오마이뉴스》《월간 열린어린이》《한겨레21》

그림책도시(2016-2019).《한국 그림책 연감》_원주시 창의문화도시지원센터
그림책미술관시민모임/어린이책예술센터(2018)〈한국 그림책 30년, 이야기를 이어가다〉_김해문화의전당
그림책협회(2019).《30년, 한국그림책》_그림책협회 창립4주년 공개포럼 자료집

김은옥(2019).《한국 어린이 독서운동사》단비
요시나카 다케시(2017).《생명의 증언》박찬호 옮김, 건강미디어협동조합
유시민(2014).《나의 한국 현대사》돌베개
이지호(2017).《동화의 환상과 현실》열린어린이
정병규(2018).《우리 그림책 작가를 만나다》보리
조은숙(2019).〈그림책《백두산 이야기》의 출간 의의 고찰〉, 건국대학교 동화와번역연구소《동화와번역》제37집
E.H. 카(1997/2019).《역사란 무엇인가》김택현 옮김, 까치

가온빛 그림책 놀이 매거진 http://gaonbit.kr
광산구 그림책 http://edu.gwangsan.go.kr:88/storybook/main/contents.do?PID=0105&searchText=&searchType=5&page=247
그림책박물관 http://www.picturebook-museum.com/user/index.asp
그림책협회 http://www.picturebook.or.kr/
산그림 http://www.picturebook-illust.com/san_kr/index.asp

교보문고 www.kyobobook.co.kr
동화나라 / 어린이책예술센터
알라딘 www.aladin.co.kr
오픈키드 www.openkid.co.kr

마치는 글

그래, 얼마나 비슷하게 되었을까

한 해씩 되돌아보며 한국 그림책이 지나온 과정을 확인하는 작업이 즐겁고 뜻 깊었다. 그랬지 그랬어, 하며 그림책과 한국 사회를 살피며 골랐다. 2019년 그림책협회의 〈30년, 한국그림책을 살피다〉 작업을 함께한 신혜은 님이 어느 날 눈을 반짝거리며 말했다 "이 작업, 단행본으로 꾸리면 좋겠어요." 책으로 만들라는 제안에 반가움과 염려가 함께 마음에 들어왔다. 만나는 과제들을 하나씩 해결하고 나니 책이 되었다.

우리 그림책이 활발하고 다양하게 출간된 것은 1990년대 중반쯤부터였다. 1980년 전후부터 계속된 어린이 교육 운동과 민중 미술 운동이 그림책과 어린이 문학에 좋은 영향을 끼쳤다. 2000년 이후 그림책이 다양해지면서 더욱 번성했다. 2010년대 들어 전문 분야로 자리잡으며 그림책 사회 운동 추세를 보인다.

그림책을 좋아하는 이들이 모여 책을 같이 보며 이야기 나누는 모임은 전국에 많이 있다. 학교와 도서관, 책방 등 여러 모임에서 그림책을 찾아 읽고 공부한다. 그림책 모임으로 지역 사회 운동을 전개하는 집단도 여럿이다. 강원도 원주에서는 버스에 그림책을 싣고 어린이들에게 읽어주기 활동으로 시작한 모임이 이젠 '그림책도시'로까지 불린다. 제주와 부여 청주 군포 등에서 그림책으로 지역 사회 운동이 진행된다.

기적의도서관 설립과 더불어 어린이 도서관과 책방 들이 전국에 설립됐다. 한국아동청소년도서협의회 KBBY와 그림책협회와 그림책미술관시민모임 등 그림책과 그림 작가 관련 전국 조직도 여럿 자리 잡는다. 전문 조직과 공간들은 그림책 그리고 작가들과 서로 영향을 주면서 함께 성장한다.

그림책 모임을 오래 꾸리면서 지역 사회 운동으로 풀어가는 후배와 그림책의 진보성에 관해 이야기 나눈 적이 있다.

그림책은 글자를 몰라도, 글자가 없어도 보기 좋은 책이다. 해석도 마음대로다. 글자 못 읽는 어린이를 위해 출발한 그림책을 우리 글자 모르는 난민도 즐긴다. 최근에는 할머니 할아버지에게 인기가 좋다.

그림책은 연약한 어린이, 사회에서 자기 주장을 하기 어려운 여성, 노인, 난민을 배려하는 매체이므로 진보적이다. 이런 그림책이 사회 운동으로 계속 진보해 나가기를 응원한다.

책 동네에서 살며 일한 내 시간을 돌아본 것도 먹먹하고 좋았다. 1980년 5월에 타자기를 처음 썼고 1987년부터 사회과학 책을 만들었다. 1989년에는 직장에서 희한한 사람을 만났다. 자기 세력만 키우며 편 가르기에 능하고 대외 관계가 부당했다. 입으로는 진보와 사회 운동을 말하면서 집단은 망가뜨리는 '어른'이었다.

이후 기독교 운동 동네를 떠났고 글밭기획과 도서출판 녹두 일을 했다. 성수대교가 무너지고 《까막나라에서 온 삽사리》가 출간되던 1994년은 내게도 특별한 해였다.

1996년엔 공동육아 연구로 사회복지 논문을 쓴다고 우리어린이집을 들락거렸다. 2000년 오랜 동료들이 시작하는 오픈키드와 《열린어린이》에 동참해 《꿀밤나무》 등을 보며 그림책을 공부했다.

매일 출간되는 새 어린이 책들 중 도매상 서당에서 한 차례 선별해 오픈키드에 보내는 어린이 책이 하루 10권쯤이었다. 한 달이면 적어도 200권, 한 해면 2,400권. 내가 오픈키드에서 일한 15년 동안 새로 나온 어린이 책이 3만 권쯤 되나.

　2019년 그림책협회가 발행한 《30년, 한국그림책》에는 어린이책 예술센터 정병규 대표가 작성한 한국 그림책 목록이 실렸다. 1988년 《백두산 이야기》부터 2019년까지 출간 그림책이 6514권이다. 30년 동안 그림책 6514권을 펴낸 작가님들과 출판사들과 읽으신 분들 모두 장하다. 다들 수고하셨다.

　묵직하게 반가웠던 1987년 《아빠 얼굴 예쁘네요》(한울)부터 2019년 《따뜻해》(낮은산)까지 참 고마웠다. 《아빠 얼굴 예쁘네요》 지은이 김민기 님과 출간사 한울은 내게 특별한 존재다. 김민기 선생은 대학 때 처음 들어간 사회과학 공부 모임과 야학 팀의 맨 위 선배였다. 한울은 1980년 우리 공부 장소였던 신림동 광장서점에서 직계 선배 손에서 태어난 출판사다. 2019년 12월 끝자리를 김환영 작가 '첫 그림책'《따뜻해》로 마무리해 다행이다. 그림책협회 연구 작업을 김환영 차정인 두 작가와 함께한 것도 여러 모로 푸근하고 감사했다.

그림책 표지 사진을 싣기 위해 52개 출판사에 허락 받는 과정도 각별했다. 오픈키드에서《월간 열린어린이》만들던 시간도 떠올랐다. 책은 사람들의 생각과 문화와 예술을 담는 그릇, 물건, 물질이다. 출판사는 책에 좋은 내용을 멋지게 담아 세상에 내놓고 그 다음엔 독자들한테 좀 더 잘 전달하고자 애쓴다.

책이 작가-출판사-인쇄소-서점-독자 흐름 속에 한 발씩 나아가는 과정을 다시 보는 듯했다. 165권 그림책 표지 사진 게재를 허락하신 출판사와 작가들께 감사드린다.

한 차례만 다시 보면 좋겠다며 아쉬워 갸웃거릴 때 다가오는 격려들이 있다. 우리 살며 일하고 그림 그리며 걸어온 시간, 세월을 돌아보게 해주어 고마우시단다. 몇몇 분들로부터 받은 인사를 떠올리며 부끄러움을 덮는다.

　부족한 글을 먼저 꼼꼼히 읽고 글 써 주신 한성옥 이상희 두 작가님께 감사드린다. 책 디자인을 의논할 때 한성옥 작가가 건네신 "그림책 165권이 모인 백두산 더불어 숲" 조언 이후 계속 백두산이 머리에 맴돈다. 얼마나 비슷하게 되었을까.

　건강미디어협동조합으로서는 조금 엉뚱한 이 책 출간을 선뜻 결정하신 조합원들과 대표께도 감사한 마음이다. 원고 전부를 출력해서 꼼꼼히 교정봐 준 황자혜 님도 고맙고 감사하다.

　그림책 이야기를 끝내면서 내 어머니와 많은 아이들이 떠오른다. 평생 유아 교육 현장에서 사시는 어머니를 보며 어휴 나는 유아, 교육, 그 근처에도 가지 말아야지 생각했다. 그런데 어느새 이 자리에 있다. 나를 어린이 책 동네에 있게 한 아이들, 혜린 수민 지선 지용 해진 해인 산 상규 민지 윤지 은산 산하, 고맙다.

《그림책에 담긴 세상》 사용 설명서

이상희_시인, 그림책 작가, 그림책도시 대표

- 그림책에 대한 사용법
- 삶에 대한 사용법
- 사회에 대한 사용법
- 또 하나, 목차 사용법

조원경은 내게 '고수'로 등록되어 있다. 기능이나 재간이 걸출한 이를 '명인'이나 '달인'이라 칭한다면, 나는 '고수'를 '삶을 운영하는 경지가 높은 이'라는 뜻으로 쓴다. 오래 전 그가 그림책 동네의 귀한 지면에 초대한 덕분에 적잖이 긴 시간 원고를 주고받은 사이이지만 실물 인사를 나누기는 한참 뒤였고, 음악당 객석에 앉는 취향을 드문드문 공유하는 일이 있었다.

최근 5년 안쪽에 우연히 양쪽 집안 어른들의 요양과 임종 및 장례 대사를 나란히 치르는 시점에서, 유익 유용한 조언과 함께 그의 고수다운 면모를 여러 차례 경험하고 배우며 감탄했던 것이다.

그렇다. 귀절귀절 형형하고 알뜰살뜰 정성스러운 그의 생애 최초 저서 《그림책에 담긴 세상》 또한 더없이 고수답다. 덧붙이는 글을 부탁 받고 군더더기가 될 일부터 걱정했다. 궁여지책, 이즈음 유행하는 실용서 글을 흉내 내어 그림책의 힘을 더욱 빛낸 이 노작에 감사를 바친다.

그림책에 대한 사용법

_그림책 독자는 저자가 짚어주는 그림책을 통해 연령과 취향 및 독서 목적에 의해 편향되기 마련인 도서 선택 안목을 깊고 넓게 확장하게 된다.

국민보도연맹 사건이나 세월호 사건을 담은 그림책을 구해 놓고도 차마 펼치지 못해 멀찍감치 밀쳐뒀던 나는 저자가 담담하고 간략하게 요약한《제무시》《풍선고래》관련 글을 읽으면서 용기를 내게 되었다.

무엇보다도 그림책을 유아용 교구로 생각해온 수많은 부모 독자, 성인 독자의 편견을 이 책은 단번에 떨쳐내어 줄 것이다.

_그림책 연구자들에게 이 책은 숱한 연구 과제를 발굴하게 될 보물섬이 될 것이다.

2017년부터 전년도 한국 창작 그림책 목록《한국 그림책 연감》작업을 맡고 있는 사회적협동조합 그림책도시의 그림책콘텐츠 팀은 상당 기간 전 세계 그림책을 대상으로 연대기 작업을 연구하고 있었는데, 이 책 덕분에 2016년 이전의 한국 그림책 분야를 상당 부분 채우게 되어 물 만난 고기떼처럼 기뻐하고 있다.

_그림책 창작자 기획자 편집자 출판가에게도 이 책은 앞으로의 작업에 대한 요긴한 길잡이가 될 것이다.

예술이 당대 사회 현실과 향유자에 기여하는 바와 후대에 증거하는 바를 어떻게 고려하고 담보할 것인가라는 오래된 숙제는 그림책 생태계에도 유효하다.

_그림책으로 교과수업을 보완하자면 이 책은 더없이 훌륭한 길잡이요 지침이 될 것이다. 역사와 현실 속에 되풀이되는 삶과 사회의 수많은 의문을 우리는 어떤 맥락으로 이해하고 답해야 할까.

참으로 간단치 않은 문제들을 호명하면서, 저자는 이와 전혀 무관해 보이는 문학 서사와 예술 이미지의 그림책을 펼쳐 자연스럽게 사유와 통찰의 더듬이를 뻗는다.

백남기 농민 사인 규명 시점에 권정생 김환영의 작품 《빼떼기》를, 반 성폭력 운동 미투의 불씨가 된 서지현 인터뷰 생방송 시점에 노인경의 작품 《숨》을 펼친다. 세상 모든 존재의 저마다 고귀한 생명성을 조용히 일깨운다.

삶에 대한 사용법

_이 책은 책과 책 읽기가 어떻게 삶을 곧추세우는지, 그렇게 곧추세운 삶은 어떤 책을 어떻게 읽어내는지, 웅숭깊은 고수 독자의 성찰을 담았다.

나날의 삶이 책 또는 책 읽는 일을 밀어낼 때가 있다면, 그것은 삶이 통속해서, 책이 고귀해서가 아닐 것이다. 사람살이 경력이 늘어갈수록 학교에서 배운 정의와 사랑의 이치를 견지하기 힘든 것과 같다고나 할까.

나라도 법도 해결하지 못하는 복잡다단한 삶의 켯속을 게을리 뭉뚱그리거나 전전긍긍 안달하지 않고 정성껏 차분히 통찰하는 힘은 모름지기 책 읽기로 훈련되고 축적된다는 믿음을, 이 책의 전편에서 확신하게 된다.

사회에 대한 사용법

'그림책 사회사'라고 할 만한 이 책은 가짜 뉴스와 왜곡 보도로 어지러운 현실 사회를 올바르게 파악하고 따스하게 이해하는 법과 그 실제 예를 보여준다.

역사학·신학·사회복지를 두루 공부하고 30년 넘게 편집자로 살아온 '건강한 사회인이자 덜 답답한 꼰대' 저자의 사회적 자아는 나같이 어리석고 심약한 시민이 차마 못 견뎌 외면하고 눈 감았던 비리와 부조리와 악습과 참사를 빠짐없이 소환해 골똘히 들여다보게 한다.

그렇게 해서 또렷이 드러나는 전후 사정의 맥락, 이어서 펼쳐 보이는 그림책 메시지는 저마다 자각하고 서로 사랑하는 삶이 건강한 사회를 이룬다는 해피엔딩이다.

또 하나, 목차 사용법

시인들이 시집 목차를 한 편의 시로 구성하듯, 이 책의 목차는 한국 그림책 역사의 맥락을 기억하기 좋은 노랫말처럼 감흥 있게 엮어준다.

이를테면 저자가 1980년에서 1992년 사이 그림책과 사회를 들여다

보는 '1. 백두산 같은 더불어 숲'의 글 꼭지 제목들 '서곡, 첫 타자기/ 서늘하던 시대/ 민주항쟁/ 더불어 숲/ 일러스트레이션 정착/ 변화하는 세계/ 많은 이들의 벗 나비/ 그림책도 기지개'는 소명과 응원을 간결하고도 입에 붙게 담아내는 운동가처럼 흥얼거리게 된다.

여지껏 목차를 건너뛰고 책을 읽어온 독자라면 특히 이 책의 첫 즐거움을 빠트리지 않도록 주의하길.

2020년 2월

조원경

대학에서 공부한 분야는 역사학, 신학, 사회복지였다. 한국기독교사회문제연구원, 글밭 기획, 도서출판 녹두, 오픈키드에서 30년가량 책 만들며 일했다. 오픈키드에서는 어린이 책 종합 서평지《월간 열린어린이》를 2014년까지 책임 편집했다.
이제는 어린이 책 관련 강의와 글쓰기를 하고, 건강미디어협동조합 조합원으로 책 만들기에 참여한다. 음악 동호인 모임 카코포니앙상블에서 건반을 맡은 잔소리꾼이다. 어떻게 건강한 사회인이자 덜 답답한 꼰대로 즐겁게 지낼까, 늘 숙제다.

그림책에 담긴 세상
_한국 그림책 30년사

초판 1쇄 발행 2020년 2월 18일
초판 2쇄 발행 2020년 12월 1일
지은이 조원경 만든이 황자혜 꾸민이 박재원
펴낸이 백재중 펴낸곳 건강미디어협동조합
등록 2014년 3월 7일 제2014-23호 주소 서울시 사가정로49길 53
전화 010-4749-4511 팩스 02-6974-1026 전자우편 healthmediacoop@gmail.com
값 16,000원 ISBN 979-11-87387-14-5

* 이 책에는 2019년까지 출간된 한국 그림책 165권 표지가 실렸습니다. 저자 표기는 해당 책 표지에 표기된 대로 따랐습니다. 그림책이 처음 출간된 연도와 2019년 현재 출판사 이름을 표기했습니다. 표지 수록을 허락하신 출판사와 저자들께 감사드립니다.